GRUPOS, ORGANIZAÇÕES E INSTITUIÇÕES

Dados Internacionais de Catalogação na Publicação (CIP)
(Câmara Brasileira do Livro, SP, Brasil)

Lapassade, Georges, 1924-2008.
Grupos, organizações e instituições / Georges Lapassade; texto estabelecido e apresentado por Remi Hess; tradução de Idalina Ferreira. – Petrópolis, RJ : Vozes, 2016. – (Coleção Psicologia Social)

Título original : Groupes, organisations, institutions
Bibliografia
ISBN 978-85-326-5244-7

1. Análise institucional 2. Burocracia 3. Sociologia organizacional I. Remi, Hess. II. Título. III. Série.

16-02413 CDD-302.35

Índices para catálogo sistemático:
1. Sociologia das organizações 302.35

Georges Lapassade

Grupos, organizações e instituições

Texto estabelecido e apresentado por Remi Hess

Tradução de Idalina Ferreira

Petrópolis

© Remi Hess
5ª edição, 2006.

Título original em francês: *Groupes, organisations, institutions*

Direitos de publicação em língua portuguesa – Brasil:
2016, Editora Vozes Ltda.
Rua Frei Luís, 100
25689-900 Petrópolis, RJ
www.vozes.com.br
Brasil

Todos os direitos reservados. Nenhuma parte desta obra poderá ser reproduzida ou transmitida por qualquer forma e/ou quaisquer meios (eletrônico ou mecânico, incluindo fotocópia e gravação) ou arquivada em qualquer sistema ou banco de dados sem permissão escrita da editora.

Diretor editorial
Frei Antônio Moser

Editores
Aline dos Santos Carneiro
José Maria da Silva
Lídio Peretti
Marilac Loraine Oleniki

Secretário executivo
João Batista Kreuch

Editoração: Maria da Conceição B. de Sousa
Diagramação: Alex M. da Silva
Capa: Studio Graph-it
Arte-finalização: Editora Vozes

ISBN 978-85-326-5244-7 (Brasil)
ISBN 2-7178-5205-0 (França)

Editado conforme o novo acordo ortográfico.

Este livro foi composto e impresso pela Editora Vozes Ltda.

SUMÁRIO

Apresentação à edição brasileira, 7
 Marília Novais da Mata Machado

Apresentação – Georges Lapassade e a invenção da análise institucional, 13
 Remi Hess

Prefácio à segunda edição (1966), 29
 Juliette Favez-Boutonier

Prólogo à terceira edição (1970), 33
 Georges Lapassade

Introdução, 55

1 As fases A, B e C, 59

2 Os grupos (pesquisa-formação-intervenção) –
 A fala social, 83

3 As organizações e o problema da burocracia, 118

4 As instituições e a prática institucional, 217

5 Dialética dos grupos, das organizações e das instituições, 249

Léxico, 285

Referências, 321

APRESENTAÇÃO À EDIÇÃO BRASILEIRA

Grupos, organizações e instituições, livro escrito por Georges Lapassade (1924-2008) entre 1963 e 1964, hoje é um clássico nas Ciências Humanas, de interesse especial para a Psicologia Social. Trata-se de uma pesquisa avançada a respeito da burocracia, com referências que cobrem do final do século XIX ao início dos anos de 1960. Para esse período, o autor delimitou três fases: a primeira corresponde ao estabelecimento da sociedade capitalista industrial em que os trabalhadores se organizavam em ofícios; a segunda corresponde à burocratização das grandes empresas e às organizações operárias em sindicatos; a terceira é a da automação industrial moderna, com o surgimento de uma nova classe operária a reivindicar a autogestão. A essas fases correspondem focos diferentes: os grupos, as organizações e as instituições.

Esses três temas são objetos de capítulos distintos, nos quais o autor realiza revisões panorâmicas. Para grupos, ele reexamina escritos que vão de Fourier a Lewin e colaboradores. Para organizações, ele circula pela política, apresentando de forma clara as teses sobre burocracia de Marx, Lênin, Trotski, Rizzi, Lukács e Cardan, destrincha o enfoque administrativo, em especial o de Taylor, desemboca na crítica psicossociológica, com Mayo e Moreno e na abordagem sociológica de Weber, Selznick, Merton e Crozier, entre outros; reflete criticamente sobre burocratização e burocratismo e esboça pesquisa sobre autogestão. Finalmente, para instituições, ele cria definições, focalizando especialmente a escola, apresenta argumentos a favor da pedagogia institucional e da autogestão pedagógica, contrapondo-as à pedagogia burocrática.

Ao tratar o terceiro tema, menciona algumas vezes "análise institucional", tomada como técnica, tese e prática. No capítulo final, Lapassade retoma a teoria que Sartre apresenta em *Crí-*

tica da razão dialética (1960) e praticamente a reescreve a fim de mostrar o grupo como totalização sempre em processo: trata-se de um exercício teórico incrível e riquíssimo. Como um todo, *Grupos, organizações e instituições* representa o germe da análise institucional que foi sistematizada posteriormente por René Lourau, em livro de 1970 (que, como este, também compõe a Coleção Psicologia Social desta editora), e depois pelos dois – Lapassade e Lourau – em publicação de 1971, *Chaves da sociologia*, quando então os autores refinam a definição dialética de instituição, criam o termo socioanálise e os dispositivos analisadores adotados nessa prática (a análise da demanda, a autogestão pelo coletivo cliente, a regra do tudo-dizer, as análises da transversalidade e da implicação). *Chaves da sociologia* foi publicado no Brasil em 1972, um ano após o original. Foi aqui lançado durante a missão cultural de Lapassade no país.

Grupos, organizações e instituições teve uma primeira tradução brasileira em 1977, feita com base na terceira edição francesa. Lapassade, nessa data, tinha numerosos leitores e seguidores no Brasil. Sua missão cultural havia deixado rastros indeléveis. Esta segunda tradução vem agora enriquecida pelo capítulo de Remi Hess que, entre muitas outras informações preciosas, justamente escreve sobre colóquio internacional de 2005, na França, comemorativo dos 40 anos da primeira edição francesa deste livro. O colóquio contou com a participação de cinquenta representantes de entidades de analistas institucionais de doze países diferentes, o que reafirma a importância e a atualidade do livro.

Hoje ocorre um *revival* da análise institucional no Brasil e a reapropriação de muitos de seus conceitos: autogestão, analisador, instituinte, implicação, provocação, transversalidade, contratransferência institucional etc. Por isso, é interessante lembrar não apenas a primeira vinda de Lapassade ao Brasil, em algum momento de 1970, acompanhando o Living Theatre, a companhia teatral nova-iorquina animada por Judith Malina e Julien Beck, cujas experiências teatrais inspiravam particularmente a reflexão e a prática lapassadianas, mas também, especialmente, a missão cultural de 1972, que trouxe para o Brasil a "peste" da análise institucional, comparável talvez à ida de Freud aos Estados Unidos, levando a psicanálise.

Lapassade veio em 1972 a convite da UFMG, mantenedora de um convênio com a embaixada francesa. Esse convênio, anteriormente, financiara as missões dos psicossociólogos Max Pagès e André Levy e, no ano seguinte, em 1973, financiou a vinda do filósofo Michel Foucault. Lourau havia sido o convidado, mas, como se mostrou impossibilitado de vir, Lapassade que, pouco antes, desenvolvera uma grande intervenção em Montreal, na Universidade de Quebec, se ofereceu para substituí-lo, alegando que tanto fazia um ou outro, que a análise institucional era dos dois.

Chegou em julho de 1972 a Belo Horizonte. Sua própria figura já denunciava o analista-analisador, aquele que por si só já mexe com os instituídos, os conservadorismos, o bom comportamento, as distinções, regras, normas, segredos, não ditos. Vestia roupas – sabe-se agora – compradas por uma ninharia no Magazine Emaús em Paris. Tinha uma energia enorme e um vozeirão. Na primeira sessão de trabalhos organizada pelo Setor de Psicologia Social já pôs na roda outro analisador, o dinheiro: Por que, entre as cinquenta pessoas presentes, algumas eram pagantes e outras não? Dizer que algumas trabalhavam para recebê-lo não serviu de nada.

Convidado para uma palestra no elegante auditório da Faculdade de Medicina da UFMG, examinou com cuidado a audiência, saiu do lugar de orador que lhe fora reservado sobre o tablado e, ao retornar ao auditório, vinha com um servente negro uniformizado e o colocou no centro da mesa: era o analisador da plateia, branca, rica e desconhecedora de seus próprios privilégios.

Inquieto com os limites de ação que o Setor de Psicologia Social lhe preparara, Lapassade expandiu seu campo de ação para a Faculdade de Filosofia e Ciências Humanas como um todo, ocupando os espaços do Diretório Acadêmico. Por três dias ininterruptos, em assembleia permanente, realizou aí a análise institucional, abriu espaços para os jovens (que o adoraram), para os homossexuais (que o tomaram como o líder), expôs segredos de psicodramatistas experientes que o auxiliavam, descobriu a importância do psicodrama no interior de uma análise institucional e teorizou sobre isso.

Propôs a análise institucional da própria a UFMG. Como queria tratar essa instituição, decidiu apresentar um projeto à reitoria. Mas recuou nessa oferta de trabalho, pois considerou que o reitor e a vice-reitora eram extremamente tecnocratas. Contudo, ao examinar o projeto de reforma universitária de 1968, ainda em difícil fase de implantação, descobriu que ele era muito mais interessante, democrático, descentralizado e revolucionário que a burocracia universitária que via em torno, com seus catedráticos todo-poderosos e pomposos e com suas hierarquias bem-definidas.

Lapassade ofereceu seus préstimos a outra instituição universitária de Belo Horizonte, a Fumg, onde, acompanhado por analistas do Setor de Psicologia Social, implantou a autogestão pedagógica, ao menos momentaneamente. Ao mesmo tempo iniciou trabalho na Escola de Comunicação da Universidade Católica. Aí, os participantes da socioanálise representaram o que ele próprio interpretou como sendo o seu enterro e o enterro da análise institucional. Já tinha experiência de outras exclusões: em livro autobiográfico de 1971 (*Le bordel andalou*), em que se apresenta como Labalue, menciona sua expulsão do Living Theatre, acusado de provocar conflitos e tensões e de dividir grupos em facções hostis; algo semelhante teria ocorrido na Universidade de Quebec, em Montreal, de onde foi quase expulso; em Bruxelas, partiu em dois um grupo de professores e estudantes universitários, assistentes sociais, psicanalistas e psiquiatras; em Belo Horizonte, dividiu o Setor de Psicologia Social em pretos e brancos.

Com os pretos, viajou para o Rio de Janeiro, onde continuou seus trabalhos de analista institucional e pesquisador da macumba e do candomblé. Ao todo, deambulou por cerca de três meses entre Minas e Rio, angariando amigos e inimigos. Conta essas aventuras brasileiras em livro de 1974, *Les chevaux du diable: une derive transversaliste* (*Os cavalos do diabo: uma deriva transversalista*). Esse livro também já deveria estar traduzido: é o relato de um viajante estrangeiro do século XX no Brasil da década de 1970, analisador do período ditatorial. Hoje, as indiscrições que ele faz no livro (aonde fumou maconha, com quem passou a noite, os casos extraconjugais de A e B) já são favas contadas e as entregadas políticas já não têm importância: a ditadura opressora então vivida já não pode mais perseguir ninguém.

Os cavalos do diabo podem ser soltos. Como outros trabalhos de Lapassade, essa obra mexe com as pessoas, as tira do lugar comum, inova. Lapassade foi grande teórico, escritor fluente e claro, acadêmico de primeira, pessoa humana ímpar, analista incrível, mesmo que, muitas vezes, extravagante. *Grupos, organizações e instituições* apresenta sobretudo o analista lúcido e o intelectual de ideias amplas.

Marília Novais da Mata Machado

Belo Horizonte, março de 2016.

APRESENTAÇÃO
GEORGES LAPASSADE E A INVENÇÃO DA ANÁLISE INSTITUCIONAL

Psicossociólogo, etnólogo e pedagogo francês, Georges Lapassade nasceu em 1924 nos Pirineus. Em 1962, inventa a análise institucional em sua versão psicossociológica e sociológica.

Por ocasião do 40º aniversário dessa "invenção", a Universidade de Paris 8 organizou uma homenagem a Georges Lapassade durante os três dias de colóquio (de 26 a 28 de junho de 2002). Como esse contexto estimulou-nos a reler sua obra e, muito especialmente, *Grupos, organizações e instituições*, a ideia de reeditar esse livro acabou se impondo.

A primeira edição deste livro é de 1965[1]. A segunda, publicada por Gauthier-Villars é de 1967. A partir da terceira edição (1970-1971), ele estendeu-se para três volumes (prolongado em 1975 por um quarto). Houve uma quarta edição (1974). Traduzido em 1970-1972 para o alemão, espanhol, italiano e brasileiro, ainda que considerado um clássico, o livro não era mais encontrado em língua francesa há pelo menos vinte anos. Nesta quita edição, retomamos os prefácios da segunda e da terceira edição, e ampliamos a bibliografia das pesquisas que prolongam este livro fundador e de uma apaixonante atualidade.

Quem é Georges Lapassade

A questão da identidade é uma das que mais preocupam o autor do livro que estamos reeditando. Falar sobre ele exigiria, portanto, todo um livro. E como ainda não existe uma biografia de Georges Lapassade, contento-me em apresentar os pontos

---
1. Publicada por Presses de la Sorbonne.

essenciais de sua trajetória antes de abordar a questão do contexto de escrita do presente trabalho para então recolocá-lo no contexto mais amplo do conjunto de sua obra.

1) Referências biográficas

Estudante no Liceu de Pau entre 1941 e 1944, Georges Lapassade, depois de inúmeras peripécias, torna-se professor primário. Dá início aos seus estudos de filosofia, primeiro em Montpellier, depois em Paris para onde se muda em 1948. Nos anos de 1950, frequenta o Quartier Latin e se relaciona com todos os intelectuais parisienses da época. Bem cedo se dedica à escritura. Merleau-Ponty propõe-lhe que escreva para a revista *Temps Modernes*. Masele duvida de sua legitimidade como autor. Professor substituto da universidade e, mais tarde, doutor em letras (1962), foi professor-assistente de sociologia em Túnis onde descobre o Stambeli, que o leva a questionar os fenômenos de transe. Em consequência de uma greve, teve de partir da Tunísia. Chegou a Tours em 1966. E viveu o Maio de 1968 em Paris.

Em 1971, Georges Lapassade torna-se professor de ciências da educação na Universidade de Paris 8, onde será então um dos personagens-chave, na medida em que não dissocia sua pesquisa de sua prática pedagógica cotidiana. Cria inúmeros departamentos. E acaba até mesmo desempenhando as funções de "decano" da Unidade de Ensino e Pesquisa de direito! Seriam necessárias cinquenta páginas para listar todas as iniciativas que ele teve em Paris 8. Desenvolveremos esse aspecto de seu trabalho em outro contexto. Quando se aposenta, em 1992, deixa seu apartamento na Ilha Sant-Louis para se instalar em Saint--Denis em uma casa, na frente da universidade onde ensinou por mais de vinte anos. Ali acolhe inúmeros estudantes sem abrigo, sem documentos. Na medida de seus recursos, ele apoia a atividade universitária, principalmente dos estudantes estrangeiros. E continua elaborando números de revista, e publicando novos livros, fazendo programas de rádio, viajando, ainda que, a partir de 1999, deva fazer diálise a cada dois dias!

Seu nome está associado a inúmeras pesquisas tanto na área filosófica quanto sociológica, etnológica ou pedagógica.

2) Grupos, organizações e instituições, *um manifesto da análise institucional?*

Podemos dizer que foi durante os colóquios de Royaument, cujas atas foram publicadas em *Le psychosociologue dans lacité,* que Georges Lapassade inventou a análise institucional. Foi em 1962. Portanto, cinco anos depois de publicar *Grupos, organizações e instituições.* Este livro estabelece a profecia da análise institucional no "movimento dos grupos" que se desenvolve então na França. Ele opõe uma alternativa ao crescimento do fenômeno burocrático: a dos movimentos dos grupos. Se o homem quer ser sujeito, ator consciente de sua história, ele deve analisar as instituições das quais depende, ele pode analisar as instituições que o permeiam, e encontrar na ação de grupo uma saída para a atomização burocrática da qual é vítima. Este livro é muito importante na medida em que teve uma posteridade bastante considerável (cf. Referências).

Na corrente da análise institucional, pensou-se por muito tempo que *Grupos, organizações e instituições* ainda não era uma obra de análise institucional no sentido estrito, mas um livro "pré-institucionalista", e que a primeira obra fundadora dessa corrente era *L'analyse institutionnelle*, publicada em 1970, por René Lourau. Mas hoje, nossas últimas pesquisas[2] me obrigam a questionar esse ponto de vista. Na verdade, estou convencido de que é em *Grupos, organizações e instituições* que se encontra o verdadeiro ponto de partida de nossa corrente, e este ponto de partida é a questão da burocracia. Aliás, esse deveria ter sido o título do livro, pois Jacques Ardoino, que pedira a Georges Lapassade que o escrevesse, desejava exatamente um livro sobre a burocracia. Sem dúvida, quando J. Ardoino lhe fez esse pedido, o autor, que acabara de publicar sua tese sobre *L'entrée dans la vie* (Minuit, 1963), preocupava-se com essa questão, e essa preocupação havia começado bem antes.

Em 1959, Georges Lapassade era, com efeito, professor-conselheiro na residência universitária de Antony. E nutria um grande interesse pelo funcionamento dessa residência. Desco-

---

2. Cf. HESS, R. *La mort d'um maître, René Lourau et la fondation de l'analyse institutionnelle.* Paros: Loris Talmart [a ser publicado].

brira, pouco tempo antes, a dinâmica de grupo. Participara dos T-Groups e dos psicodramas, e desejava transpor o que sabia sobre a psicossociologia para uma análise interna da vida da cidade universitária. Por isso, assistia regularmente, mas na medida em que estava autorizado, às reuniões da associação local dos estudantes (Aerua) que participavam da cogestão dessa residência universitária. Esses estudantes eram eleitos pelos pavilhões. Mas a vida administrativa da residência era centralizada. Georges Lapassade chegara à conclusão de que havia uma contradição entre essa centralização e a descentralização das eleições estudantis. Apresentou essa opinião escrevendo algumas cartas dirigidas ao presidente dessa associação, dominada pelos estudantes comunistas da RUA. Um dia, essas cartas foram publicadas em seu jornal sob o título: "Por que o senhor está se intrometendo?"

Essa publicação deixou Georges Lapassade muito preocupado. Um pequeno grupo de estudantes estimulados por um jovem intelectual, Robert Paris, especialista em Gramsci e que, como trotskista, praticava o entrismo na célula comunista local (os estudantes comunistas da residência estavam inscritos na célula do PCF de Antony), imediatamente apoiou G. Lapassade. Foi nesse momento que descobriu o quão pouco era politizado. Robert Paris, muito mais politizado, auxiliou-o a compreender esse ataque dos estudantes comunistas com a ajuda das análises trotskistas da burocracia. Com Robert Paris e seus amigos, G. Lapassade decide espalhar maciçamente na residência universitária um panfleto que era uma resposta ao artigo já citado. Esse panfleto provocou uma crise interna da associação, seguida imediatamente de eleições gerais. No mesmo período, G. Lapassade adquire um pouco de cultura política. Um dos problemas políticos essenciais daquela época era o da burocracia como classe dirigente na URSS e no conjunto dos países comunistas.

No verão seguinte, G. Lapassade participa de um jornal de Cerisy-la-salle, em torno do tema: "Gênese e estrutura". Uma noite, o editor do jornal, o Professor Maurice de Gandillac, pede que Lapassade fale sobre suas pesquisas em andamento. Ele poderia ter falado sobre a tese que estava escrevendo sobre a entrada na vida, mas narrou o que havia acontecido alguns meses antes na residência de Antony. O relato dessa noite foi publicado nas

Atas desse seminário. Ao contrário das outras pessoas presentes e, principalmente, de Maurice de Gandillac que considerava essas pesquisas "supérfluas", o sociólogo Serge Mallet apreciou o relato e a análise do que acontecia na residência universitária de Antony. E comentou sobre isso durante uma longa entrevista com G. Lapassade que durou a noite toda. Ele ressaltava, em especial, a relação entre o que havia dito e as teses do grupo *Socialismo ou Barbárie*, que G. Lapassade ainda não conhecia[3]. Hoje sabemos que a questão da burocracia estava no centro dos trabalhos desse grupo político oriundo do trotskismo. A burocracia ali era considerada não mais como uma "camada" parasitária da sociedade comunista, mas como uma nova classe, foi, aliás, sobre esse ponto que se deu a ruptura com o trotskismo.

Mais ou menos na mesma época, G. Lapassade participa do 4º Congresso Mundial de Sociologia que naquele ano acontecia em Stresa (Itália). Ali ele conhece principalmente Edgard Morin com quem comenta sua preocupação em relação à burocracia. Edgard Morin propõe-lhe assumir a responsabilidade de um número da revista *Arguments* consagrado a essa questão. Evidentemente, os colaboradores habituais dessa revista conheciam muito bem a questão: uns vinham do partido comunista, outros do movimento trotskista. O número da revista tomava então uma direção quase que exclusivamente política. G. Lapassade tinha, ao contrário, outra abordagem da burocracia, adquirida não nos debates políticos, mas na psicossociologia clínica à qual se iniciava ao mesmo tempo em que os problemas das intervenções psicossociológicas nas organizações sociais. E neste caso, eram as correntes weberianas e pós-weberianas da sociologia americana que vinham em primeiro plano. Georges Lapassade, portanto, introduziu no número de *Arguments* um dos textos fundamentais de Max Weber sobre a burocracia, bem como textos de sociólogos americanos como Merton, Selznick e Gouldner, sempre sobre a mesma questão.

---

3. G. Lapassade tornou-se amigo de Serge Mallet até a morte deste em julho de 1973. Eu estava com G. Lapassade em Griffon, perto de Avignon, quando soubemos do acidente que causou a morte desse homem que era então professor de Ciências Políticas na Universidade de Paris 8, então instalada em Vincennes. Em 1974, em homenagem ao seu amigo, G. Lapassade dedica a terceira edição de *Grupos, organizações e instituições* à memória de Serge Mallet.

A totalidade constituiu o núcleo central de *Grupos, organizações e instituições*. G. Lapassade acrescentou alguns textos sobre a dinâmica de grupo e sobre as intervenções psicossociológicas, bem como sobre a pedagogia institucional. Além do mais, G. Lapassade redigira um resumo de *A crítica da razão dialética* de Sartre em 1960, assim que a obra foi publicada. Mas, as três grandes etapas do processo da institucionalização, a partir do instituinte revolucionário descritas por Sartre eram: o "grupo em fusão", a organização, e a instituição culminando na burocracia. E o autor acabou conservando esse esquema para dar um título ao seu livro. Seria necessário comparar o conteúdo desse livro às cinquenta páginas escritas por G. Lapassade para o *Le psychosociologue dans lacité*. Ver-se-ia que, já em 1962, no colóquio de Royaumont, ele havia explicitado todos os conceitos da análise institucional. Trata-se de um programa de trabalho que será preciso colocar em execução. O encontro de G. Lapassade com R. Lourau, durante o natal de 1963, abre algumas possibilidades para se criar um trabalho coletivo em torno desse programa. Esse coletivo vai se ampliar rapidamente. Várias gerações de institucionalistas emergem por ocasião da criação do Grupo de Pedagogia Institucional (1964), do Grupo de análise institucional de Nanterre (1968), e depois de diferentes grupos a partir do colóquio de Montsouris I (1972).

Grupos, organizações e instituições, pôde ser lido e relido, principalmente, entre 1967 e 1975, como uma apresentação crítica da psicossociologia dos grupos e das organizações que, naquele momento, tinham o vento a favor[4]. Tratava-se, de alguma forma, de uma versão esquerdista da psicossociologia. Atualmente me parece que a abordagem ao mesmo tempo política e sociológica da burocracia constitui a primeira versão de nossa "análise institucional". E, ao contrário do que poderíamos pensar, apesar de todas as guerras e revoluções que abalaram o mundo desde a década de 1960, a questão da burocracia não foi superada, ainda que R. Lourau tenha retomado essa temática sob outros nomes, institucionalização, por exemplo.

---

[4]. Na ocasião de sua publicação, Frédéric Gaussen consagrou-lhe meia página no jornal *Le Monde*.

Por isso, *Grupos, organizações e instituições* é um livro que deve ser considerado como o primeiro da corrente chamada "de análise institucional". Nesse livro, G. Lapassade dá os fundamentos conceituais de uma teoria e de uma prática da análise institucional que, em seguida, tomará a forma da *socioanálise*. Viu-se que esse livro deve muito à leitura feita pelo autor do livro de Sartre sobre *A crítica da razão dialética*. É uma época em que ele trabalha com Cornelius Castoriadis em torno da revista *Socialismo ou barbárie*. Há, portanto, uma síntese entre a crítica da burocracia e da instituição, assim como ela se desenvolve na obra de Sartre ou de Castoriadis, e o movimento de grupos que Claude Faucheux e Serge Moscovici introduziram na França. Nesse livro de G. Lapassade há muita influência da teoria americana dos grupos (Rogers, Lewin, Moreno). Mas ele tem também uma dimensão "pedagógica". Critica as relações burocráticas que se desenvolvem no interior da escola. Portanto, também tem seu lugar na origem do movimento da *pedagogia institucional* ao lado do livro de Michel Lobrot sobre *La pédagogie institutionnelle* (1966), ou o de Aida Vasquez e Fernand Oury, *Vers une pédagogie institutionnelle* (1967). Com os *Propos actuels sur l'éducation* (1965) de Jacques Ardoino, essa obra permitiu a eclosão de toda uma crítica da escola que acabaria tomando uma dimensão política em maio de 1968. Encontra-se no *Éducation et politique* (1977 [nova edição: Anthropos, 1999]), um importante livro de Jacques Ardoino, o esquema (sistematizado) proposto por G. Lapassade em *Grupos, organizações e instituições*.

Aos níveis da análise de grupo, da análise organizacional e da análise institucional, J. Ardoino acrescenta o nível individual e o interindividual. Esses cinco níveis devem ser levados em conta em toda situação de análise social. E, mais uma vez, observa-se então um desenvolvimento dessa obra de G. Lapassade que devia encontrar no *L'Analyse institutionnelle*, a tese de René Lourau, o prolongamento de suas mais importantes intuições (1969).

Mas a obra de G. Lapassade não se limita a esse livro. E parece importante, aqui, recolocar a pesquisa do autor no interior do movimento do conjunto de sua obra.

3) *A entrada na vida*

Se os anos de 1960 foram aqueles em que G. Lapassade tornou-se conhecido, foi nos anos de 1950 que ele desenvolveu as pesquisas de fundo que vão conduzi-lo à produção de sua tese sobre a entrada na vida. Não é possível isolar a descoberta da análise institucional da pesquisa sobre a entrada na vida. No início, Daniel Lagache propusera a G. Lapassade um tema sobre "os jovens adultos". Mas o autor não conseguiu delimitar a noção de adulto. O que é um adulto? A maturidade da idade adulta não seria um mito? Muito calmamente, questionou a noção de adulto, e orientou-se para um novo tema: a entrada na vida. Essa tese será defendida em 1962 e publicada em 1963.

A entrada na vida, ensaio sobre o inacabamento do homem não é apenas uma obra original. É a afirmação de uma determinada concepção da sociologia, de seu papel crítico diante das instituições. É também uma determinada imagem do homem e da vida. Por isso que esse livro, publicado em 1963, tem uma evidente importância filosófica. Ele reflete a estranheza de todo o itinerário de Lapassade... No momento em que a instituição universitária tenta afastá-lo, em que sua reputação de pessoa não séria, de desordeiro e de marginal é um fato estabelecido (1968), suas teses encontram junto às jovens gerações – os estudantes em especial – uma crescente audiência. Eterno rejeitado, ele adquire pelas exclusões a verdadeira dimensão de toda sua obra e a consagração daqueles a quem se dirige: todos aqueles que vivem afastados ou à margem das instituições. *A entrada na vida* é um livro que não envelhece. Foi constantemente enriquecido pela história, verificado e completado pelos acontecimentos.

O subtítulo (ensaio sobre o inacabamento do homem) expressa a tese fundamental que G. Lapassade desenvolveu constantemente em toda sua obra: a maturidade não passa de um engodo. Entrar na vida significa ao mesmo tempo "nascer biologicamente" e "aceder à condição de adulto". Ele rejeita categoricamente esta distinção. Para ele, todo nascimento é social. *A entrada na vida* é, portanto, a descrição das múltiplas formas do nascimento social. A primeira entrada é o nascimento prematuro de um organismo inacabado. Esse fundamento biológico explica o projeto humano de intersubjetividade, de "relação dual". O

Complexo de Édipo é um segundo nascimento. Ele consagra a passagem à relação ternária. O trabalho da puberdade supera e conserva a estrutura edipiana, sem que, no entanto, a maturidade seja atingida. O adolescente rompe os laços familiais para se integrar aos grupos que constituem o universo social. G. Lapassade interessa-se pelos ritos de passagem tanto nas sociedades "primitivas" como na sociedade industrial. Este é o sentido do "anos de aprendizagem" estetizados pelos "romances de formação" (*Wilhelm Meister*, de Goethe, ou *A educação sentimental*, de Flaubert).

G. Lapassade mostra que a estratificação da sociedade em classes torna o problema infinitamente complexo. Um indivíduo pertence concretamente à história, na medida em que está inserido em uma determinada comunidade, em uma geração. Mostra que se o destino dos jovens é o niilismo, é porque não há perspectiva de "maturidade" na sociedade moderna. As explosões de violência, a recusa dos valores e das instituições expressam a impossibilidade, hoje, de definir uma norma do adulto e da maturidade em psicologia, sociologia, filosofia, economia ou teoria da educação... O homem moderno aparece como profundamente "inacabado". A maturidade consistiria talvez em *tomar consciência desse inacabamento e assumi-lo*. Essa é a explicação para que G. Lapassade proponha o desenvolvimento de *um verdadeiro pensamento do inacabamento*. Sua obra inscreve-se, portanto, para além dos mitos rompidos de Saber Absoluto e de Sabedoria. No prolongamento de Marx e Freud, mas também de Nietzsche e Heidegger, sua obra mostra que o homem não poderá constituir uma unidade acabada. Qualquer tentativa para petrificar o homem em uma totalidade inerte, em uma natureza qualquer, pode apenas ser a fonte de novas alienações psicológicas, políticas e sociais: "A norma do homem acabado, do adulto, está fundada no esquecimento daquilo que é o homem verdadeiramente". A originalidade desse livro é romper igualmente todas as categorias anteriores que aparecem petrificadas. Por essa razão também é um livro de método. G. Lapassade recorre tanto à biologia quanto à filosofia, à psicanálise e à etnologia. A origem dessa tese está em sua colaboração com o seminário de G. Canguilhem, na Sorbonne. No âmbito desse seminário, o autor já havia produzido *Du développement à l'évolution au XIXᵉ siècle* (1962) justamente em colaboração com G. Canguilhem, J. Piquemal, J. Ulmann, estes dois últimos pesquisadores também participam do seminário de Canguilhem.

Em *A entrada na vida*, G. Lapassade estabelece a necessidade de uma "antropologia interdisciplinar" capaz de reunir todos os discursos sobre o homem.

Por fim, (e talvez esta seja a contribuição mais importante da obra), ele ressalta o profundo enraizamento de todos esses problemas teóricos no vivido: o dos jovens, de sua revolta, de sua recusa geral dos valores e da velha cultura. Os acontecimentos políticos destes últimos vinte anos confirmaram amplamente as intuições fundamentais do *A entrada na vida*. Não surpreende que Oliver Galland tenha dado como subtítulo à sua obra *Sociologie de la jeunesse* (Armand Collin, 1977): a entrada na vida, em homenagem a G. Lapassade.

A entrada na vida, por seu aparelho crítico e suas referências a Bolk, Marx. Freud, Nietzsche, Trotski, Heidegger, surge como uma obra séria. Mas essas referências também dissimulam seu verdadeiro alcance: o de uma apologia do niilismo, de uma filosofia "a golpes de martelo" (retomando uma expressão usada por Jean-Michel Palmier em seu prefácio à reedição do livro de G. Lapassade para a coleção de bolso) aplicada pelo autor ao homem adulto e às instituições. Este livro anuncia, portanto, toda uma corrente, aquela que tomou as formas da antipsiquiatria (Cooper, Laing, Basaglia), da antipedagogia (Celma) e, de maneira mais geral, todas as formas de lutas anti-institucionais de maio de 1968 e dos anos seguintes.

4) O movimento da obra de Georges Lapassade

Depois de 1968, as pesquisas de G. Lapassade organizam-se em torno de cinco eixos: o psicossociológico, o etnológico, o sociológico, a questão da implicação (muitas vezes tomando a forma de um tratamento literário), e a etnografia da escola e dos jovens. Tentemos retomar esses cinco campos de pesquisa.

1) O psicossociológico é o campo de intervenção pedagógica ou socioanalítica nos grupos que a solicitam. G. Lapassade anima inúmeros estágios depois de sua intervenção no Festival de Avignon em 1968. Ensina então análise, em situação, dos conflitos e dos problemas que os grupos sociais atravessam. A partir de 1973, esse interesse o leva a pender para o "movimento do potencial humano" que chega dos Estados Unidos e que tem origens no último período de W. Reich (*L'Autogestion pédagogique*, 1971. • *L'Analyseur et l'analyse*, 1971. • *Socianalyse et potentiel humains*, 1975. • *La Bioénergie*, 1974) inscrevem-se nessa abordagem psicossociológica.

2) A pesquisa etnológica tem suas raízes no ensino efetuado por G. Lapassade em Túnis antes de 1966. Desde essa época, interessa-se pelos fenômenos de transe e pelos ritos de possessão. Esta pesquisa continua então no Marrocos, no sul da Itália, no Brasil... e depois novamente no Marrocos. É nesse eixo de pesquisa que se deve inscrever: *Les Chevaux du diable*, 1974 [sobre o Brasil]. *L'Essai sur le transe*, 1975. • *Joyeux tropiques*, 1978. A esses livros, inúmeros artigos e muitas obras posteriores deveriam ser acrescentadas, uma vez que ele passa a metade de seu tempo, em campo, acumulando diversos documentos etnográficos publicados principalmente na Revista *Transit* que ele dirige no Service de la Recherche da Universidade de Paris 8. Nesta mesma linha publica: *Gens de l'Ombre*, 1982. • *Les états modifiés de conscience*. Paris, 1987. • *La transe*, 1990. • *Les rites de possession*, 1997. • *Derdeba: la nuit des Gnaoua*, 1998. • *Regards sur Essaouira, 1999*. • *D'un marabout, l'autre*, 2000. Este último livro, sobre o Marrocos, foi saudado como um acontecimento nesse país.

3) A obra sociológica de G. Lapassade é, primeiramente, uma pesquisa sobre as instituições e também sobre um modelo do qual já falamos em relação aos *Entrada na vida* e *Grupos, organizações e instituições*. Uma das instituições mais bem estudadas pelo autor foi a universidade. A publicação de *Procès de l'Université, institution de classe* (1969) valeu-lhe um convite da Universidade de Montreal em 1970. Pediram-lhe que analisasse a

"crise" da instituição. O relato dessa intervenção que durou seis meses está no *L'Arpenteur, une intervention sociologique*, 1971. No *Le livre fou* (1971) também oferece os resultados dessa pesquisa-ação feita em Quebec. A intervenção sociológica a que se refere A. Touraine a partir de 1978, ainda que não tenha a força da experiência lapassadiana, inscreve-se no prolongamento desse trabalho. Ressaltemos ainda *Les clés pour la sociologie* que G. Lapassade assina junto com R. Lourau em 1971 e que situa a análise institucional no conjunto da abordagem sociológica.

A partir de 1976, a pesquisa de G. Lapassade sobre a universidade tomou a forma da *análise interna* desenvolvida por ele na Universidade Paris 8. A análise interna é o esforço de um grupo ou de um indivíduo para compreender a complexidade de um estabelecimento ou de uma instituição. Por ocasião de um conflito, ou em função de um desejo de saber mais sobre ela, os interventores internos utilizam as situações propícias para a emergência de uma análise coletiva das contradições da instituição na qual trabalham. Essa abordagem completa a pesquisa socioanalítica que G. Lapassade estabelecera junto com R. Lourau e que consistia em fazer uma análise institucional externa, isto é, feita por "especialistas" vindos de fora da instituição analisada. A análise interna abre perspectivas novas para a análise institucional, mas também para toda a psicossociologia. Ele publica *L'université en transe* (com Patrick Boumard e Remi Hess), em 1987. Este livro estuda um movimento de greve na universidade.

4) A questão da implicação é o quarto eixo de pesquisa de G. Lapassade. Para ele, uma das regras da socioanálise é a análise da análise. Caso se queira ir até o fim da intervenção do especialista, é preciso que o grupo cliente possa analisar as implicações daquele que está investido do poder de dizer. É o que explica as obras de "implicação" de G. Lapassade: *Le Bordel andalou*, 1971. • *L'Autobiographe*, 1980. Na primeira dessas obras, o autor fala sobre si, de sua relação com as instituições, mas de forma romanceada. Mas, em *L'Autobiographe*, a questão central colocada é a da impossibilidade da implicação. O "dizer tudo" sobre si é uma utopia, um ideal jamais alcançado. Enquanto ele tenta sua "autobiografia", o autobiógrafo descobre a impossibili-

dade desse projeto. É possível então falar, em relação a esse livro, de uma tentativa de epistemologia em ato do projeto de análise da implicação.

Nessa linha literária, seria necessário inscrever os diferentes textos autobiográficos. *Le précis d'inachèvement* faz parte desse momento da obra de G. Lapassade. Mas também seria necessário acrescentar todos seus diários. Eles nunca foram publicados, a não ser sob a forma de trechos em alguns artigos. Desejamos editar dois ou três deles na presente coleção. Pensamos em alguns trechos de diários que tratam da análise interna de Paris 8 que se intitularão: *Chronique de Vincennes*. Depois publicaremos *Écrire*, sobre as dificuldades de produzir sua obra. Nesse diário, o autor fala sobre suas dificuldades para trabalhar em sua história de vida (que ele começou com Christine Delory-Momberger). Em seguida, desejo igualmente publicar outro diário, escrito logo depois da morte de René Lourau, que foi o seu primeiro verdadeiro colaborador. Esse diário de Georges Lapassade reflete sobre as difíceis relações institucionais que manteve com R. Lourau.

5) A etnografia da escola e dos jovens. Essa abordagem inscreve-se claramente na continuação do *L'entrée dans la vie*. Entre as obras que se adéquam a essa linha há *Le rap ou la fureur de dire* [com Philippe Rousselot], 1990 [5. ed., 1998]. • *L'ethnosociologie*, 1991. • *Guerre et paix dans la classe*, 1993. • *Les microsociologies*, 1996. • *Microsociologie de la vie scolaire*, 1998.

Uma carreira associada à Universidade Paris 8

A obra de Georges Lapassade é difícil de sistematizar. Esse autor explorou inúmeras disciplinas. Mas, se deu prova de ciência, não fez da ciência uma obsessão, um objetivo. Acima de tudo procurou a si mesmo. E ainda se procura. De fato, muitas vezes foi questionado por sua identidade: Sou psicossociólogo? Etnólogo? E por um longo tempo foi rejeitado pelas disciplinas científicas clássicas que não eram exatamente feitas para acolher um personagem tão rico, tão complexo. Buscando um lugar, ele começou a elaborar a teoria das pessoas que buscavam seu lugar (adolescentes, excluídos, marginais, desviados sexuais, possuídos). Estes geralmente se identificaram ao seu questionamento e, portanto, às suas análises. Georges Lapassade recusou o enclausuramento. Ao mesmo tempo, no entanto, tentava às vezes fazer sua unidade. Nestes últimos tempos, este trabalho para administrar essa contradição levou-o a explorar a questão da dissociação. Por muito tempo, o fato de ser dissociado foi teorizado, principalmente pela psiquiatria, como uma patologia. Georges Lapassade coloca-se a questão de outra forma: A dissociação do sujeito não seria, ao contrário, um recurso? Esta é a ideia que conclui: *La découverte de la dissociation*, 1998 e que se prolonga em *Regards sur la dissociation adolescente* (obra coletiva), 2000. Esta ideia nos abre inúmeras perspectivas, principalmente sobre o terreno das pesquisas interculturais.

Portanto nosso interesse pela obra de Georges Lapassade é compreensível.

Temos ainda de dizer que, desde 1971, a carreira e a história de vida de Georges Lapassade esteve associada à Universidade de Paris 8. Sua presença ali é constante, inclusive depois de sua aposentadoria. Ele continua tendo uma sala no departamento das ciências da educação. Único aposentado a ter esse privilégio, continua ensinando em Dess (Diploma de Estudos Superiores Especializados), e ajudando inúmeros estudantes a escrever seus relatórios e teses.

Desde 2001, a biblioteca universitária de Paris 8 consagra toda uma estante à obra de G. Lapassade. Os conservadores o instalaram na sociologia, na rubrica "os grandes sociólogos". Ele é vizinho de E. Durkheim, E. Goffman, H. Lefebvre, e alguns outros "Grandes". E isso é um paradoxo, pois os sociólogos de Paris 8, hoje esquecidos, não quiseram acolher este homem em 1971 em seu departamento!

Por fim, de 25 a 30 de junho de 2005, o Laboratório Experice (Paris 8-Paris 13), com o concurso da Universidade de Paris 8, organizou um colóquio internacional por ocasião dos quarenta anos de *Grupos, organizações e instituições*. A atualidade deste livro foi mostrada por cinquenta representantes dos grupos de análise institucional de doze países, vindos dos quatro continentes. Esperamos que esta obra encontre um novo público junto aos estudantes de hoje que ainda continuam se confrontando com a tensão entre pedagogia "burocrática" e "autogestão pedagógica".

Agradeço a Maxime Brousse, Véronique Dupont e Tamara Timmers por terem me ajudado na preparação técnica deste livro.

Agradeço a Georges Lapassade por ter respondido às questões que eu me colocava no momento da correção das provas. Meu trabalho para estabelecer o texto foi então feito sob seu controle.

Remi Hess

Paris, 25 de fevereiro de 2006.

PREFÁCIO À SEGUNDA EDIÇÃO (1966)

O estudo dos pequenos grupos fez surgir, entre os especialistas das ciências humanas, a grande esperança de descobrir as leis comuns e profundas que regem tanto o indivíduo como a sociedade. Chegava ao fim então um dilema do qual a psicologia e a sociologia do início deste século só conseguiria sair por meio de uma escolha arbitrária, uma vez que também era tanto impossível compreender o homem sem o meio social que lhe é indispensável, quanto a sociedade sem os seres humanos que a constituem.

Mas, no pequeno grupo, as relações interprofissionais revelam-se ligadas às condutas dos indivíduos, às inter-reações que o observador pode registrar com precisão. E quando esse pequeno grupo é experimental, ou quase experimental, dirigido de acordo com os modos diferentes de exercício da autoridade, ou artificialmente libertado de qualquer tarefa comum que não a "de estar junto", revela-se que, de fato, o que se passa não é irrelevante, que cada um se conscientiza da presença dos outros em um clima em que se percebe na hora o estreito vínculo de cada existência com a do outro. A experiência do grupo oferece assim um sentido novo ao "Conhece-te a ti mesmo", que permanece a última palavra de toda sabedoria, bem como de toda cura psicológica, mas ela traz a prova de que esse conhecimento para ser completo deve levar em conta aquilo que os outros nos revelam sobre nós mesmos, tanto pelo papel que nos dão quanto por aquele que assumimos.

Por mais indiscutível que seja a experiência assim adquirida, ela coloca alguns problemas. A utilização feita, por aqueles que nos acostumamos a chamar psicossociólogos, dos efeitos da experiência do grupo, para diagnosticar as tensões existentes entre os membros de certos pequenos grupos naturais, e para reduzi-las facilitando a tomada de consciência pelos indivíduos que deram origem a essas tensões, levou a pensar que, para além das aplicações psicológicas ou psicoterapêuticas dessas técnicas, havia consequências sociológicas possíveis. Se o conhecimento das leis que regem a vida dos pequenos grupos permite ao psicossociólogo estabelecer na equipe, na empresa, um clima de cooperação e de boa convivência, substituindo os conflitos de autoridade ou de cobiça, por que os mesmos métodos não poderiam ser utilizados para por fim à luta de classes, ou mesmo à guerra? Esse otimismo, talvez ingênuo, mas que poderia parecer pelo menos simpático, foi criticado por razões ainda mais políticas que científicas, a tal ponto que não apenas a extrapolação das leis da vida dos pequenos grupos às sociedades humanas em seu conjunto pareceu injustificada, mas acusada de cobrir os desejos inconfessos de uma política conservadora e, mais ainda, a suspeita assim lançada sobre o método estendeu-se até às experiências limitadas aos pequenos grupos. Os psicossociólogos apareciam assim como os agentes de uma sociedade que, para defender instituições caducas, organizam insidiosos e enganadores artifícios, destinados a tornar submissos aqueles que estavam prestes a se revoltar. Um ópio psicológico, de alguma forma, e que não tinha nada a ver com a realidade social, que a mascarava mais do que revelava.

Contudo, indiferente as essas posições extremas, havia, e ainda há, uma psicologia social que não têm nenhuma razão para renegar fatos atualmente bem conhecidos pelas experiências por demais numerosas para serem consideradas como "artefatos" sem valor. Aliás, para começar, talvez seja preciso tirar uma primeira lição dessas polêmicas, e se perguntar se é possível criar, no interior de uma sociedade qualquer, um grupo mesmo efêmero, que tenha uma nova estrutura, sem ver surgir nesse grupo ou em torno dele fenômenos que mostram que esse grupo não pode ser totalmente isolado do meio social e, sobretudo, das instituições às quais pertencem os indivíduos que o compõem. Sem deixar de reconhecer então o valor das leis descobertas pela dinâmica dos grupos, observar-se-á que a confiança dos chefes de uma instituição na qual foi formado um "grupo experimental" é necessária para que esse grupo possa continuar sua experiência, e se a evolução do grupo inquieta as autoridades responsáveis ou questiona certos aspectos da instituição, é ao conjunto da instituição que caberá reagir à existência do grupo. E certamente é normal e desejável que as instituições evoluam. Mas entre a evolução e a revolução, a confusão é fácil, sobretudo se, como a psicologia nos ensina, a resistência à mudança é característica não apenas dos indivíduos, mas dos grupos e estimula reações de defesa às vezes extremamente vivas. É assim que a psicossociologia, acusada por alguns de defender uma sociedade conservadora, pode ser considerada por outros como a detentora de perigosos fermentos revolucionários e que sabota dissimuladamente a autoridade reconhecida, os hábitos e as tradições. Sendo assim, alguns estarão tentados a concluir que há, mais do que uma psicossociologia, psicossociólogos com suas opções teóricas e políticas pessoais. Penso que lhes bastará, para se darem conta de seu erro, ler a obra de Georges Lapassade. Pois, ainda que o autor muitas vezes se posicione, os fatos objetivos por ele explicados, tanto no campo da história das ideias quanto no plano da experiência concreta, não podem ser tratados como visões subjetivas. Sei, aliás, por ter assistido a evolução de seu pensamento, o quanto Georges Lapassade respeita a objetividade da informação, ainda que dedique à pesquisa uma paixão que provoca ou o entusiasmo ou, de acordo com os mecanismos citados mais acima, o protesto. Ninguém esquece o quanto as discussões que ele provoca, sem parecer procurá-las, permanecem vivas e enriquecedoras por causa de sua vasta cultura, e da honestidade com a qual se engaja, sem reservas. Ele não buscou ter alunos, mas fez escola, e o encontro desse filósofo inteiramente engajado em uma pesquisa ativa marcou os espíritos, estimulou vocações cujos efeitos de longo prazo eu constato, principalmente naqueles que, depois dele, exploram os caminhos difíceis da "pedagogia institucional". É por isso que este livro não tinha nenhuma necessidade de ser introduzido, junto a um numeroso público, por outro nome que não o de Georges Lapassade.

Mas a ocasião me foi assim dada de testemunhar ao autor deste livro minha estima por sua obra e ressaltar o interesse que suas pesquisas sobre autogestão educativa apresenta, principalmente para a psicologia e a pedagogia. E não poderia me esquecer de que o pensamento de Georges Lapassade desenvolve-se com uma continuidade profunda, pois os temas abordados em sua tese sobre a "entrada na vida" encontram-se neste livro, junto com esta crítica das ilusões da "adultidade" que talvez não aceitemos sem reservas, mas que nos parece justificar nossa certeza de que em um mundo difícil e jamais acabado, Georges Lapassade nos reserva outras descobertas e não nos diz hoje sua última palavra.

Juliette Favez-Boutonier

PRÓLOGO À TERCEIRA EDIÇÃO (1970)

Este livro sobre os grupos, as organizações e as instituições nasceu de preocupações ligadas, essencialmente, à minha experiência da psicossociologia. Esta experiência conduzira-me a constatar e a demonstrar, pelas experiências instituídas, que a origem e o sentido do que se passa nos grupos humanos não devem ser buscados apenas naquilo que aparece no nível visível do que chamamos dinâmica de grupo. Nesses grupos, quer sejam reunidos para a formação dos homens ou para a experimentação e a busca das "leis", há uma dimensão oculta, não analisada e, no entanto, determinante: a dimensão institucional. Propus então (em 1963) chamar análise institucional a abordagem visando revelar, nos grupos, este nível oculto de sua vida e de seu funcionamento.

Este trabalho, elaborado a partir de uma experiência pedagógica e psicossociológica, acabou me conduzindo às conclusões bastante próximas das teses desenvolvidas pela corrente da psicoterapia institucional. Dessa corrente manteve-se, efetivamente, primeiro que os psicoterapeutas institucionais mostraram que a terapia de grupo praticada na coletividade hospitalar não tem efeitos decisivos caso não se considere a dimensão institucional dessa coletividade. Para levá-la em consideração, é preciso trabalhar a própria instituição – é preciso cuidar da instituição que cuida. Este lembrete é muito curto para dizer com algum rigor o que são hoje em dia as contribuições decisivas dessas escolas. Mas elas nos bastam para indicar como os pesquisadores e os praticantes foram conduzidos, ao longo dos últimos anos, a estabelecer definitivamente que um "grupo" – e entendo por "grupo" uma "organização social" – é sempre sobredeterminado pelas instituições. Caso se deseje analisar o que se passa dentro de um grupo, que ele seja "natural" ou "artificial", pedagógico ou experimental, é preciso admitir como hipótese preliminar que o sentido daquilo que se passa aqui e agora nesse grupo está vinculado ao conjunto do tecido institucional de nossa sociedade.

Portanto, existe uma relação de interdependência entre os conceitos do grupo, da organização e da instituição como entre os níveis da realidade social que esses conceitos desejariam circunscrever.

De um ponto de vista específico, as noções de grupo, de organização e de instituição, que permitem, na linguagem corrente, nomear três níveis do sistema social, podem igualmente servir para determinar três níveis de análise institucional (ou socioanálise institucional).

O primeiro nível é o do grupo. Definir-se-á assim o nível da "base", e da vida cotidiana. A unidade de base é a oficina, o escritório, a classe. É nesse nível que se situa a prática socioanalítica da análise e da intervenção. A instituição já existe nesse nível do sistema social: horários, ritmos, normas de trabalho, sistemas de controles, estatutos e papéis cuja função é manter a ordem, organizar a aprendizagem e a produção. Essas normas do trabalho, na oficina, expressam diretamente, como diz Marx, o comando do capital na empresa.

O que se passa nessas unidades de base, nesses grupos reais – e também nos grupos artificiais reunidos em seminários de formação –, não depende, portanto, apenas da análise psicossociológica, se esse termo for compreendido como a tentativa de reduzir o sistema social à soma das interações que nele se produzem. Ao contrário, é preciso dizer, junto com Kurt Lewin, que a análise do campo de grupo implica a análise do campo social em seu conjunto – que a análise de grupo só é verdadeira quando se baseia na análise institucional. Na base da sociedade, as relações humanas são reguladas pelas instituições: sob a superfície das "relações humanas" (e não humanas) existem as *relações de produção*, de dominação, de exploração.

Todo o sistema institucional já está presente, entre nós, aqui e agora. Ele está na disposição material dos lugares e das ferramentas de trabalho; nos horários, programas, sistemas de autoridade. O poder do Estado está presente, mas mascarado, na oficina e na sala de aula. É nesse mesmo nível da base que se deve situar a família, a instituição da afetividade e da sexualidade, a organização exogâmica dos sexos, a primeira divisão do trabalho, a primeira forma da relação entre as idades, entre as gerações. O grupo familiar constitui o cimento mais firme da ordem social estabelecida, o lugar onde, como mostra Freud, efetua-se a interiorização da repressão que continua na escola. Esta é a base do sistema.

O segundo nível é o da organização. É o nível da fábrica em sua totalidade, da universidade, do estabelecimento administrativo. É nesse nível da organização, grupo de grupos regido ele mesmo por novas normas, que se faz a mediação entre a base (a "sociedade civil") e o Estado. Para nós, é um segundo nível institucional: nível dos aparelhos, das ligações, das transmissões das ordens; nível da organização burocrática. Nesse segundo nível as instituições já tomam formas jurídicas. Assim é, por exemplo, o nível da propriedade privada dos meios de produção.

O terceiro nível é o da instituição, caso esse termo mantenha seu significado habitual, que restringe seu uso no nível jurídico e político. Mas a sociologia clássica, sobretudo desde Durkheim, já ultrapassou esse significado restrito: para Durkheim, e para os sociólogos que vieram depois dele, as instituições definem tudo o que é estabelecido, isto é, em outra linguagem, o conjunto do instituído. O terceiro nível, na realidade, é o do Estado que faz a lei, que dá às instituições força de lei. Por isso, nessa nossa sociedade, o instituinte está do lado do Estado, no topo do sistema.

A "base" desse sistema é, ao contrário, instituída pela cúpula, salvo em período de crise revolucionária. Quando a repressão da cúpula sobre a base é suprimida, o instituinte desperta nas unidades de base. A fala social é libertada. A criatividade coletiva torna-se possível. Em toda parte inventam-se novas instituições que não são mais, ou ainda não, instituições dominantes, marcadas pela dominância do Estado. Este é o esquema ao mesmo tempo anatômico e dinâmico do sistema descrito aqui sob os termos de "grupos, organizações e instituições". Este esquema geral deve ser aplicável à análise de todo sistema: empresa, igreja, banco, hospital, escola. Darei aqui apenas um exemplo, o da escola, apenas para ilustrar o que pôde parecer um pouco abstrato em sua generalidade.

A prática pedagógica estabelece-se em três níveis: o primeiro nível é o da unidade pedagógica de base. É o nível escolar da "classe", da prática do ensino. Na pedagogia tradicional é o curso que domina, é o ensino magistral. As reformas introduzem os trabalhos dirigidos, os exercícios práticos, os seminários, principalmente no Ensino Superior. Mas nessas novas disposições, a relação entre professores e alunos conserva sua estrutura de poder fundada na dissimetria que opõe "o saber" e o "não saber". Vamos dizer, provisoriamente, que é o nível do "grupo professores-alunos". Geralmente, ele é percebido dessa forma e, nesse grupo, não se vê a existência do instituído. Não se vê que a instituição determina radicalmente a relação professor-aluno, a relação de formação em sua experiência.

O segundo nível é o do estabelecimento: a escola, o liceu, a faculdade. E, neste livro, chamei-o: o sistema das instituições externas.

O estabelecimento às vezes é chamado "instituição" (a lei de orientação define as "instituições universitárias" que são precisamente as universidades, recortadas em unidades de ensino e de pesquisa. O termo "instituição" designou, às vezes, também estabelecimentos de ensino).

Esse nível é, em primeiro lugar, o da organização. A estrutura da administração universitária é, tradicionalmente, autoritária, ou por que essa autoridade emana de uma eleição (os decanos de faculdades), ou por que resulta de uma nomeação (o diretor de liceu. Os alunos não participam (sempre na fórmula tradicional) do poder administrativo; antes de Maio de 1968, nas faculdades, as decisões do decano eram "controladas" apenas por seus pares, os professores titulares das cadeiras (no conselho da faculdade) e os mestres de conferências (nas assembleias da faculdade). Esse controle, mesmo restrito, da decisão, era ainda limitado, pois o decano está em relação direta com o poder central que ele representa na faculdade, e que é o único juiz da gestão cotidiana do estabelecimento. Por fim, não cabe a essas instituições que elas mesmas modifiquem suas estruturas; a reforma só pode vir do poder do Estado. Como se acaba de ver com o voto de uma "lei de orientação" que, de cima, decreta a suposta autonomia das universidades.

O Estado – terceiro nível – define as normas gerais da universidade (concursos, linhas gerais dos programas, listas de aptidão ao ensino superior). Mas já está diretamente presente, como se acaba de ver, no segundo nível (ainda que não possa nomear seu representante, o decano) – e está no primeiro nível, uma vez que os professores ali controlam a aquisição dos conhecimentos. Enquanto entregarem os diplomas, os professores são, visivelmente, os representantes da autoridade do estado na unidade pedagógica de base.

Essa descrição só é institucional em um nível diretamente observável: o do poder, da organização, dos controles. Mas esses critérios não esgotam de forma alguma a lista das normas às quais devemos reconhecer um caráter institucional: essas normas são aquelas que, no nível do "grupo-classe", definem os procedimentos do ensino, seu ritual, sua instalação no espaço pedagógico, o estabelecimento dos horários, as relações de formação em sua extrema complexidade, a ignorância completa do estudante anônimo nos anfiteatros, até as relações pessoais, as direções de trabalhos; a instituição dos conteúdos sendo "o que deve ser retido para o dia do exame"; a especificidade da relação pedagógica; o exame...

*

No caminho da análise institucional encontram-se, necessariamente, o Estado de classe e, por essa mediação, a estrutura de classe de uma determinada formação social. Dessa forma, a partir de um grupo submetido à análise, dever-se-ia encontrar, se essa análise avançasse mais, o sistema das classes sociais e de suas relações. É para lá que o exemplo do sistema universitário estava nos conduzindo. Atualmente, reconhece-se que a instituição universitária é uma instituição de classe. Mas isso significa, e alguns se limitam a esse ponto da análise, a segregação social efetuada pela escola, pelo sistema dos exames e dos concursos, pela linguagem, – tudo o que a partir da desigualdade cultural explica a desigualdade real, ocultada por uma igualdade formal, das crianças e dos estudantes colocados diante do sistema de ensino. Eis como se estabelece que a universidade é realmente, de fato, uma instituição de classe e não uma instituição neutra do Saber, aberta a todos, ao abrigo dos conflitos de classe como seria a Ciência.

Essa análise não é falsa; mas incompleta. É preciso ainda mostrar que o sistema hierárquico nessa universidade, da forma como se reproduz sob o controle direto do Estado, está diretamente ligado à função de dominação que se atribui ao Saber na divisão do trabalho. A escola habitua os homens a crer que o pretenso "saber" confere um poder de dominação e de exploração. O sistema burocrático, e isso não é novidade, encontra um de seus fundamentos essenciais nos mistérios do conhecimento. Marx definia o exame como o batismo burocrático do Saber. E de fato a posse desse Saber é o produto de uma iniciação que faz com que você passe para o lado daqueles que dominam uma sociedade, ou que ao menos o coloca ao serviço dela. Em resumo, a universidade é uma instituição de classe na medida em que, precisamente, tem essa função de manutenção das hierarquias em nossa sociedade. Feita para reproduzir os sistemas da dominação, ela mesma é uma instituição dominante.

O Estado de classe, porém, não poderia se manter se o conjunto das instituições dominantes desabasse, como ocorre em toda crise revolucionária. Antes de mostrá-lo, precisamos ainda ressaltar um ponto essencial para a teoria das instituições.

Situa-se espontaneamente o sistema das instituições em um nível da estrutura social. Assim, toda sociologia tende hoje a distinguir a infraestrutura e a superestrutura (na linguagem marxista) ou a base morfológica e os sistemas institucionais (na linguagem da sociologia derivada de Durkheim). Nessa descrição, colocaríamos as instituições no nível da "superestrutura". Mas isso significa esquecer que, por exemplo, as relações de produção são instituídas.

E, sobretudo, quando tomamos uma vez mais o exemplo do sistema universitário, logo percebemos que é possível compreender essa instituição apenas como um lugar onde se cruzam a instância econômica (a universidade tem uma função econômica ligada ao seu lugar na produção), a instância política (vimos sua relação com o Estado), a instância ideológica (hoje se sabe como a universidade produz e difunde permanentemente a ideologia, ao afirmar geralmente que essa ideologia é a Ciência). Esse exemplo da universidade e dizer que uma instituição não é um nível ou instância de um modo de produção ou de uma formação social. A instituição não é, para empregar a linguagem marxista, uma superestrutura. O que se encontra na superestrutura de um sistema não é senão o aspecto institucionalizado da instituição. É a lei, o código, a regra escrita. É a constituição. Admitiremos que o sistema das instituições políticas, do jogo político, dos partidos, não se limita ao seu aspecto institucionalizado, depositado nas leis escritas. Há também o instituído, que não é visível imediatamente, e que também faz parte da instituição. Isso nos conduz a colocar como um princípio que a instituição não é um nível, ou uma instância da formação social, mas um produto do cruzamento desses níveis, ou instâncias. Esse produto do cruzamento dessas instâncias é sobredeterminado pelo conjunto do sistema por intermédio da mediação do Estado.

*

Na origem das grandes civilizações, o Estado forma-se assim que a produção se organiza em grande escala. Aparece ao mesmo tempo, nos sistemas do "despotismo oriental", a primeira classe dominante. Mais tarde, uma civilização libertou-se do Estado oriental: na aurora grega das sociedades ocidentais, o Estado e a classe dominante deixaram de coincidir completamente. A nova classe dominante funda então sua dominação na propriedade privada, e o Estado torna-se seu "instrumento". Ao longo da história ocidental – uma história específica, que rompeu seu elo original como "modo de produção asiático" –, as classes dominantes mudam ao mesmo tempo em que os estados. Mas o desafio da classe ascendente continua sendo o controle do aparelho do Estado.

Isso é particularmente claro na passagem da sociedade feudal à sociedade burguesa. O Estado estabelece-se então no compromisso da luta de classe até o momento em que, com a Revolução Francesa, torna-se aquilo que ainda hoje é para nós: o Estado burguês. Marx e, em seguida, Lênin mostraram esse nascimento e essa função do Estado, lugar de decodificação do modo de produção. Isso é determinante para o movimento revolucionário, a tal ponto que, há quase meio século, a análise política e a ação só atingem seu verdadeiro *ponto de legitimidade* se o Estado – com sua polícia, seu exército e sua burocracia – se apresente visivelmente como sujeito principal da crítica, e como aquilo que deve ser destruído.

É verdade, com efeito, que a chave da mudança revolucionária encontra-se na destruição do aparelho de Estado burguês. A sociedade burguesa e capitalista só deixará de existir efetivamente quando tiver perdido a cabeça, quando for decapitada. Um rei guilhotinado, eis o símbolo mais direto de uma revolução. A revolução não é, portanto, o golpe de Estado. É por desdém e mistificação que aqueles que garantem o poder por este meio proclamam-se, às vezes, revolucionários. Uma revolução popular é sempre um processo que começa substituindo o Estado por uma soberania polimorfa, por um novo sistema institucional que não esteja mais submetido à dominação central, e no qual as instituições da sociedade deixem de ser *instituições dominantes*. A conquista do aparelho do Estado, escreve Gramsci, será possível quando os operários e os camponeses tiverem formado um sistema de instituições capaz de substituir o atual sistema.

Desde o início da revolução, novas instituições, estimuladas pelo próprio desenvolvimento do processo revolucionário, anunciam o que poderia ser a nova sociedade. As instituições da revolução são os clubes, as associações e, mais geralmente, tudo o que permite a expressão e o exercício da soberania coletiva. Em todos os momentos revolucionários conhecidos – citando apenas nos mais "clássicos": 1789, 1848, 1871, 1917 – todas as vezes vemos surgir assembleias gerais permanentes que expressam a libertação do *instituinte* na sociedade, que instituem novas formas da vida social e inventam coletivamente novas formas de regulação.

Ao mesmo tempo, trava-se logo uma luta entre a revolução oficial e "a revolução na revolução". Desde 1790, denuncia-se tanto os detentores do Antigo Regime como a anarquia – os "esquerdistas" e os "direitistas". Competindo com as instituições revolucionárias constroem-se, na nova legalidade, instituições derivadas da revolução. E isso já é o refluxo. Essa dialética interna do processo revolucionário foi, depois de Trotsky, muitas vezes descrita. A *revolução permanente* deveria significar que a revolução jamais poderá, de fato, produzir instituições acabadas – mas, ao contrário, instituir o instituinte, fazer com que a soberania coletiva não se aliene mais nas instituições que novamente se autonomizam.

As instituições tendem a se estatizar no próprio período em que a revolução começa a abolir o Estado; tendem a se tornar autônomas e, consequentemente, novamente dominantes – ou seja, ao serviço da nova classe dominante. Portanto, o processo instituinte participa da construção da nova classe. As instituições tornam-se instituições dessa classe. É certamente por meio de um processo semelhante que se constitui a nova ideologia. Em 1789, as ideias de liberdade, de igualdade são compartilhadas por todos e têm um alcance universal. Mas, logo em seguida, são apropriadas – "recuperadas" – pela classe dominante, e a liberdade torna-se a liberdade dela. Desde os primeiros textos, algumas restrições, algumas modificações freiam, na declaração dos direitos dos homens, a subversão ideológica e os mesmos termos são usados para ao mesmo tempo mascarar e justificar a nova dominação. No próprio interior da ideologia revolucionária, trava-se uma luta para se apropriar do sentido, e para transformar um discurso verdadeiro sobre a sociedade em ideologia dominante.

Apropriação das instituições, apropriação das ideologias: esses dois movimentos, solidários, são o produto da crise revolucionária. A ideologia e as instituições tornam-se novos diques, novas formas de recalque social. Então, o novo Estado mantém-se ao penetrar todos os poros da sociedade, ao habituar os sujeitos à obediência, ao controlar a informação, a moral pública, as maneiras de agir e de pensar, tudo o que os sociólogos durkheimianos, servidores ideólogos do Estado, chamaram precisamente, no começo deste século, as instituições. A análise institucional propõe-se a revelar esse duplo jogo institucional, essa luta do instituinte e do instituído, de remontar ao

Estado a partir das instituições dominantes presentes em nossa experiência, aqui e agora.

A ideologia é um processo de desconhecimento social. Ela interdita o acesso à verdade, ao conhecimento efetivo da sociedade. Uma análise das ideologias – e das instituições que são sempre seu suporte – só pode ser empreendida a partir de uma hipótese sobre o não dito. Por que o não dito, o "segredo" nos grupos, existe? A análise sociológica tradicional propõe uma hipótese aparentemente próxima sobre o não saber na sociedade. Essa análise supõe, com efeito, que as pessoas não sabem o que são, e o que fazem, quando ouvem o rádio, compram, votam, quando julgam a sociedade e seu lugar nessa sociedade. A sociedade implica sempre, por parte de seus membros, um desconhecimento do sentido estrutural de seus atos, daquilo que determina suas escolhas, preferências e rejeições, opiniões e aspirações. Ao revelar os parâmetros da estrutura social, o sociólogo mostra por que escolhemos tal profissão, por que decidimos seguir tal tipo de estudos. Ele mostra a um só tempo que essa análise não pode ser imediata, que os sujeitos interrogados não podem encontrar espontaneamente aquilo que os determinou. É uma crítica das possibilidades de uma verdade espontaneamente reencontrada; mas não dizem por que essa espontaneidade não pode se manifestar.

A análise institucional deve procurar explicar esse desconhecimento, não por uma simples ignorância das estruturas e dos funcionamentos sociais, mas por um mecanismo de recusa coletiva. Ela levantará a hipótese de que o sentido é reprimido, que não podemos dizer, nem mesmo pensar, o verdadeiro, porque um recalcamento social nos interdita permanentemente o acesso à verdade sobre nossa situação e sobre o conjunto do sistema. O recalcamento constante da fala social, o não dito nos grupos viria, portanto, em última análise, da repressão permanente do sentido na nossa sociedade. Essa repressão encontra sua fonte na dominação mantida pelas classes dirigentes e por seu instrumento de opressão, o Estado. O Estado realiza essa função de ocultação "ideológica" por meio das mediações institucionais que penetram todos os lugares da sociedade. O Estado controla a educação, a informação e a cultura. Mantém o não dito estimulando em toda parte – na imprensa, nas trocas cotidianas –, a autocensura, o jogo de normas que interditam a comunicação verdadeira. A contraprova é a liberação da fala na crise revolucionária, quando a repressão é suprimida.

A revolução é o reprimido central. Para evitá-la é que as ideologias e as instituições dominantes funcionam e mantêm a adesão coletiva à dominação, e assim evitam ao mesmo tempo o conflito e a luta que poderiam colocar um fim à dominação.

Nesse conflito, o sociólogo não é neutro. Seu papel habitual é fabricar ideologia, preencher o silêncio da sociedade com um discurso falso sobre esse silêncio, satisfazer em permanência o "vazio" das significações sociais, produzir "significações" para eliminar o sentido. Dessa forma, a sociologia é um sintoma da sociedade. É por isso que a contestação da sociedade moderna implica a autocontestação dos sociólogos.

*

Antes da crise de Maio, nossas pesquisas institucionais resultavam em um impasse. Há muito tempo buscávamos em vão superar do interior as pausas das "ciências" sociais – e, principalmente, da psicossociologia dos grupos, das organizações e das instituições. Desejávamos também, assim como uma pequena minoria de professores, desenvolver as técnicas da pedagogia institucional e da autogestão. A tarefa, ao mesmo tempo teórica e prática, exigia a reconstrução do conceito da instituição. Ainda que muitos sociólogos, depois de Durkheim, tenham colocado esse conceito no centro da teoria sociológica, nós descobrimos, a partir de certas práticas psicossociológicas e pedagógicas, a ocultação fundamental e permanente da dimensão institucional do *aqui e agora* das relações de produção, de formação, de tratamento...

Depois de uma redescoberta trabalhosa dessa "dimensão institucional" na prática e na análise, alguns dentre nós pensavam que poderíamos transformar radicalmente a educação, a aula, a universidade, e talvez até mesmo o Estado pela construção "subversiva" de novas instituições no grupo-classe – isto à luz de tentativas paralelas dos psiquiatras "institucionalistas" que inventam novas instituições terapêuticas para as necessidades do tratamento. Mas descobrimos progressivamente que esse projeto era profundamente utópico.

A crise de Maio dissipou as ilusões e os mal-entendidos. Agora, a crise das instituições está evidente em todos os níveis de nosso sistema social. Claro, as instituições universitárias permanecem levemente "reformadas". Mas é pura fachada. Por trás, há apenas o vazio: a regulação substituiu as tarefas das aprendizagens; todas as finalidades são contestadas; ninguém pode acreditar mais na validade dessa velha instituição. Ela não pode se manter senão pelo temor. Não poderemos mais deter que todos, alunos e mesmo professores, tomem consciência do que significam realmente as instituições do saber, da cultura e da aprendizagem. Tudo está revelado: relações assimétricas entre professores e alunos, controle dos conhecimentos e distribuição de títulos, formas autoritárias da nomeação dos professores. Tudo isso é questionado pela crise. A pausa política, provisória, dessa crise, não deteve a desagregação do sistema de ensino.

Essa crise foi desencadeada e estimulada pelos jovens. Usando a intervenção direta e decisiva na desordem política, verificamos o que significa a instituição do adulto, e sua função repressiva. A integração no sistema da vida dita "adulta", com suas normas, seus mitos, seus privilégios e suas servidões, constitui um dos instrumentos mais eficazes do "controle social" – isto é, da contrarrevolução permanente em nossa sociedade. No momento de entrar na vida, os jovens descobrem esse horizonte da repressão, que será aquele de toda sua vida. Eles o recusam – e assim recusam o sistema social como um todo. Apesar das diferenças de classe que opõem e separam os estudantes e os jovens operários, essa solidariedade institucional faz com que a "faixa etária" sirva de mediação evidente nas fases de desencadeamento progressivo das lutas. O conflito central, em nossa sociedade, não é o conflito de gerações; é a luta das classes. Mas a recusa da integração social pela jovem geração torna-se, ou melhor, é imediatamente uma recusa da sociedade de classe descoberta e rejeitada a partir de uma situação institucional específica. Nessa sociedade, os jovens são dominados. É deles, e por meio de sua recusa, que pode advir um verdadeiro abalo do sistema de formação e de enquadramento dos jovens.

A crise das instituições atingiu, pela mediação dos jovens, as organizações capitalistas da produção, mas também e, ao mesmo tempo, as organizações da classe operária, cuja função institucional foi contestada pelos trabalhadores. Os operários recusaram as negociações na cúpula. Entraram na greve sem aviso prévio. Alguns, sobretudo os jovens, reencontraram a eficácia da ação direta, da transgressão das normas instituídas. A ação direta tornou-se novamente uma prática subversiva cuja eficácia foi verificada. Essa crítica das instituições universitárias, econômicas, sindicais, pelas ações diretas, pelos atos (greve selvagem, ocupação e autogestão como forma da greve ativa) vai infinitamente mais longe do que a crítica levantada de forma habitual contra a burocratização dos estabelecimentos e dos aparelhos. Na crítica tradicional, os sociólogos mostram as disfunções burocráticas das organizações; os teóricos políticos da burocracia denunciam "a traição dos dirigentes". Essas críticas, hoje muito conhecidas, já foram examinadas na primeira edição deste livro. Mas a crítica ativa foi bem mais além.

Hoje, as regulações institucionais fundamentais de nossa sociedade são criticadas em toda parte. A função integradora das instituições, o evitamento permanente dos conflitos e suas dissimulações revelam-se aos olhos de todos. O que às vezes chamamos uma "crise" de "civilização" é, em primeiro lugar, e principalmente, a crise das instituições que fundam e protegem essa "civilização", garantem a difusão de suas mensagens, transmitem as ideologias dominantes, garantem a estabilidade e a manutenção da ordem. Por trás dessa ordem, sempre existem as forças da repressão. As instituições dominantes, em uma sociedade desigual e de dominação sempre agem juntas com a repressão, – são elas mesmas repressivas. O sociólogo Max Weber já destacava isso: para existirem, as instituições não precisam do acordo dos "participantes", – do consenso. Precisam apenas se articular com a potência do Estado. Mantêm-se pela ameaça.

*

Para nós, os acontecimentos de maio foram a um só tempo uma confirmação e uma refutação de tudo o que conseguimos produzir e, portanto, deste livro. Uma confirmação, aparentemente, se considerarmos a importância adquirida ao longo desses acontecimentos pela ideologia da dinâmica de grupo modificada, pela crítica da burocracia, pelas primeiras tentativas de autogestão pedagógica. Mas, ao mesmo tempo, o acontecimento refutou, como dito mais acima, a ilusão que consistia em conciliar demais o trabalho dos educadores autogestionários, dos animadores sociais, dos psicossociólogos da intervenção. Diríamos que nosso trabalho era ambíguo, que a prática dos socioanalistas era reformista, ainda que às vezes revelasse, implicitamente, a contestação informal na base da sociedade e o nascimento de uma sociedade selvagem. Não admitimos o suficiente que a supressão da repressão – que libera as possibilidades e as reivindicações instituintes nos grupos, assim como a fala social verdadeira –, só podia vir pela intervenção direta dos dominados nas escolas, nas fábricas, no conjunto da sociedade, e não pela intervenção daqueles cujo estatuto de formadores ou de analistas separados situa, geralmente, do lado da repressão.

Utopia, reformismo, ilusões sobre as possibilidades da intervenção socioanalítica: eis o que se tornou evidente quando a transformação que acreditávamos preparar por nossa prática institucional veio de outro lugar – quando outros abriram a primeira brecha. Nossa contestação permanecia enclausurada nos artigos, nos livros, nos seminários, nos guetos dos ideólogos e dos praticantes, nossos colegas, que a tratavam, aliás, como um desvio – até o dia em que os controles institucionais saltaram para um nível de poder que nossas intervenções jamais conseguiam alcançar. Quando os estudantes e os operários praticaram a ação direta e a ocupação dos lugares institucionais do poder, a liberação da criatividade instituinte, esperada em vão nos grupos de análise, invadiu o dia a dia da vida.

Devemos então opor a ação direta e revolucionária à análise institucional? Devemos renunciar a tudo o que este livro propõe? Não podemos, ao contrário, reinventar a análise – admitindo que sua função é vicariante enquanto estiver separada, e que a análise só se realiza verdadeiramente quando toda a sociedade entra em análise e a conduz? Se procurarmos salvar a análise a todo custo, é preciso, em todo caso, reexaminar a regra analítica fundamental, importada da psicanálise, e que opõe a análise à ação, pois exclui a passagem ao ato no interior do trabalho analítico. Qual a serventia de uma atividade socioanalítica de formação e de intervenção se nada muda realmente? Hoje, esta é a questão que se coloca nitidamente aos analistas.

Alguns psicólogos já responderam que uma "ação analítica" contínua, mas progressiva e "prudente", introduz na sociedade mudanças primeiramente imperceptíveis, mas que, por seu efeito cumulativo, tornam-se eficazes ao longo do tempo. No entanto, de que tipo de "mudança" queremos falar? A quem irá beneficiar? Será que essa descrição não implica, no melhor dos casos, uma opção reformista não analisada – o ponto cego da análise – transportada para a análise social? E depois: devemos continuar a opor, como fazem esses teóricos da intervenção prudente e bem controlada, a análise e a ação selvagem? Vimos, ao contrário, que a ação direta pode ter uma eficácia analítica que supera nossas intervenções analíticas. Não é necessário, para ter sucesso em uma análise social, ser um analista diplomado, reconhecido, que sabe manejar a linguagem esotérica da profissão. Um animador do tipo revolucionário pode exercer na ação uma função analítica reconhecida, facilitar tanto com seus propósitos como com suas ações a revelação das significações, mostrar as instituições em sua verdade e obrigá-las a dizer o que são. E, sobretudo, uma prática revolucionária eficaz pode conseguir revelar todos os níveis do sistema institucional que descrevemos neste livro.

Em Maio, voltamos a ter consciência, à luz do acontecimento, de que o Estado não é nada a partir do momento em que não encontra mais apoio nas INSTITUIÇÕES DOMINANTES – e que essas instituições só se mantêm em pé com o apoio do Estado e de seu aparelho de repressão. Assim, por exemplo, quando a instituição universitária não pode mais garantir a ordem interna dos estabelecimentos, a Polícia do Estado substitui imediatamente todas as polícias culturais ineficazes.

O Estado mantém as instituições pelo medo das pessoas. Ao mesmo tempo, essas instituições enraízam-se no poder do Estado e, dessa forma, das classes dominantes, no conjunto da sociedade. A propósito, basta ler Durkheim para compreendê--lo. Mas essa compreensão era apenas teórica e, principalmente, apoiava uma certa legitimação. Durkheim era um homem da ordem. Amava "o instituído". A ordem institucional descrita pelos sociólogos parecia quase "natural", necessária, indispensável. Esquecemo-nos de Marx.

A crise geral das instituições, a contestação institucional visível em toda parte depois dos acontecimentos de Maio, o retorno da ordem instituída revelaram na prática o que algumas pesquisas mais teóricas e experiências mais limitadas – a autogestão pedagógica, por exemplo –, já nos tinham feito entrever. Algumas tentativas experimentais limitadas às dimensões dos seminários de formação e das intervenções socioanalíticas já sugeriam que as sociedades poderiam e deveriam ser gerenciadas de acordo com modelos que seriam o contrário rigoroso do funcionamento social habitual. Mas a percepção experimental dessas possibilidades encontrava-se reprimida por todo o aparelho técnico e conceitual das ciências sociais e de suas aplicações práticas. Isso foi bem observado quando as primeiras tentativas de autogestão pedagógica chocaram-se com a burocracia universitária. Cinco anos depois, nas faculdades ocupadas, a autogestão tornou-se o programa aceito por todos..., durante o mês das ocupações! Na mesma época, tentava-se a autogestão nas fábricas. Por toda a parte a ordem burocrática encontrava-se ameaçada.

Durante esse mês de maio de 1968, recusamos coletivamente a prática das decisões reservadas às instâncias separadas e protegidas pelo segredo das deliberações. Redescobrimos e experimentamos o que significava "o retorno à base", não mais na linguagem burocrática da consulta ou da eleição, mas como uma prática permanente que situa "na base" o lugar original da soberania. Rejeitamos assim a instituição da separação em todos os níveis da vida social e política. A partir de então, a alienação da soberania popular a um pequeno número de eleitos não apareceu mais como uma evidência, como uma necessidade natural. Aprendemos a ver nela apenas uma forma de organização característica de certo tipo de sociedade. Marx mostra que a burguesia considera como contingentes e perecíveis as instituições da feudalidade, mas considera suas próprias instituições como naturais e eternas. A entrada na revolução significa a contestação ativa dessas instituições vistas, geralmente, como insubstituíveis. Ainda não sabemos exatamente como poderíamos substituí-las. Mas já sabemos, em contrapartida, que *a destruição delas é a condição necessária para a invenção de outras.* Uma outra crítica, ainda ontem limitada a alguns pequenos grupos experimentais, generalizou-se: é a crítica do voto, encarregado de dizer a verdade sobre a vontade dos grupos, revelando a orientação de sua maioria. Já sabíamos que essa maioria não é necessariamente democrática. No entanto, o movimento de maio revelou muito mais: uma minoria pode ser a expressão verdadeira de uma maioria incerta, pode funcionar como revelador analítico e, pela sua prática social, criar um novo consenso. Além do mais, é o que acontece e o que já aconteceu em cada revolução.

Em 1871, durante a Comuna de Paris, os parisienses inventaram uma nova vida, novas instituições: as velhas instituições estatais (o Estado burguês com seu exército, sua polícia, sua burocracia) foram provisoriamente abolidas, durante essa primavera em que Paris estava livre. A Comuna, já era a "participação" verdadeira: a um só tempo governo direito e festa. Todas as significações – econômicas, políticas, lúdicas – da "participação" direta de todos na vida social encontraram-se mescladas nesse momento da Revolução.

A entrada na revolução (o "grupo em fusão") sempre implica essa ruptura, essa falha no sistema e esse despertar da invenção política coletiva: 1789 é o Contrato Social em ação; a soberania da assembleia geral instituinte; o enfraquecimento do poder central (os departamentos são administrados pelas assembleias eleitas, e sem representantes do governo central). Nos clubes, nas igrejas, em lugares de todo tipo, as pessoas reúnem-se todos os dias para contestar o poder. 1848 é o mesmo despertar da fala coletiva, nos clubes, nas assembleias, e isso é muito mais significativo para compreender o processo revolucionário do que a leis sobre a organização do trabalho, as oficinas, as reformas, a nova Constituição. 1871 é a Comuna: mais três meses de debates políticos nas novas instituições da soberania. 1917 são os *sovietes*: o "sistema" da assembleia geral permanente ganha novamente as fábricas, os navios, as casernas. O que descobrimos – e redescobrimos – a cada vez, é uma nova relação com a política, com o conjunto do sistema institucional: novas formas, novas instituições também para a vida cotidiana. Quando isso se acaba, a revolução está suspensa: em 1794, em junho de 1848, em maio de 1871, em 1918, a partir do momento em que os Conselhos começam a ceder sua função instituinte e seu poder ao novo Estado.

Sartre descreveu essa soberania coletiva e instituinte como o momento do grupo em fusão. Ele vê nela uma expressão da revolução e tende a apresentá-la como algo muito próximo da psicologia das massas, como se a revolução efetiva estivesse por trás disso e na tomada do poder, no momento ideal do Estado. Para ele, esse *momento* em que a fala social está liberada em toda parte, em que "cada um é orador" (segundo a expressão de Montjoie, retomada na *Crítica da razão dialética*) "significa", simplesmente, a revolução. A fala social liberada é, para ele, um significado, não o significante revolucionário central. Além do mais, Sartre não mostra que nesse momento do grupo (as assembleias da soberania, os clubes, todos os agrupamentos revolucionários são, de fato, grupos em fusão) a instituição já está presente: primeiramente, como movimento do instituinte; em seguida, na medida em que esse movimento se efetua nos grupos institucionais novos; finalmente, porque "a multidão" em transe é ela própria "institucional". Sartre aproxima-se muito das análises psicossociológicas, e foi dessa forma que, neste livro, havíamos interpretado e até mesmo acentuado esse aspecto. Em *A Crítica da razão dialética*, o autor da história é o povo insurgido. Mas, à luz da dinâmica de grupo e de sua utilização pedagógica, atribuímos essa função de revelação social (que Sartre atribui à multidão em fusão) a um novo tipo de animador. Em vez de querer utilizar Sartre para salvar os psicossociólogos, deveríamos ter mostrado que a sociologia dos grupos e das organizações é apenas um dos signos enviesados, deformados pela ideologia, do projeto revolucionário, dissimulado na desordem do Estado, do sistema de produção, da organização capitalista. A psicossociologia anunciava o projeto – ainda vago, muito malformulado e fechado em experiências demasiado artificiais –, de uma forma nova, ou mais exatamente que deve ser reencontrada e redescoberta, da soberania popular. Em resumo, em vez de se deter nos "problemas" da regulação, e às novas receitas, teria sido melhor analisar a contestação institucional dissimulada na experiência dos grupos. O movimento de Maio desenvolveu essa contestação com uma eficácia bem diferente. Na crise de Maio, encontramos novamente, não apenas a ideologia já difundida na experiência limitada dos seminários, mas principalmente a prática do governo direto: era a crítica em ato dos modelos habitualmente recebidos da delegação de poder.

Certamente, os grandes temas de Maio de 1968: a fala social liberada, a decisão coletiva, a crítica permanente do poder nascente nos grupos, a procura da comunicação verdadeira – nós já conhecíamos, e já havíamos descrito aqui mesmo, neste livro, a partir de certas experiências ativas da dinâmica dos grupos. Em certas publicações de 22 de março – no *Ce n'est qu'un début...*, por exemplo – encontram-se os termos que havíamos utilizado, mas desta vez empregados para descrever, não mais o que se passa em um seminário de psicossociologia, mas o que se passou na rua.

Disseram que todo o país – ou pelo menos Paris – tornara-se um imenso "grupo de base". Devemos concluir que os psicossociólogos dos grupos prepararam a crise ou que, pelo menos, forneceram-lhe uma linguagem e uma ideologia? Isso não está provado. É verdade que se descobrem na experiência de maio, e nos textos que dela se originaram, esquemas e uma linguagem que lembrava, não os laboratórios da dinâmica dos grupos no sentido estrito, mas a ideologia que se difundira nas experiências pedagógicas dos pequenos grupos. Mas devemos, quando o ressaltamos, também observar que essa liberação da fala social produziu-se na rua, sem monitores, sem instruções instituindo a experiência. Se, portanto, encontramos semelhanças, é porque as duas situações – o seminário e a revolução – têm como traço comum desenrolarem-se em certo espaço livre, a partir de uma supressão da repressão.

A diferença é que a supressão da repressão é muito mais limitada, muito mais ambígua na prática dos seminários. Se for verdade – como foi recentemente observado[1] – que o T. Group foi

---

1. BASS BERNARD, M. "The anarchist movement and the T-Group: some possible lessons for organizational development". *J. Appl. Behav. Sci.*, n. 2, 1967, 211-227. Apud ROBERT,

influenciado por algumas correntes do pensamento anarquista, os animadores do T. Group geralmente não são anarquistas. Foi apesar deles que algumas aspirações de tipo anarquista surgiram no espaço de relativa liberdade que a experiência exige. Essas aspirações encontram então na linguagem contemporânea certas formas de expressão que encontramos em um movimento no qual os anarquistas militantes desempenharam um papel importante, difundindo uma ideologia por meio de uma prática. É preciso ir mais longe: essa afirmação de um pensamento anarquista transformado que se encontra nas experiências afinal tão diferentes como um T. Group e uma crise de tipo revolucionário é o próprio produto da crise. O T. Group institui uma situação microssocial na qual certo número de estruturas são artificialmente abolidas; o que se passa então se parece, com efeito, a um momento nascente da história. Por isso as semelhanças.

A diferença fundamental vem da ausência dos monitores no "T. Group da Revolução". O detonador, aqui, não é mais o que os psicossociólogos chamam uma intervenção; é a ação direta como prática revolucionária. Essas duas práticas sociais: a prática das equipes de psicossociólogos intervencionistas e a dos movimentos revolucionários, não são assimiláveis. A ação dos psicossociólogos não diretivos mantém uma relação pedagógica que é uma relação de poder. A ação revolucionária almeja, ao contrário, abolir as diferenças, abrir simplesmente a brecha[2] que permitirá aos grupos se conduzirem e se analisarem, sem o apoio de animadores que fazem, junto com a análise, o "serviço da manutenção da ordem" nos grupos de formação.

P. "L'analyse psychosociologique et le mouvement de Mai 68". *Communications*, n. 12, 1969, p. 46-53. Nesse mesmo artigo, R. Pagès desenvolve um ponto de vista próximo ao nosso: "Seria ingênuo acreditar que a experiência técnica psicossocial vivida no meio estudantil desde alguns anos tenha podido desempenhar um papel propriamente causal. No máximo ela pôde dar algumas formas novas ao movimento atual".

2. Nós dizemos: "Os tipos que estão na manifestação são capazes de se defender por si mesmos", e tínhamos decidido que no dia 10 de maio, não haveria serviço de manutenção da ordem para que cada um se misturasse. Dany colocou-se com dois companheiros na esquina do *boulevard* Saint-Michel e do *boulevard* Saint-Germain, dizendo: "Cortem as correntes, retirem as correntes laterais, que a população possa se misturar à multidão... todos se tornaram seu próprio serviço de manutenção da ordem etc." ("Mouvement du 22 mars". *Ce n'est qu'un début, continuons le combat*. Maspéro, 1968, p. 7).

Eis um livro ambíguo.

A publicação de uma obra nesses campos ainda incertos justifica-se essencialmente muito mais por sua capacidade de provocação do que por sua função de informação. Em termos mais tranquilizadores, diremos que esse *Essai*, de intenção essencialmente crítica, justifica-se essencialmente na medida em que pode provocar mudanças.

O futuro dirá se essa função ainda lhe é atualmente destinada ou se devemos considerar este livro e, sobretudo, aquilo que ele trata como a expressão de uma etapa já superada na história de uma crise da qual ainda conhecemos apenas os primeiros inícios.

Georges Lapassade
Janeiro de 1970.

INTRODUÇÃO

A experiência imediata da vida social situa-se sempre nos grupos: família, classe, amigos. No trabalho, são sempre os grupos que são o horizonte imediato da experiência: é a equipe na empresa, é o grupo sindical. Mas logo, nessas organizações, surge rapidamente um elemento novo; o grupo está preso em um sistema institucional: a organização da empresa, da universidade. Nesse nível, torna-se distante a possibilidade de uma ação direta sobre as decisões: tenho rapidamente o sentimento de uma impotência, e parece-me que as decisões são muitas vezes tomadas em outro lugar, sem que eu seja consultado.

A experiência, primeiramente vivida, depois refletida, dessa contradição colocou aos homens, desde muito tempo, um problema que a história não conseguiu resolver. Assim que uma sociedade se organiza – e ela deve, necessariamente, se organizar – os homens deixam de participar das decisões essenciais, e descobrem que estão *separados* dos diferentes sistemas de poder.

Essa separação é, como diz Marx, o modo fundamental da existência na "sociedade burguesa". Ela penetra então todas as esferas da existência, e mesmo da existência privada: os pequenos grupos da vida cotidiana são sobredeterminados por essa organização da separação, que atinge seu mais alto grau na sociedade burocrática moderna.

Isso provocou algumas reações. No século XIX, elas foram primeiramente de ordem política, pensadores levantaram-se contra a ordem estabelecida e anunciaram tempos em que os homens poderão enfim se organizar em grupos livres, libertando a espontaneidade criativa dos agrupamentos sociais. Mais tarde, no começo do século XX, o projeto foi retomado por vias que parecem mais científicas, mas que ainda são estimuladas pelos progressos da separação na nova sociedade.

Os psicossociólogos dos grupos, os sociólogos da organização e da burocracia elaboram conceitos e técnicas que visam, por caminhos diversos, mas convergentes, *tratar* as disfunções da sociedade industrial no nível concreto, e cotidiano, da existência em comum.

Mas ao se olhar um pouco mais de perto, descobre-se que esses caminhos novos têm como resultado real, não abolir a separação, mas simplesmente mudá-la, torná-la mais suportável.

As novas técnicas da boa comunicação, da cooperação, do comando dito "democrático" facilitam a adaptação das burocracias modernas às mudanças técnicas e sociais. Elas inauguram a entrada em uma nova ordem neoburocrática, ainda que pareçam focar mais adiante, e na direção de uma sociedade nova, controlada por todos seus membros, e que seria a sociedade da autogestão.

Esse reformismo burocrático está particularmente manifesto na incapacidade dos psicólogos do grupo em manejar, na prática como na teoria, o nível institucional nos grupos. Esse problema, no entanto essencial, não é explicitamente abordado. Tudo se passa como se os psicossociólogos fossem, sem desejá-lo expressamente, o agente da modernização que permite o advento de uma nova burocracia.

O psicossociólogo não é o único a exercer essa função. Os ideólogos, os jovens dirigentes sindicalistas, os jovens executivos nas empresas realizam o mesmo trabalho. A "nova classe operária" prepara os dirigentes para a sociedade neoburocrática e, supostamente, "autogerida", do futuro.

O sistema da verdadeira autogestão é muito diferente. Ele deveria acabar com a separação entre os dirigentes e os executantes, entre os governantes e os governados.

Mas quem admite hoje a validade desse programa? Desde a infância, fomos habituados a considerar essas relações como dados naturais, e eternos, da existência social. O papel da escola é essencial para preparar os homens a aceitar essa organização da separação.

É compreensível, desde então, que seja preciso mudar a escola se quisermos realmente mudar a sociedade. A transformação da escola certamente não basta. Mas nada, em contrapartida, pode mudar se os homens não aprendem desde a infância a construir instituições, e a geri-las. Esta é a origem daquilo que chamo autogestão pedagógica. Ela almeja modificar as atitudes e os comportamentos. Se, amanhã, novas estruturas surgirem, almejando finalmente permitir que todos participem das decisões, isto é, a autogestão social, isso de nada servirá se os homens não tiverem aprendido a viver na nova sociedade e a construí-la em *permanência*, a nunca mais fixar o movimento histórico nas instituições engessadas e separadas do ato instituinte.

Dessa forma, a oposição histórica entre o "grupo em fusão", como diz Sartre, e as instituições chegaria ao fim em um mundo onde os homens seriam preparados a recusar a propriedade privada da organização, que é a marca de nossa vida social e seu fundamento último.

Sidi Bou Said, 10 de julho de 1966.

1
AS FASES A, B E C

A descoberta dos problemas dos grupos, das organizações e das instituições, as funções de psicossociólogos e de conselhos organizadores nas empresas, a definição das empresas como organizações, e não mais apenas como instituições econômicas – eis um movimento que nos parece começar no início do século XX. De fato, ele tem seus precursores e modifica-se com a história. É preciso situar "a era dos organizadores" e o "capitalismo de organização" no conjunto de um movimento histórico.

A fase A

Ao longo de uma primeira fase – a fase A, para retomar aqui o modelo de Touraine –, a da sociedade industrial e capitalista do século XIX, as organizações dos trabalhadores constituem-se nos ofícios, e isso apesar do grande desenvolvimento do trabalho parcelar. Trabalhadores profissionais, polivalentes, organizam os sindicatos e desenvolvem reivindicações de gestão direta ("a mina aos mineiros"). A ideologia anarcossindicalista é hostil à ação no nível "político", parlamentar. Nessas organizações, não se coloca o problema da burocracia. Mas o conjunto do proletariado do século XIX não está "representado" pelas organizações de massas.

Nesse momento elaboram-se as primeiras grandes doutrinas sociológicas e políticas da nova sociedade. É preciso evocar aqui as grandes correntes que ainda dominam nosso pensamento político e que, ainda hoje, influenciam nossa ação e nossa reflexão.

É possível ver em Fourier o verdadeiro precursor da psicossociologia dos pequenos grupos e mesmo das técnicas de grupo. Esta é, pelo menos, a tese estabelecida por um psicossociólogo,

Robert Pagès, a partir de uma análise rigorosa do movimento fourierista, considerado como detentor de um projeto de experimentação social e política no nível em que, atualmente, tal experimentação é possível: no nível dos pequenos grupos e das micro-organizações sociais. Pois o *grupo*, para Fourier, vai até a dimensão de uma empresa.

Fourier é profundamente *diretivo*. Propõe o plano rigoroso, e sistemático, de uma sociedade socialista onde nada, em relação ao sistema, é improvisado. Os grupos de base (de formação, de produção) são rigorosamente integrados em um sistema institucional que garante sua coordenação e suas trocas.

Antes de Lewin e da dinâmica de grupo, antes dos ciberneticistas sociais, Fourier quis ser o Newton de uma sociedade dos pequenos grupos, analisar a ordem, ou melhor, a desordem da sociedade industrial nascente em referência a um sistema possível de "harmonia" organizado cientificamente a partir das paixões do homem e, mais geralmente, de sua psicologia. Esse sistema social de interação complexa é uma interpsicologia que dá espaço às necessidades, não repressivo, apesar da subordinação do sistema aos planos estabelecidos por Charles Fourier. Esta é o prenúncio da ambição "sociocrática", como dirá Augusto Comte, a *Human Engeneering*, o psicossociólogo-rei.

Contudo, a obra de Fourier é plena de antecipações daquilo que será proposto, um século mais tarde, pela psicologia dos grupos. Ele mostra, por exemplo, que as mudanças pedagógicas e políticas são necessariamente solidárias; apenas a organização coletiva e coletivista da sociedade permitirá uma pedagogia de grupo: "Nesses grupos, os mais velhos influenciam os mais jovens, e exercitam-se respectivamente nas funções úteis, em consequência do impulso dado pelas tribos superiores, as dos querubins e dos serafins, que já fazem parte da harmonia ativa".

*

Proudhon criticou severamente "a utopia" fourierista. Ele escreve: "Uma ideia infeliz, em minha opinião, da escola falansteriana, foi ter acreditado que ela atrairia o mundo, se lhe fosse permitido apenas erguer sua tenda e construir um primeiro falanstério modelo. Supunham que uma primeira tentativa, mais ou menos bem-sucedida, traria uma segunda, e depois, pouco a pouco, espalhar-se-ia por todas as populações e as 37.000 comunas da França encontrar-se-iam, uma manhã, metamorfoseadas em grupos de harmonia e falanstérios. Em política e economia social, a epigênese, como dizem os fisiologistas, é um princípio radicalmente falso. Para mudar a constituição de um povo, é preciso agir ao mesmo tempo no conjunto e em cada parte do corpo político; nunca é demais relembrá-lo".

Essa crítica anuncia aquelas que, atualmente, fazem alguns sociólogos aos psicossociólogos: "denunciam" o erro de uma "revolução" pelos grupos, a revolução sociométrica de Moreno, o "seminário" lewiniano, em nome do requisito necessário, que é a mudança social em seu conjunto. Mas quando Proudhon invoca "uma soberania efetiva das massas trabalhadoras, reinantes, governantes", recupera os sistemas dos grupos e, por sua vez, também recebe críticas irônicas de Marx. Segundo o sociólogo G. Gurvitch, Proudhon anuncia melhor que Marx *a autogestão social*, portanto o sistema generalizado e descentralizado dos grupos. Para Marx, no entanto, tudo isso não representa em Proudhon senão um suporte puramente abstrato, e sem fundamento. O pensamento dos grupos é a "miséria da filosofia": "Assim como do movimento dialético das categorias simples nasce o grupo, da mesma forma do movimento dialético dos grupos nasce a série, e do movimento dialético das séries nasce todo o sistema... Que o leitor não se assuste com essa metafísica e todo seu suporte de categorias, grupos, série e sistemas".

Uma corrente tecnocrática surge com Saint-Simon. Para ele, depois do século das *revoluções*, entramos no século da organização. Os problemas atuais da organização encontram sua fonte aqui: Saint-Simon anuncia a substituição das "políticas" pelos "gerentes". Ele publica em 1819 um "periódico": *O Organizador*, que é o ancestral das modernas revistas para a gestão das empresas.

Augusto Comte, em seguida, prolonga essa doutrina quando define o papel dos "sociocratas" que, com base na sociologia nascente, poderão ajudar os gerentes da sociedade industrial na regulação dessa sociedade.

Todo um aspecto da sociologia e da psicossociologia "intervencionista" está diretamente ligado a essas doutrinas da tecnocracia e da "sociocracia". Comte destina aos sociocratas a missão de transformar os clubes revolucionários em lugares onde serão analisados e tratados os conflitos da sociedade industrial, onde o proletariado aprenderá a *participar*, a tomar seu lugar na vida da nova sociedade.

Augusto Comte percebe nas doutrinas socialistas de sua época uma certa verdade: ao seu modo, elas mostram que a humanidade, que enfim chegou ao seu estado adulto, entrou na idade positiva, logo conhecerá "a cooperação universal". Ele observa uma orientação espontânea do proletariado na direção da sociabilidade efetiva que se manifesta, principalmente, na "memorável prontidão de nossa população para formar em toda parte clubes sem nenhuma exaltação especial, e apesar da ausência de qualquer verdadeiro entusiasmo". Estes são os clubes revolucionários e, mais próximos de nós, as associações de trabalhadores.

Mas esses clubes deverão perder, na era positiva, sua função negativa e crítica para se integrarem à nova ordem espiritual; eles "fornecerão então o principal ponto de apoio da reorganização espiritual... No fundo, o clube destina-se, principalmente, a substituir provisoriamente a igreja, ou melhor, a preparar o templo novo". A esses clubes, "templos do futuro", opõem-se as doutrinas socialistas desenvolvidas por todos os "agitadores ocidentais". O positivismo dá-se por missão, desde então, substituir a agitação pela cooperação, a política revolucionária pela nova religião cujos padres serão os sociólogos ou, como diz muito exatamente Augusto Comte, os sociocratas. Seu papel será, portanto, educar o proletariado nos pequenos grupos que ele organiza espontaneamente e ao mesmo tempo destruir as perigosas utopias sociais que consistem em "recorrer aos meios políticos ali onde devem prevalecer os meios morais".

Contudo, o que essas utopias têm de mais temível é sua hostilidade à organização hierarquizada da produção, e da sociedade: "Essa utopia não é menos contrária às leis sociológicas na medida em que desconhece as constituições naturais da indústria moderna da qual desejaria afastar os indispensáveis chefes. Um exército não existe sem oficiais e menos ainda sem soldados; essa noção elementar convém tanto à ordem industrial como à ordem militar... Nenhuma grande operação seria possível se cada executante devesse também ser administrador, ou se a direção fosse vagamente confiada a uma comunidade inerte e irresponsável", escreve ainda Augusto Comte em seu *Discurso sobre o conjunto do positivismo*.

*

Marx pensa, ao contrário, que o problema não é organizar a sociedade capitalista, mas trabalhar para o seu desaparecimento. Para ele, a análise social não tem por objetivo fundar uma ação "sociocrática"; ela deve servir o proletariado em sua luta para destruir a sociedade de classe e colocar fim à ação política. Os clubes devem se transformar; não em "seminários" de educação – mas em partidos do proletariado que podem tomar o atalho da luta política para tomar o poder, para pôr fim à separação entre poder e sociedade.

Ele viu a importância da fala social e da discussão de grupo: "Quanto à vitória final das proposições enunciadas no *Manifesto*, Marx esperava que viesse unicamente do desenvolvimento intelectual da classe operária, assim como este devia ser o resultado necessário da ação comum e da discussão" (ENGELS. Último prefácio ao *Manifesto comunista*). Hoje, devemos compreender a importância dada por Marx e Engels à discussão, à autoformação do proletariado, à consciência social e à crítica das ideologias.

Mas não há, não pode haver lugar na obra de Marx, em razão dos fundamentos de suas análises, para uma teoria positiva dos grupos e das organizações. O autor do *Manifesto* e de *O capital* mostra, ao contrário, que a sociedade industrial e o reino da burguesia dissolvem as relações humanas em todas as esferas da vida social. Um trabalho dialético realiza-se, contudo, na existência social por meio dessa necessária dissolução. Dessa forma, o próprio esfacelamento do grupo familiar prepara uma forma nova, vindoura, das relações rompidas: "na história, como na natureza, a podridão é o laboratório da vida [...]".

Os grupos de trabalho dos velhos ofícios também se desfizeram. A "cooperação" – este é o título de um capítulo de *O capital*, – nas empresas modernas pressupõe apenas uma "solidariedade" bem mecânica e de justaposição: é o trabalho em migalhas, em que cada um realiza apenas uma parte muito especializada na preparação dos objetos fabricados, os "grupos" são apenas os produtos da divisão do trabalho e da concentração industrial dos operários nas fábricas-casernas. Todavia, a Comuna de Paris já anuncia, segundo Marx, o *self government* dos trabalhadores, a autogestão operária como base do futuro sistema social. A revolução social restabelecerá, em um nível superior, a verdadeira cooperação. A condição é, necessariamente, o abalo total do sistema, a mudança radical na organização capitalista da produção.

Os textos mais avançados dos teóricos marxistas desenvolvem o que, na obra de Marx, se encontra então apenas esboçado. Lênin descreve, portanto, uma sociedade futura de participação integral de todos e de cada um nas decisões: "a cozinheira deve poder governar o Estado"; mas, na prática, conserva o modelo autoritário na organização da produção, nas relações de produção, contra a oposição operária que exige, desde 1921, a autogestão operária. E Trotsky junta-se a Lênin nesse ponto, apesar de sua capacidade de análise microssocial que se pode ver, principalmente, no *Novo curso* onde desenvolve-se *avant la lettre* uma verdadeira sociometria política das relações dinâmicas, no Partido e no Estado, entre a burocracia e os grupos fracionais. Mas de toda forma, para Marx e os marxista, a sociedade dos grupos é jogada para um futuro distante. Ela nascerá do enfraquecimento do Estado, portanto da burocracia. Ela supõe uma sociedade sem classes.

A fase B

Na fase B, a partir do início do século XX, as grandes empresas industriais burocratizam-se; as teorias clássicas da organização (Taylor, Fayol...) expressam e justificam essa burocratização. O próprio ato de trabalho, da produção, é "burocratizado" pelo taylorismo: o movimento dos gestos produtores é calculado, medido, decidido em outro lugar, nos escritórios de estudo. A alienação é levada aos limites mais extremos. A *separação* está em toda parte. As organizações dos trabalhadores são a imagem contrária e complementar das burocracias da produção. O operário parcelar, ponto máximo de um processo que começou na manufatura, e não ontem, delega todos os poderes de defendê-lo, de representá-lo, de falar em seu nome aos "porta-vozes", às organizações que têm seus representantes permanentes, suas burocracias. As decisões de luta são tomadas nos aparelhos que escapam ao controle daqueles que os elegeram. R. Michels descreve, desde 1912, a "lei de bronze" dessas oligarquias. Esse debate se amplia um pouco mais tarde, a partir de 1917, no interior do movimento marxista. A questão da burocracia torna-se um problema fundamental da organização e do poder.

Ao mesmo tempo, a partir de 1924, um outro movimento, desta vez no interior das ciências sociais, inicia a crítica das burocracias industriais e busca métodos de tratamento. O nascimento da sociologia industrial pode se definir, segundo a expressão de B. Mottez, como um manifesto antiburocrático. A mesma observação permanece válida para descrever e explicar o nascimento da psicossociologia na indústria a partir dos problemas da fase B.

Em 1924, Elton Mayo foi chamado pela direção da "Western Eletric Company" para examinar alguns problemas relacionados aos fatores do rendimento na produção. Ao longo de um primeiro período, ele observa uma equipe de operárias retiradas de sua oficina e que trabalham em um repartimento especialmente escolhido. Durante dois anos, um observador assistente vai acompanhar o comportamento cotidiano dessas operárias; a partir desses resultados, tentarão extrair os fatores que influem em seu modo de trabalho com o objetivo de melhorar o rendimento. Certas condições materiais de trabalho são modificadas, e o rendimento aumenta; depois os salários são aumentados, e o rendimento aumenta igualmente; um resultado análogo é obtido quando se diminui o número de horas do trabalho, ou se concede uma "pausa-café", ao longo da qual o chá lhes é servido. Todas essas melhorias parecem, portanto, favoráveis.

Depois retornam às condições iniciais, e observa-se, contudo, que o rendimento melhorou em relação ao que era antes da intervenção. Torna-se então necessário atualizar um fator de rendimento que até então não havia sido considerado. Esse fator é o grupo. Essas operárias têm entre elas boas relações interpessoais que facilitam o trabalho; são essas relações "informais", que persistem através mesmo de certas mudanças na organização formal, oficial, do trabalho, que desempenham um papel positivo.

Realiza-se então uma segunda experiência na mesma empresa. Em uma oficina trabalham 9 montadores, 3 soldadores e 2 verificadores. O trabalho dos soldadores está tecnicamente subordinado (trata-se aqui de uma divisão técnica do trabalho) ao dos montadores: eles devem esperar que os blocos sejam preparados pelos montadores para soldar fios sobre esses blocos; então poderão intervir, enfim, os verificadores. Novos operários obtêm progressivamente uma promoção de sua competência técnica e o salário está ligado à produção coletiva.

Com a observação foi possível revelar a existência, nessa equipe, de um código implícito de existência comum: cada operário não procurou maximizar individualmente seus ganhos. Por outro lado, a equipe funcionou como se ela se atribuísse certas normas que não deveriam ser ultrapassadas; existia certa solidariedade operária atualizada em uma aurorregulação da equipe, – um sistema "informal" que deveria ser levado em conta para a compreensão correta dos mecanismos da produção. Uma análise sociométrica mais fina permitiu colher alguns elementos: existência de subgrupos diferenciados, em seu comportamento, fenômenos de entreajuda no trabalho com algumas trocas de postos. Em resumo, a vida social da equipe, com seus jogos, seus comportamentos na produção, suas relações, seus conflitos internos, seu sistema de papéis, pôde ser analisado. Essa experiência coincide assim com o nascimento de um psicossociologia industrial centrada na análise dos grupos de trabalho.

A partir de então, o problema das relações humanas na empresa está nitidamente colocado; o movimento das *Human relations* origina-se aqui. Ele vai encontrar primeiramente a corrente sociométrica e, em seguida, outro movimento, oriundo do laboratório e da pesquisa, o da dinâmica de grupo.

Assim como Alain Touraine, já podemos observar que a psicossociologia industrial, desde seu nascimento, define a empresa como uma *organização*, isto é, um sistema de redes, de estatuto e de papéis. O que é ao mesmo tempo um progresso e um risco: o risco é fechar o grupo-empresa sobre si mesmo, sem ver que está situado em um sistema social. Esse progresso e esse risco vão se delinear com o desenvolvimento da sociometria.

Por volta do final da Primeira Guerra Mundial, J.-L. Moreno, psiquiatra de origem romena, organiza, em Viena, uma escola de arte dramática inspirada, principalmente, nas pesquisas de Stanislavsky. Ela logo será uma escola de improvisação que escolhe determinados temas e tramas na atualidade mais cotidiana, na política, nos fatos diversos.

Um dia, Moreno propõe a Barbara, uma de suas alunas, que saia de seu papel habitual de ingênua para representar o de uma prostituta vulgar e agressiva envolvida em um fato diverso. O companheiro da atriz constata que houve uma melhora em seu comportamento privado; Moreno o atribui à mudança de papéis. O fato de representar esse novo papel teve consequências terapêuticas, ou como diz Moreno, catárticas. O termo vem da teoria aristotélica do teatro; mas, enquanto para o filósofo grego essa função catártica do teatro destinava-se ao público, Moreno descobre que a catarse pode se exercer sobre os próprios atores. Dessa maneira efetuou-se a passagem do "teatro da espontaneidade" ao psicodrama, da arte dramática à psicoterapia.

Mas, esse progresso revela que o tema da espontaneidade permanece. Moreno confere ao psicodrama a missão de restaurar a espontaneidade perdida em nossa civilização. Espontaneidade das origens, e da infância: no palco psicodramático os parceiros do drama redescobrem um estado de graça semelhante ao do nascimento assim como Moreno o compreende: nascimento de um ser inacabado e criativo, por causa desse mesmo inacabamento. O psicodrama é o retorno à infância, à sua inspiração, desreificação dos papéis sociais petrificados, élan criador redescoberto na capacidade de inventar constantemente soluções que se ajustam às dificuldades da vida cotidiana.

No início da sessão, estão presentes o grupo, os "clientes", o psicodramaturgo e seus assistentes, às vezes um público participante. O primeiro momento é o de uma "fusão" no grupo, da criação de um clima, do *worming up*. É o necessário desencadeamento que permitirá a busca progressiva de um tema com o qual cada um se sentirá envolvido: depois, a partir desse tema, elabora-se uma peça: ela servirá de trama à improvisação dramática, momento culminante da sessão, seguido enfim de uma avaliação pelo, ou com, o psicodramaturgo, daquilo que se manifestou. Essa é a curva ideal de uma sessão retirada em um "psicodrama"; pois o conjunto das sessões que constitui o tratamento de um caso será chamado de psicodrama: dissociação de um par, por exemplo, da mesma maneira que uma "psicanálise" é o conjunto das sessões que constitui um tratamento, uma "cura" psicanalítica". Portanto, um conjunto de sessões e, ao longo de *certas* sessões, uma improvisação falada e agida: o psicodrama não se limita, como vemos, às trocas de papéis, aos "esquetes" de intenção terapêutica. É algo diferente e, principalmente, constitui uma técnica de grupo. Funciona como uma psicoterapia de grupo e é exatamente por isso que Moreno também reivindica o título de fundador das terapêuticas de grupo.

Ele é, definitivamente,o fundador da *sociometria*.

Como imigrante nos Estados Unidos, Moreno vai abordar sob outra ótica, mais geral, o problema dos grupos. Ainda nos jardins de Viena, ele observava os grupos de crianças; e o psicodrama já orientava sua reflexão para as dificuldades das relações sociais. Quando cuidava de um campo de pessoas deslocadas, constatou que essas pessoas adaptavam-se mais facilmente à situação quando eram autorizadas a se agruparem de acordo com suas escolhas: essa observação encontra-se sistematizada no "teste" das "escolhas sociométricas", que consiste em perguntar aos membros de um grupo ou de uma organização quais parceiros gostariam de escolher para realizar determinadas tarefas, ou para se divertir. Com os resultados assim obtidos é possível proceder a uma análise do grupo, detectar os líderes, situar as rejeições, os subgrupos, as redes. O sociograma é a representação gráfica dessa organização interna do grupo. É preciso diferenciá-lo do organograma, que é a representação gráfica de uma estrutura oficial: hierarquia das pessoas e dos grupos em uma fábrica, uma escola, um hospital. A exploração sociométrica revela outras hierarquias, outros sistemas de poder e de dependência. É raro que sociograma e organograma coincidam: tal coincidência, caso fosse geral, significaria que o sistema social é inteiramente aceito, e que é escolhido por todos os membros do grupo. Além do mais, Moreno observou corretamente as implicações sociais e políticas de suas pesquisas: sua "revolução sociométrica" não é apenas a expressão de um privilégio concedido aos pequenos grupos em um programa de mudança social; ela expressa igualmente a ideia de uma revolução permanente no próprio interior da revolução social, e a exigência de não deixar as novas sociedades se burocratizar, abandonar os élans que produzem as mudanças decisivas, abalam as velhas estruturas e redescobrem por um tempo a espontaneidade criativa dos grupos sociais "em fusão".

A sociometria apresenta-se, portanto, como uma técnica da mudança social. A base é psicológica ou, mais precisamente, interpsicológica: o teste sociométrico revela as simpatias e as antipatias, as estruturas aceitas e as estruturas rejeitadas. Mas revela ao mesmo tempo esse sistema complexo de "redes informais" que são os fundamentos psicossociológicos reais de um grupo, ou de um sistema de grupos. Moreno tem a percepção da dimensão institucional nos grupos; sua intervenção, justamente célebre, em uma instituição de reeducação de jovens delinquentes, descrita nos *Fondements de la sociométrie*, mostra claramente que é no nível total da comunidade, isto é, do sistema institucional, com a distribuição social das funções, e tudo o que faz a *instituição interna*, que ele decide intervir, e situar as redes e os pequenos grupos, modificando-os.

A intervenção sociométrica nos grupos e nas instituições é, portanto, estimulada por uma preocupação semelhante à do psicodrama: trata-se ainda de liberar a espontaneidade e a criatividade, a capacidade de inventar uma história pessoal ou uma história coletiva. Trata-se, portanto, de conhecer os grupos, não com um objetivo exclusivo de pesquisa, mas sim para facilitar as mudanças.

O termo "dinâmica de grupo" aparece pela primeira vez em um artigo publicado por K. Lewin em 1944. Esse texto deixa claro ao mesmo tempo o elo entre a prática e a teoria: "No campo da dinâmica de grupo, mais do que em nenhum outro campo psicológico, a teoria e a prática estão de tal forma ligadas metodicamente que, se for corretamente conduzida, pode fornecer respostas aos problemas teóricos e, simultaneamente, reforçar essa abordagem racional de nossos problemas sociais práticos que é uma das exigências fundamentais de sua resolução"[1]. No ano seguinte (1945) o "Research Center of Group Dynamics"[2] é criado por Lewin, primeiramente no âmbito do MIT da Universidade de Cambridge e, depois, em 1948, ele é vinculado à Universidade de Michigan.

No entanto, a obra científica de K. Lewin começou na Alemanha com os trabalhos de psicologia individual, que é preciso conhecer caso se queira compreender a origem e o conteúdo dos conceitos que fundam a dinâmica de grupo. Podemos distinguir, junto com Claude Faucheux[3], três momentos na carreira de Lewin. Um primeiro período, nessa biografia intelectual, termina em 1930. Lewin interessa-se então por assuntos clássicos em psicologia experimental: estudo da vontade, das percepções, do movimento etc., que ele aborda de acordo com uma corrente importante da psicologia de laboratório.

Essa psicologia experimental passou por duas fases. Por volta de 1890, os psicofísicos alemães modificaram o método da psicologia sem mudar seu objeto: em vez de tomar a introspecção como via de aproximação da realidade psicológica, o pesquisador recorre aos instrumentos de laboratório. O objeto de pesqui-

---

1. LEWIN, K. *Constructs in psychology and psychological ecology.* Univ. Iawa/St-Child Welf, 1944.

2. CARTWRIGHT, D. *The research Center for Group Dynamics.* Ann. Arbor.

3. FAUCHEUX, C. *Introduction à K. Lewin:* "Psychologie Dynamique". Paris: PUF, 1959.

sa, no entanto, continua sendo as velhas categorias herdadas da filosofia escolástica: a vontade, a inteligência, a associação das ideias. Ao longo desse período, como disse Georges Politzer, os teólogos vestiram aventais brancos, e camuflaram Santo Tomás nos cilindros de registros. Na mesma época, no entanto, Freud funda, pela prática psicanalítica, uma psicologia do "drama humano" muito mais concreta, e que desta vez troca não apenas o método da psicologia, mas seu próprio objeto. O objeto do psicólogo é o indivíduo existente, ou a pessoa humana, no interior de sua história e de sua vida de todos os dias. Essa nova orientação vai agir igualmente sobre o pensamento e sobre os trabalhos dos psicólogos experimentalistas.

Ao longo de um segundo período, a partir de 1930, Lewin ainda se interessa pela psicologia individual, mas desta vez sob uma ótica diferente. O novo objeto de sua pesquisa é a *psicologia topológica*: ele se esforça para construir, sob esse termo, uma representação espacial das *situações psicológicas* e de seu entorno, no qual estão situadas as *regiões*. O que leva à definição de um campo *psicológico* formado pela pessoa e o entorno. Essa teoria do campo, inspirada na física (e particularmente na eletromagnética) será transposta, em seguida, ao estudo dos grupos. Outro conceito será igualmente transposto: o conceito de dinâmica psicológica, elaborado primeiramente no nível da personalidade e sob a influência, sobretudo, de Freud.

O terceiro período dessa carreira científica é ainda um período de pesquisa experimental. Esse período inicia-se em 1938 com a célebre experiência de Lewin e de seus dois colaboradores, Lipitt e White, sobre os "climas sociais"[4]. Hoje, todos conhecem essa experiência, tornada célebre, e que mostra bem a primeira abordagem experimental nesse campo. Mas devemos lembrar aqui que a carreira de Lewin conheceu, até 1947, um quarto e último período, prematuramente interrompido por sua morte, bem no momento em que após ter estudado o *campo psicológico* (do indivíduo), e depois o *campo de grupo*, abordava em sua teoria e em sua prática os problemas do *campo social*. Na verdade, é

---

4. LEWIN, K.; LIPITT, R. & WHITE, K. "'Padrões'" de condutas agressivas nos climas sociais artificialmente criados (1939)". In: LEWIN, K. *Psychologie dynamique*. Paris: PUF, 1959 [Trad. francesa].

grande nossa tendência em ver em Lewin um fundador de uma dinâmica de grupo que se reduziria à ciência experimental dos pequenos grupos. Isso é um erro. Basta ler o que ele escreveu em 1943, no momento em que trabalhava na mudança dos hábitos alimentares, para se dar conta de que, cada vez mais, ele quer fundar uma ciência do *campo social* na qual a intervenção do psicossociológico nas situações sociais reais substitui a experimentação em laboratório. Por outro lado, o papel ativo desempenhado, perto do final de sua vida, na elaboração dos métodos de formação (que se desenvolveram, depois, a partir do centro de formação de Bethel) testemunha igualmente uma nova orientação, na qual o coordenador de grupo elabora o conhecimento a partir de uma prática social. A última contribuição científica e teórica de Lewin é, portanto, a doutrina epistemológica da *action research* – pesquisa ativa, ou melhor, pesquisa engajada. Por fim, o artigo inacabado, publicado em 1947, e considerado como seu testamento científico[5], está centrado no projeto de integração das ciências sociais. – Como explicar este engajamento da ciência?

Para nós, o pedido dirigido aos psicossociólogos pelas organizações industriais e, depois, pelo conjunto da sociedade explica-se primeiro pelas dificuldades de comando, de comunicação, de funcionamento que sociólogos como Merton, Selznick, Gouldner definem, depois de Max Weber, como burocratização. Max Weber havia mostrado que a burocracia era a racionalidade na organização da empresa. Descobre-se agora que essa racionalidade é irracional, que a função implica disfunções. E percebe-se também que ao lado do nível "formal", oficial, burocrático, existe outro nível, o das redes informais, dos grupos, das frações.

A tarefa do psicossociólogo será encontrar o vínculo entre o formal e o informal, entre a organização e a motivação, "desburocratizar a organização", ou melhor, *modernizar* a burocracia por uma terapêutica da rigidez burocrática, da impossibilidade de comunicar efetivamente, de praticar o trabalho em comum.

Dessa forma, o psicossociólogo prático revela-se como um dos agentes de modernização da burocracia, aquele que facilita pelo seu trabalho a passagem histórica da fase B a uma fase C.

---

5. LEWIN, K. "Frontières dans la dynamique de groupe". *Psychologie dynamique*. Op. cit.

Vemos o quanto essa análise nos separa das críticas políticas da psicossociologia que ainda ocorrem atualmente. Por volta de 1948, certos ideólogos "marxistas" desencadearam uma ofensiva, tanto contra a psicanálise como contra a psicossociologia das relações humanas sem, no entanto, distingui-las corretamente, mas deformando o essencial de sua ação. O psicossociólogo era apresentado como o instrumento dócil do patronato, e mesmo como um policial de um tipo novo, encarregado de fazer falar os operários na empresa para, em seguida, fazer seu relatório à direção. Também foi dito que ele tinha por missão substituir a "infelicidade coletiva", política, por uma "infelicidade privada" e afetiva, quebrar a luta de classes na empresa ao estabelecer boas relações, diálogos entre os dirigentes e dirigidos. Era dessa forma que o psicossociólogo era definido em termos políticos, e denunciado.

Esquecia-se que ele também era aquele por meio do qual a luta informal e permanente na empresa era revelada: também é possível defender que os psicossociólogos aprofundaram dessa maneira as análises de Marx e levaram mais adiante o conhecimento das relações de produção na empresa[6]; são verdadeiros ao mesmo tempo o caráter "reformista" de sua ação e o valor revolucionário de suas descobertas.

A fase C

A passagem histórica à fase C tem bases tecnológicas, ela é impulsionada em seu movimento pela modernização das técnicas, o desenvolvimento da automação e as transformações das indústrias modernas (eletrônicas, petroquímica etc.) assim como pelas formas modernas de gestão (bancos etc.). Este próprio movimento é coordenado com as transformações econômicas da sociedade neocapitalista, com as variações na composição do capital. Ele provoca o surgimento de uma "nova classe operária" que modifica a doutrina e a estratégia sindicais[7]. Inspira o pensamento dos novos planificadores. A burocracia administrativa da fase C perde sua rigidez, é capaz de integrar os desviantes,

---

6. Ibid.

7. MALLET, S. La nouvelle classe ouvrière. Paris: Le Seuil, 1963.

de praticar a dinâmica de grupo e a democracia interna, de gerenciar a mudança, de buscar a participação; mas isso não é a democracia direta, a autogestão verdadeiramente coletiva. Ao contrário, talvez esse seja nosso próximo futuro.

A burocracia tradicional estimulou, nos grupos sociais que dominava, revoltas, oposições violentas; foi assim que apareceram, por exemplo, os grupos informais nas empresas, os grupos fracionais nos partidos e nos sindicatos. Nos sindicatos do novo estilo, no entanto, a existência de frações oposicionistas tende a desaparecer. Permanecem os conflitos pelo poder e pela modernização no interior das direções burocráticas. Não se trata de conflitos entre "base" e "aparelho", mas de contradições no interior do "aparelho".

Quanto à base, vemos sua vontade de participação e de gestão diminuir na medida em que diminui a pressão, o autoritarismo. O especialista em ciências políticas pode descobri-lo nas sociedades burocráticas na época da "desestalinização".

Contudo, isso não significa o desaparecimento de todos os problemas. A vitória sobre as doenças revela outras doenças "da civilização". Uma sociedade neoburocrática conhecerá problemas individuais e sociais; as revoltas dos jovens – os planificadores autores das "reflexões para 1985" o reconhecem – poderiam se desenvolver sob outras formas e se agravar ao se transformar. Mas a revolta não se transforma necessariamente em adaptação ativa, em participação. Ela pode da mesma forma ser a expressão de um niilismo que seria o complemento da modernidade. E também é preciso ver que as contradições, na burocracia, continuam: o conflito sino-soviético mina as bases ideológica e política da unificação burocrática. Por fim, ao diretivismo burocrático podemos opor o princípio da não diretividade, profundamente ligado ao projeto da autogestão social.

*

O psicoterapeuta americano Carl Rogers, como se sabe, introduziu em psicologia o conceito de não diretividade. Mais recentemente, ele avançou algumas teses em relação à educação. Encontra-se em uma recente publicação[8] uma generalização desse princípio da não diretividade que, em tempos mais distantes de nossa história cultural, estava presente sob outros nomes.

Assim como em Sócrates e em Rousseau, o ponto de partida da reflexão de Rogers, pelo menos em educação, é evidentemente uma decepção e uma autocrítica. Ele diz isso claramente na conferência dita de "Harvard", publicada em 1961, e cuja difusão na França provocou recentemente alguns protestos (*Éducation Nationale*, 18/11/1962). Nessa conferência, Rogers esboça uma autobiografia profissional: "Vou tentar condensar o que obtive de minha experiência de professor e da prática da terapia individual e coletiva. Não se trata aqui de oferecer conclusões para outros além de mim, nem de propor um modelo para aquilo que se deve ou não se deve fazer. São simplesmente tentativas de explicação atual, em abril de 1961, de minha experiência [...]". Segue a exposição de teses aparentemente paradoxais; citemos entre as mais características: "Minha experiência levou-me a pensar que não posso ensinar uma outra pessoa a ensinar... Parece-me que tudo o que pode ser ensinado a uma outra pessoa é relativamente pouco utilizado e tem pouca ou nenhuma influência sobre seu comportamento... Cheguei a acreditar que os únicos conhecimentos que possam influenciar o comportamento de um indivíduo são aqueles que ele próprio descobre e dos quais se apropria". As passagens que acabamos de ler revelam o primeiro momento, negativo, e até mesmo destruidor, da abordagem rogeriana. A consequência retirada não tem ambiguidade: "Minha profissão de professor não tem para mim nenhum interesse". Vemos que se trata de um elemento autobiográfico. Rogers "confessa" sua decepção, seu ceticismo de professor. Mas é para introduzir, como veremos mais adiante, a ideia de que os verdadeiros conhecimentos não estão no exterior e sendo transmitidos, mas estão

---

8. ROGERS, C. *Le développement de la personne*. Paris: Dunod, 1966. Cf. tb., para este capítulo: NUTTIN, J."La thérapeutique non directive". *Psychanalyse et conceptions spiritualistes de l'homme*. Lovaina, 1950. • PALMADE, G. "Note sur l'interview non directif". *Bull. Psych.*, 8, 1954-1955. • PAGÈS, M. "Psychothérapie non directive de Carl Rogers". *Encyclopédie médicale*, vol. Psychiatrie, 3, 1955. • ROGERS, C. & KINGET, M. *Psychothérapie et relations humaines*. Paris: Nauwelaerts, 1962. • FILLOUX, J.-C. & ROGERS, C. "Le non-directivisme et les relations humaines" *Bull. Psycho.*, 16, 1963, p. 6-7, 1963.

em cada um de nós e em nossa experiência. Nessa passagem, reconhecemos a maiêutica de Sócrates e a educação negativa de Rousseau.

Esse pensamento explicita-se em Rogers em uma teoria da experiência formadora: "Esses conhecimentos descobertos pelo indivíduo, essas verdades pessoalmente apropriadas e assimiladas ao longo de uma experiência não podem ser diretamente comunicados aos outros... Percebo que me interesso apenas em aprender... Acho recompensador aprender, em grupo, em relação individual como em terapia, ou sozinho. Descobri que, para mim, a melhor maneira de aprender – ainda que a mais difícil – é abandonar minha atitude defensiva – pelo menos provisoriamente – para tentar compreender como uma outra pessoa concebe e experimenta sua própria experiência. Outra maneira de aprender é expressar minhas incertezas, tentar organizar meus problemas, para compreender melhor a significação de minha experiência".

O último propósito citado, que, além do mais, termina a conferência, parece nos revelar outro aspecto essencial do pensamento não diretivo: é um pensamento do inacabamento. Concluir é acabar um pensamento, colocar um fim a um processo de desenvolvimento. Se Rogers pode declarar que as "conclusões" transmitidas não têm valor formador, é que ele percebe, no final de sua meditação, que o único conhecimento autêntico é conhecimento inacabado e conhecimento do inacabado. Assim é o destino das ciências hoje: todo teórico das ciências e todo prático das técnicas descobrem-no assim que refletem sobre a evolução atual de nossa civilização. Esse elemento dos princípios da não diretividade pedagógica, ou seja, o inacabamento do mundo e do homem, talvez seja o aspecto mais recentemente revelado dessa concepção pedagógica. E, sem dúvida, ele estava latente em Sócrates como em Rousseau; mas esses dois "precursores" do não diretivismo viviam em momentos históricos nos quais a posse adulta dos saberes e das técnicas era um objetivo mais fácil de ser alcançado atualmente. Compreende-se, desde então, que o tema do inacabamento, ainda que presente e fundamental em suas análises dialéticas e em suas concepções negativas da educação, não se manifeste com o caráter radical que Rogers compreende lhe dar. Outra maneira de expressar esse tema do inacabamento em pedagogia consiste em ressaltar, como Rogers o faz, "as maneiras de estudar que provocam uma mudança"[9].

A noção de mudança permite a Rogers estabelecer uma relação entre sua experiência de psicoterapeuta e sua experiência, mais limitada, de professor. O psicoterapeuta lida de fato com problemas da *mudança*; o objetivo de uma psicoterapia consiste em desfazer as barragens que impedem o cliente de se desenvolver, ou como diz Rogers, de "crescer". Pois o princípio retido por Rogers como fundamental para seu trabalho terapêutico é o de um crescimento que acaba evocando, como muitas vezes se assinalou, a bondade natural de Rousseau – no sentido psicopedagógico desse conceito. Uma vez esse princípio evocado, observaremos que o essencial das análises técnicas propostas por Rogers situa-se menos no nível do crescimento do que no da relação terapêutica. Na lição que acompanhamos aqui, Rogers evoca "o incondicional olhar positivo do terapeuta, sua compreensão enfática", isto é, um dos aspectos específicos de uma relação com o outro. A ideia de não diretividade encontra aqui seu fundamento: ela implica essencialmente uma relação de poder. O livre desenvolvimento de um ser particular ou de um grupo é uma consequência desse primeiro princípio. Em resumo, a não diretividade é uma política antes de ser uma psicologia genética, um método terapêutico ou uma concepção nova da pedagogia.

Contudo, assim como Rogers, podemos especificar alguns elementos para uma pedagogia não diretiva. O primeiro aspecto que ele propõe reter é "o contato com os problemas". Para Rogers, essa expressão é a consequência de que: "é mais fácil adquirir um conhecimento autêntico quando ele vincula-se às situações que são percebidas como problemas". A ilustração experimental citada como apoio a esse princípio é uma observação daquilo que se passa em situações menos "diretivas" do que o ensino de referência: "Considerei mais eficazes os trabalhos em seminários do que os cursos regulares, os cursos livres do que os cursos ex-cátedra. Os indivíduos que vêm aos seminários ou aos

---

9. ROGERS, C. Op. cit.

cursos livres são aqueles que estão em contato com problemas que reconhecem como seus"[10].

Em seguida, Rogers analisa o que ele nomeia "o realismo do ensino", e depois as atitudes de "aceitação e de compreensão", para passar então ao estudo dos meios pedagógicos e de seu uso pelo professor. Um último e importante problema colocado por ele diz respeito aos objetivos da educação. Mas a questão não é específica da não diretividade. Ela se refere, e sempre se referiu, à problemática pedagógica. Por outro lado, a especificidade da escola não diretiva depende do seguinte: os objetivos reconhecidos são aqueles dos indivíduos formados, e não mais os objetivos dos professores.

A influência de Carl Rogers na pedagogia contemporânea é ainda limitada[11]; sua capacidade de contestação é, todavia, decisiva. O ataque visa o pedagogo em suas posições mais preservadas, mais protegidas. E essa é a diferença essencial com o reformismo pedagógico constituído pelos novos métodos, isto é, toda a corrente da escola ativa e da nova educação.

A palavra "reformismo" é escolhida aqui para induzir uma comparação com a política. Como se sabe, em política, o reformismo é "a revolução" feita pela "burocracia". Evita-se assim uma mudança radical da organização social, isto é, o questionamento por todo o grupo das estruturas do poder. O mesmo ocorre com o reformismo pedagógico: tudo é questionado, menos, precisamente, aquele que questiona, isto é, o educador. Rogers, ao contrário, questiona a si próprio em sua função e até mesmo em seu ser. Ele começa a duvidar de sua eficácia, renuncia às justificativas e à boa consciência. Dessa forma, é verdadeiramente o herdeiro

---

10. Ibid.

11. O movimento da pedagogia não diretiva desenvolveu-se na França muito recentemente, como testemunha um número coletivo: "Le groupe maître-élève", *Éducation Nationale*, jun./1962. Algumas discussões e polêmicas desenvolveram-se depois na mesma revista. Não podemos concluir com isso, no entanto, que o não diretivismo tenha entrado verdadeiramente, como uma nova "tendência", na pedagogia francesa contemporânea. Pelo contrário: as reticências e as resistências são tão fortes quanto aquelas encontradas pela dinâmica de grupo não diretiva em meio sindical e político. Nos dois casos, aliás, encontramos a mesma razão profunda: uma recusa dos educadores e dos dirigentes de se questionarem.

de Sócrates e de Rousseau. Mas, do ponto de vista pedagógico, ele vai além dos precursores. O método não diretivo é mais sutil atualmente, parece até mesmo poder prescindir da manipulação[12]. Enfim, como já dissemos, a não diretividade rogeriana define-se mais explicitamente em função da mudança individual e coletiva, ou seja, em função do inacabamento humano[13].

Portanto, se é possível ver aqui um progresso no plano estritamente pedagógico, é possível, por outro lado, avaliar que, do ponto de vista dos fundamentos filosóficos e políticos, o pensamento rogeriano está em regressão em relação às abordagens socrática e rousseauniana, levando-se em conta a temporalidade histórica.

Foi como agitador político que Sócrates, efetivamente, foi condenado, e tudo mostra que a conduta pedagógica e a conduta política, no sentido grego do termo, jamais estiveram separadas para o fundador da filosofia. Quanto a Rousseau, é evidente que *Emilio* não pode ser compreendido senão em ligação com o *Contrato social*: não nos esqueçamos de que a última etapa da formação, em *Emíílio*, é a da experiência política.

Rogers nos parece, ao contrário, refugiar-se em um certo psicologismo. E, consequentemente, os rogerianos. A neutralidade não diretiva desejaria ser atualmente aquela de um desengajamento, de um pretenso apolitismo de homem de ciência e de terapeuta que não deixa de ser uma opinião política não declarada e não explicitada. É por isso que, enfim, a não diretividade rogeriana se detém na metade do caminho e se fecha na contradição que é a mesma da sociedade que permitiu seu desenvolvimento.

---

12. Muitas vezes nos contestaram este ponto; Sócrates, dizem, sabe onde quer chegar, e sua maiêutica é, portanto, astuciosa. No entanto, esqueceram-se de que se trata, nesses casos, do Sócrates de Platão, para o qual o método está finalmente subordinado à doutrina. Quanto às "manipulações" de Jean-Jacques Gouverneur, são ou efeitos das incertezas, ou consequências do gênero romanesco de *Emilio*.

13. Nos inícios da obra *Psychothérapie et relations humaines*, C. Rogers define primeiro uma norma da "maturidade". Mas, em suas conclusões, ele desenvolve e assume os argumentos de um "cliente" sobre o inacabamento humano e opõe o ideal de uma personalidade fluida, em perpétua mudança à patologia de uma personalidade reificada. Esta é a mesma ambiguidade, portanto, que em Freud, ou em Moreno. Cf. sobre este ponto: *L'entrée dans la vie*.

O rogerismo e, mais geralmente, a "formação não diretiva", desenvolve-se em um contexto social que é o de uma sociedade industrial hierarquizada, na qual se pede aos indivíduos iniciativa suficiente para fazer aquilo que os robôs não podem fazer: tomar decisões. Porém, ao mesmo tempo, espera-se deles bastante "submissão" ou "*self control*" para que não questionem as estruturas, as instituições, os princípios gerais de funcionamento da sociedade. De onde o pedagogismo decalcado da prática terapêutica: colocam-se o indivíduo e os grupos como candidatos a uma "maturidade" psicológica cuja norma carregam em si mesmos e cujo desenvolvimento lhes será facilitado.

Para Rousseau, ao contrário, a maturidade era política. E, sem dúvida, a experiência política vem concluir, em *Emilio*, a maturação individual, a iniciação. Mas a compreensão desta última etapa da formação remete às análises do *Contrato* em que Rousseau mostra que o modelo familiar da relação criança-adulto não pode embasar a análise política do poder. Há aqui duas ordens diferentes. O movimento não diretivo contemporâneo, ao contrário, psicologiza a política em vez de politizar a psicologia.

No rogerismo original, a não diretividade individual ou social não questiona a diretividade estrutural. Em outras palavras: a autoformação não diretiva não está embasada na autogestão dessa formação. Esta é sua contradição central. Não se pode esperar resolvê-la senão reunindo o que foi desunido: a política e a educação, isto é, elaborando os princípios e as técnicas de uma autoformação que implicaria, no início, a gestão da formação para aqueles que são seus "clientes". Isso não elimina o monitor. Não propomos em pedagogia o *laisse-faire*. Mas o problema do monitor permanece. Contudo, o monitor verdadeiramente "não diretivo" talvez seja aquele que oferece a possibilidade ao *grupo de autoafirmação* – e não mais ao "grupo de formação" – de estruturar ele mesmo as condições da pedagogia.

Rogers fez com que o problema da não diretividade pedagógica avançasse de forma extraordinária. Faltou-lhe um elemento essencial: ao colocar claramente o problema da autoformação sob a conduta do monitor não diretivo, ele não vai até o limite de seu pensamento, que implica a autogestão da formação, isto é, a politização consciente da pedagogia[14].

*

Logo veremos que a autoformação, a autogestão educativa e a pedagogia institucional implicam, ao contrário, uma atividade instituinte dos alunos. Isso permite superar os limites do "trabalho livre por grupos" no qual, segundo a expressão de R. Cousinet o professor deve se limitar a "organizar a escola". – Descobrimos, portanto, que a verdadeira não diretividade educativa supõe que nos elevemos do nível dos grupos ao das instituições.

Basta-nos, nessa etapa de nosso caminho, ressaltar esse primeiro tema que reúne e ilustra tudo o que foi dito, neste capítulo, sobre o nascimento e o desenvolvimento da psicologia dos grupos, das organizações e das instituições. Evocamos o horizonte político e, também, o problema da autogestão social. Mas, também sob esse ponto de vista, o problema da relação entre os grupos e as instituições está colocado: a autogestão social verdadeira não é apenas a autogestão das empresas, das escolas e das organizações sociais de base; é, se isso for possível, a autogestão da sociedade em seu conjunto. É o enfraquecimento do Estado e sua substituição por uma autorregulação não burocrática das relações entre os grupos e as organizações que constituem uma sociedade.

Observa-se assim que o problema dos grupos, – dando a esse termo seu significado mais amplo –, remete sempre e necessariamente ao das instituições. A democracia dos grupos não significa quase nada se ela não se integrar em uma democracia institucional.

---

14. No artigo já citado do *Bulletin de Psychologie*, J.C. Filloux chega a conclusões bem próximas. Ele escreve em relação à personalidade "ideal" compreendida pelo rogerismo: "Mas é possível se perguntar se tal pessoa é possível no mundo assim como ele é, mais exatamente no sistema social assim como ele é [...]. Talvez uma das implicações mais estimulantes do rogerismo, no nível tanto da psicoterapia como das aplicações psicossociológicas, seja tal que ele mostra a necessidade de transformar de uma certa maneira as estruturas, caso se queira humanizar o homem e realizar em todos os níveis uma autêntica comunicação".

Esta relação foi descoberta por caminhos separados, mas convergentes: as reflexões sobre os problemas do socialismo, da psicoterapia institucional e da autogestão educativa encontram esse mesmo problema. Não podemos abordar os problemas dos grupos sem abordar ao mesmo tempo os das organizações e das instituições.

2
OS GRUPOS (PESQUISA-FORMAÇÃO--INTERVENÇÃO)
A FALA SOCIAL

Todo grupo se distribui tarefas, escolhe responsáveis para assumir determinadas funções; ou seja, todo grupo humano se organiza. E isso qualquer que seja sua finalidade: produção, prática religiosa, gestão ou agitação política. Mas de onde vem a organização? E de onde vem o grupo?

Um grupo é constituído por um conjunto de pessoas em inter-relações e que se agruparam por razões diversas; a vida familiar, uma atividade cultural ou profissional, política ou esportiva, a amizade ou a religião... No entanto, todos esses grupos – equipes, oficinas, clubes, células –, parecem funcionar de acordo com processos que lhes são comuns, mas que não se tem o costume de observar espontaneamente. Vivemos em grupos sem necessariamente ter consciência das leis de seu funcionamento interno.

Quais "leis" são essas? Em uma equipe de trabalho, por exemplo, e qualquer que seja a tarefa a ser feita, os principais fatores de funcionamento são uma meta (ou um "objetivo") em princípio comum, tarefas concretas comuns, um sistema de participação (as pessoas comunicam-se de acordo com certas modalidades) um sistema de direção ou de animação do grupo, um conjunto de regras ditas de procedimento (de voto, de presidência, de secretariado...). A análise sistemática e científica dessas características gerais da vida dos grupos foi chamada por Kurt Lewin "dinâmica de grupo".

Em uma primeira etapa, o termo "dinâmica de grupo" designou uma ciência experimental, praticada em laboratório e em grupos artificiais reunidos para fins de experimentação. Essas experiências obedeciam às regras fundamentais de toda pesquisa experimental: controle das variáveis, aparelhagem experimental, quantificação das observações. O objeto delas é o funcionamento do grupo, a coesão e as comunicações, a criatividade dos grupos, o comando.

Em uma segunda etapa, o mesmo termo designou o trabalho do especialista em dinâmica de grupo que, sai de seu laboratório e vai cuidar da "resolução dos conflitos sociais". O psicanalista "conhece" o indivíduo a partir de sua intervenção terapêutica, cujo objetivo é obter a cura – isto é, uma mudança da personalidade. O psicossociólogo prático "conhece o grupo ao organizá--lo", e a sociedade ao modificá-la. Desta vez, seu conhecimento científico se estabelece a partir de uma prática social e seu laboratório são os grupos reais, as organizações sociais.

Não se pode conhecer e compreender a dinâmica de grupo caso se ignore essas duas dimensões de pesquisa e de ação.

No sentido original, portanto, a *dinâmica de grupo* constitui o setor de pesquisas aberto por Kurt Lewin e seus assistentes por volta de 1938-1939. Em um sentido mais amplo, e mais popular, o mesmo termo tende a designar tanto o conjunto das pesquisas experimentais sobre os pequenos grupos como todas as *técnicas de grupo* que constituem os meio ditos de aplicação. Essas técnicas são instrumentos de formação, de terapia, de animação e de intervenção que têm como denominador comum apoiar-se no *grupo*.

Desde a morte de Kurt Lewin (1947), os trabalhos sobre os pequenos grupos multiplicaram-se, e a psicossociologia dos grupos tornou-se um campo autônomo da pesquisa e da ação junto com seus laboratórios, pesquisadores, sociedades e também seitas e ideologias. Dessa forma na França, atualmente, o "psicossociólogo" é aquele que trata as relações humanas nas empresas, ou que forma os quadros e os trabalhadores sociais nos seminários de psicossociologia. Ou seja, ele é principalmente um prático, como o psicanalista, do qual ele, além do mais, empresta conceitos e modelos de intervenção.

Em 1940, ao contrário, o especialista em dinâmica de grupo era um homem de laboratório, separado de uma prática dos grupos desenvolvida em outros lugares, no tratamento das "relações humanas" ou na psicoterapia de grupo. Houve, portanto, convergência, pelo menos parcial, entre a pesquisa e a ação.

Examinaremos essa convergência abordando sucessivamente:

1) as pesquisas teóricas e experimentais sobre os grupos;
2) os problemas da formação;
3) a intervenção psicossociológica.

A pesquisa

A pesquisa em dinâmica de grupo trata essencialmente da coesão nos grupos, das comunicações, do desvio, da mudança e da resistência à mudança, da criatividade dos grupos, do comando.

1) A coesão

A noção lewiniana de dinâmica de grupo supõe que se possa definir um grupo como um sistema de forças. Sendo assim, será possível distinguir, por exemplo, forças de progressão e forças de coesão, as primeiras são aquelas que "atraem" um grupo para os objetivos que ele se atribui, as segundas são aquelas que motivam os membros a permanecer no grupo (Figura 1). Em certos grupos ditos "naturais", os fatores de coesão podem dominar: portanto, em um grupo de amigos, que desejam principalmente (busca de um objetivo comum) "estar juntos". Vários critérios de coesão já foram apresentados: por exemplo, segundo Cartwright e Zander[1], a coesão confunde-se com a atração exercida pelo grupo sobre seus membros. Podemos separar duas séries de fatores: de um lado, certas propriedades do grupo (objetivos, tamanho, modo de organização), do outro, a propriedade que o grupo tem de satisfazer as necessidades de seus membros (necessidades interpessoais, de segurança etc.).

---

1. CARTWRIGHT, D. & ZANDER, A. *Group Dynamics*: Research and Theory. Londres: Tavistock, 1954.

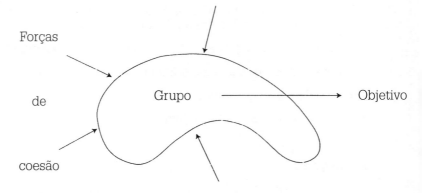

Forças de coesão

Grupo → Objetivo

Figura 1 A coesão e o objetivo

Entre os fatores de coesão do grupo, podemos distinguir em função dos objetivos do grupo:

- A pertinência dos objetivos. (Foram bem-escolhidos?)
- A clareza dos objetivos: isso implica uma concordância na percepção dos objetivos pelos diferentes membros do grupo.
- A aceitação do objetivo pelos membros.

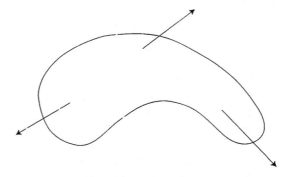

Figura 2 A divergência dos objetivos e o esfacelamento do grupo

Esses acordos dos membros definem forças de atração; as divergências constituem, ao contrário, forças de repulsão. Se as segundas dominam, é possível observar alguns processos de esfacelamento dos grupos (Figura 2).

2) As comunicações

A noção de "comunicações" foi importada da cibernética para a psicologia dos grupos. Segundo N. Wiener, "a natureza das comunidades sociais depende em uma larga medida de seus modos intrínsecos de comunicação"[2]. O problema das comunicações é o das trocas no grupo. Os problemas da comunicação nos grupos podem ser abordados sob vários aspectos.

a) C. Faucheux[3] distingue duas direções de pesquisas:

• O estudo das *redes de comunicação* em que, "após Bavelas, procura-se determinar os efeitos das estruturas dos canais de comunicação sobre a circulação da informação e sua estruturação progressiva, sobre a eficácia respectiva de certas estruturas na resolução de problemas ou na emergência de determinados papéis (o de líder, p. ex.) etc."

• A *dinâmica geral das comunicações* estudada principalmente por Festinger[4].

b) Em uma perspectiva de inspiração sociométrica distingue-se:

• Redes de comunicações *formais* (redes oficiais, como as circulares em uma administração ou uma empresa, os relatórios e notas de serviço etc.).

• Redes de comunicações *informais* (conversas de corredor em um congresso, rumores etc.).

c) Deve-se ainda distinguir:

• *Processos de comunicações* (Quem fala com quem? Fala-se muito ou pouco? etc.).

---

2. WIENER, N. *Cybernétique et société*, 1964 [trad. francesa].

3. FAUCHEUX, C. "La dynamique de groupe". *Année Psychologique*, 1954.

4. FESTINGER, L. et al. *Theory and experiment in social communication*. Ann Arbor, 1950.

- *Atitudes e comportamentos* de cada um dos membros do grupo na esfera das comunicações (quais atitudes dos animadores de uma reunião facilitam, ou não, a comunicação dos membros etc.).

d) Existem comunicações:
- Verbais.
- Não verbais(balançar a cabeça, ler ostensivamente o jornal durante uma discussão).

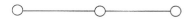

Figura 3 Comunicação em cadeia

e) Em um grupo a informação circula:
- Em cadeia (Figura 3).
- Em estrela (Figura 4).
- Em círculo (Figura 5).

Essas estruturas de comunicações têm consequências sobre a vida do grupo, sobre seu "clima": a comunicação em estrela favorece o rendimento, mas pode desenvolver frustrações e, consequentemente, manifestações agressivas; ao passo que a comunicação em círculo é mais satisfatória no nível dos sentimentos do grupo, mas pode ocasionar perdas de tempo.

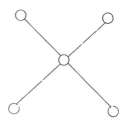 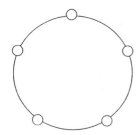

Figura 4
Comunicação em estrela

Figura 5
Comunicação em círculo

3) O desvio

Nos grupos, pode-se ainda observar uma *pressão para a uniformidade* que, em consequência, implica principalmente a rejeição dos desviantes, isto é, dos membros que não adotam os valores, as normas e os objetivos do grupo. Um membro desviante torna-se um problema para o grupo: enquanto se tende a rejeitá-lo, pode-se levantar a hipótese de que ele poderia trazer ao grupo elementos novos, soluções aos problemas que o grupo se coloca. Por isso, então, os esforços para conquistá-lo para o grupo.

A relação com o desviante foi tema de várias experiências. Em uma delas, a rejeição aos desviantes foi estudada em função da motivação do grupo: quanto mais forte é a motivação, tanto maior é a tendência a rejeitar o desviante (grupos de crianças constroem modelos reduzidos). É um concurso. A recompensa do grupo vencedor pode ser a projeção de um filme, ou então andar de avião pela primeira vez. No segundo caso, a rejeição ao desviante, que sabota o trabalho do grupo, será mais forte do que no primeiro (no qual a motivação é mais fraca).

Mais um exemplo: Reúne-se um grupo experimental de 10 pessoas, das quais 3 (psicólogos) devem desempenhar papéis bem-definidos, desconhecidos dos outros 7 membros. O primeiro psicólogo assume o papel do "indivíduo modal" que se alia à maioria; o segundo é o "indivíduo móvel" que se opõe e, depois, se alia; o terceiro é sistematicamente desviante (oposto ao grupo). Propõe-se a organização do grupo: o membro modal e o membro móvel obtêm a presidência; e propõe-se ao desviante o lugar de secretário para controlá-lo e calá-lo fazendo-o escrever. No nível das comunicações no grupo observa-se uma baixa significativa das mensagens direcionadas à pessoa móvel depois que ela se alia. O desviante polariza primeiro as comunicações. Depois se observa uma baixa que tende a isolá-lo, quando se constata que ele não se alia. Isso corresponde a uma baixa na pressão do grupo sobre o desviante a fim de se obter a "uniformização" do grupo.

4) As resistências à mudança – A decisão do grupo

A resistência à mudança foi estudada por Kurt Lewin ao longo da primeira intervenção psicossociológica, consagrada às mudanças dos hábitos alimentares[5].

Outra experiência, muitas vezes citada como "clássica", é a de Coch e French na *Harwood Manfacturing Corporation*[6]. Voltaremos a ela no capítulo sobre a *intervenção*.

5) A criatividade dos grupos

Os problemas da inteligência, do conhecimento e da invenção foram, até aqui, muito mais estudados no nível do indivíduo que no nível dos grupos; sobre esse ponto, mesmo a psicologia experimental do homem-indivíduo está meio século avançada em relação ao estudo experimental dos grupos. Contudo, para mostrar o que começou a ser feito nesse campo, vamos apresentar resumidamente os trabalhos efetuados na França por Claude Faucheux e Serge Moscovici no âmbito do CNRS e do Laboratório de psicologia social da Sorbonne[7].

Esses autores definem a criatividade como "um processo de elaboração de representações que têm uma riqueza de informação cada vez maior". É o mesmo que ocorre na descoberta de uma lei, em uma invenção científica.

Para estudar experimentalmente a criatividade dos grupos comparando-a com a dos indivíduos, Faucheux e Moscovici utilizaram dois testes: *as figuras de Euler* (Figura 6) e as árvores de Riguet (Figura 7).

No primeiro teste, propõe-se a uma pessoa tabuleiros com um número variado de casas, que devem ser completadas segundo

---

5. LEWIN, K. "Forces behind food habits: methods of change". *Bull. Nat. Res. Com.*, 108, 1943, p. 35-65.

6. COCH, L. & FRANCH JR., J. "Overcoming resistence to change". In: CARTWRIGHT & ZANDER. *Group Dynamics*. Op. cit.

7. FAUCHEUX, C. & MOSCOVICI, S. "Études sur la créativité des groupes". *Bull. Psych.*, 1, 1958, p. 15.

certas instruções. Por exemplo, a Figura 6a representa um tabuleiro no qual apenas uma vez o mesmo caractere encontra-se em cada coluna. Pede-se ao grupo experimental que complete a figura seguinte (Figura 6b) nas mesmas condições (vê-se que a casa a ser completada, assinalada por um x, só pode conter a letra B [A e C já estão na linha] e o número 3 [2 e 1 já estão na coluna]).

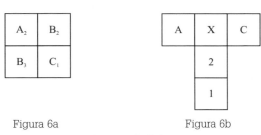

Figura 6a   Figura 6b
Figuras de Euler

Quanto à árvore de Riguet, ela constitui um teste no qual se pede às pessoas que desenhem árvores combinando 7 galhos (ou bastões) tentando encontrar o maior número de árvores *diferentes*. As árvores das figuras 7a e 7b são semelhantes. Por outro lado, a árvore representada abaixo (Figura 8) é diferente, pela combinação dos bastões, das árvores anteriores.

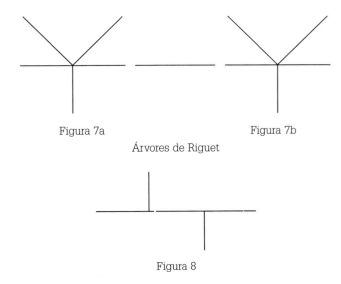

Figura 7a   Figura 7b
Árvores de Riguet

Figura 8

Nessa segunda prova, aplicam-se, aos indivíduos e aos grupos, duas instruções diferentes:

- Encontrar o maior número possível de estruturas (Riguet aberto).
- Encontrar as 23 estruturas possíveis (Riguet fechado).

Sem entrar no detalhe da experiência, daremos as conclusões dessas pesquisas feitas comparativamente e, sem esquecer, com indivíduos e com grupos:

a) A superioridade do grupo depende do tipo de tarefa. A interação social não é uma garantia de rendimento mais econômico.

b) Há um efeito positivo de grupo quando a organização da tarefa permite uma colaboração dos membros, colaboração suscetível de tornar mais flexível a percepção de cada um e de controlar, graças às regras existentes, sua produção.

c) Em um teste em que um efeito de grupo é possível, os grupos são mais originais do que os indivíduos.

O leitor verá rapidamente a importante consequência dessas pesquisas em pedagogia experimental, principalmente, sem que seja necessário insistir demais. Com certeza, tais pesquisas permitiriam resolver cientificamente os problemas colocados pela distinção "trabalho individual" e "trabalho em equipe", e efetuar escolhas pedagógicas mais lúcidas (sobre os problemas de trabalho em grupo, principalmente).

A formação

A história das teorias e das técnicas da organização passou por três fases:

1) Uma fase de racionalismo mecanicista (é o período dito das "teorias clássicas" de Taylor, de Fayol)[8].

---

8. TAYLOR, F. Apud MARCH & SIMON. *Les organisations, problèmes psychosociologiques*. Paris: Dunod, 1964.

2) Uma segunda fase que começa com Elton Mayo[9], prolonga-se, de um lado, com a sociometria e a dinâmica de grupo, de outro, com a análise das disfunções burocráticas.

3) A terceira fase (que se esforça para superar a precedente sem, todavia, rejeitá-la inteiramente) caracteriza-se por um *neorracionalismo* (March e Simon), bem como por uma ênfase aos problemas de poder (Crozier).

As teorias da formação seguem a mesma evolução que as teorias da organização das quais são o complemento e uma das dimensões práticas:

1) A primeira etapa corresponde à técnica dita do TWI.

2) A reação da "formação não diretiva", dos seminários de relações humanas e do treinamento aos diagnósticos dos grupos (Bethel etc.), face ao TWI é, evidentemente, a mesma reação que a de Elton Mayo face às concepções mecanicistas da organização.

3) A terceira etapa nas teorias e nas técnicas da formação ainda está no estado embrionário e experimental. Apoia-se nas análises de fenômenos de poder e em uma descoberta das dimensões institucionais e "políticas" da formação sem, no entanto, rejeitar toda a aquisição da fase anterior. Chamemos essa tendência da formação de "pedagogia institucional"[10]. Um quadro resume esse paralelismo:

	Organização	Formação
1ª etapa	Teorias clássicas (OST etc.)	TWI
2ª etapa	Relações humanas, dinâmica de grupos etc.	Formação não diretiva. T. Group
3ª etapa	Neorracionalismo, estudo das relações de poder	Pedagogia institucional. Autoformação

Uma vez delimitado esse quadro, abordemos agora os métodos de formação da segunda etapa, baseados na dinâmica de grupo.

---

9. MAYO, E. Apud MARCH & SIMON. Op. cit.

10. Cf. LAPASSADE G. "Um problème de pédagogie institutionnelle". *Recherches Universitaires*, 6, 1963.

Pouco antes de sua morte, em 1947, Kurt Lewin preocupa-se com problemas de formação. Ele morreu cedo demais para assistir e participar do início de uma experiência que permitirá a difusão mais intensiva, ou a mais fiel, das aquisições da dinâmica de grupo, ou seja, a invenção do grupo de formação (T. Group) em Bethel[11], entre 1947-1948, e sua difusão na França e na Europa a partir de 1955-1956.

Segundo L. Bradford, diretor do Seminário de verão (NTL) de Bethel (EUA), a invenção do T. Group é fortuita: ao longo de uma sessão, "os animadores adquiriram o hábito de se reunirem depois para estudar a dinâmica da sessão passada". (Realizavam apresentações e exercícios sobre a dinâmica de grupo.) "Quando os participantes (estagiários) souberam disso, mostraram-se profundamente interessados por essas discussões que então não aconteciam mais sem a presença deles." Trata-se aqui, como se diz no "jargão" atual, de um "staff aberto", isto é, da manutenção de uma reunião da equipe de animadores diante dos estagiários, que passam a conhecer o diagnóstico dos membros da equipe sobre o funcionamento de seus grupos.

Com isso é possível observar que esses T. Group, que uma determinada representação social define como esotéricos e iniciáticos, baseavam-se de fato, desde a origem, em um procedimento pedagógico muito simples: o monitor do grupo formula novamente para o grupo de estagiários as modalidades de funcionamento de seu grupo, o que permitiria a aprendizagem, a partir de uma experiência vivida aqui e agora, dos dados elementares da dinâmica de grupo (comunicações no grupo, procedimentos de tomadas de decisão, tratamento eventual dos problemas de desvio, coesão do grupo).

Essa é, pelo menos, a orientação que parece se destacar das primeiras "concepções americanas do grupo de diagnóstico"[12].

A forma privilegiada da formação na dinâmica de grupo é esse *Training Group* ou *grupo de formação* (também chamado,

---

11. BETHEL, Apud BRADFORD LELAND, P.; IR, G.J. & BENNE KENNETH, D. *T. Group Theory and Laboratory method*. Nova York: John Wiley & Sons, 1964, 498 p.

12. Ibid.

na França, grupo de base ou grupo de diagnóstico). Do que se trata? Essencialmente de uma *experiência vivida* daquilo que acontece em todo grupo, experiência discutida em comum, sob a conduta de um monitor.

Essa é uma invenção pedagógica que consistiu, sobretudo, em constituir um grupo que seja ao mesmo tempo sujeito e objeto de experiência: cada um "se forma", aprende a "diagnosticar" o funcionamento dos pequenos grupos observando *in vivo*, no grupo do qual faz parte, os mecanismos diversos, supostamente característicos da vida de todo o grupo.

O princípio de um grupo de formação é o seguinte: de 7 a 15 pessoas (de idade, sexo e profissão diferentes) que não se conhecem entre elas, reúnem-se para efetuar juntos, durante um determinado número de sessões, fixado de antemão, uma autoanálise de grupo. Um "líder" de formação pedagógica e psicossociológica está presente no grupo, mas *não participa do conteúdo dos debates*. Quando julga necessário, ele comunica ao grupo seu diagnóstico da situação. Suas "análises" sempre se situam no nível do grupo e não dos indivíduos que o compõem: elas dizem respeito ao processo, isto é, a dinâmica do grupo, a comunicação, o sistema de inter-relações, *a cooperação*, a determinação dos objetivos no grupo. Esse monitor pratica, assim, a pedagogia não diretiva, segundo a expressão emprestada a Carl Rogers[13].

O grupo de formação não tem uma tarefa estabelecida no início: para sermos mais exatos, diremos que sua tarefa consiste em expressar os processos de funcionamento do grupo, aprender a "dinâmica dos grupos" pela autoanálise daquilo que se passa *aqui e agora*. Esse é, em princípio, o "programa" ou "a ordem do dia" enunciado na *circular* de convite. No início, os papéis representados por cada membro do grupo não são nem definidos nem distribuídos. Mas progressivamente, e muitas vezes de maneira tácita, o grupo se organiza, toma consciência da distribuição dos papéis, percebe, enfim, que pode aceder à sua autogestão.

O grupo de formação obedece a uma regra que implica três "unidades":

---

13. Cf. ROGERS, C. Op. cit.

- A unidade de tempo: o grupo deve respeitar os limites de tempo previstos: 1 hora e meia ou e 2 horas por sessão.
- A unidade de lugar: reúne-se na sala prevista para isso, nas horas indicadas.
- A unidade de ação: o tipo de contribuição de cada um dos participantes e seu papel são definidos pela verbalização, que exclui o ato. Os problemas tratados são, em princípio, os do grupo e além do mais, é apenas nesse nível que o monitor intervém. Os problemas individuais só são discutidos na medida em que também determinam os problemas do grupo atual, *aqui e agora*.

De acordo com os momentos da vida do grupo, com a orientação e o estilo do monitor, a ênfase poderá ser dada às comunicações interpessoais, "valências" afetivas, operações, processos, escolhas e rejeições, cooperação, papéis, etapas de desenvolvimento do grupo. Mas em todos os casos, o monitor (animador, líder, formador), se abstém de participar do conteúdo da discussão, dar conselhos, distribuir papéis, organizar o grupo, propor temas de debates. É por isso que se diz, transpondo a essa pedagogia de grupo a terminologia de Carl Rogers, que esse monitor é *não diretivo*[14].

As principais características dessa atitude pedagógica são as seguintes: o monitor não fornece ao grupo *nem diretiva, nem julgamentos de valor*. Ressaltou-se muitas vezes que o monitor não diretivo não devia fornecer informações que pudessem ser utilizadas pelo grupo como diretivas de funcionamento e vividas como um "alimento gratificante" ou extorquidas por meio de manipulações. O monitor desvincula, portanto, sua participação de qualquer "dom" ao grupo.

Uma imagem cômoda, utilizada com frequência, para explicar esse tipo de atitude, é a do "espelho". Na relação do monitor com o grupo existe, no entanto, algo mais do que uma simples "reflexão". O monitor não julga, não aprova nem desaprova, ele busca compreender e ajudar o grupo, participando então, à sua

---

14. Cf. Ibid. • PAGÈS, M. *L'orientation non directive en psychotérapie et en psychologie sociale*. Paris: Dunod, 1965.

maneira, da vida desse grupo. Insistimos no fato de que se trata de sentimentos verdadeiramente experimentados pelo monitor e não de atitudes artificiais e puramente técnicas ou estratégicas.

Fora desses fundamentos da atitude do monitor, as modalidades de sua ação, como já observado, serão tão variáveis quanto o próprio grupo, uma vez que participam da mesma evolução.

O monitor pode intervir pela:

- *Reformulação*, isto é, pela reflexão sobre o grupo de sua própria imagem: ela se efetua de acordo com várias maneiras; trata-se menos de uma fria reflexão ótica do que comunicar ao grupo os sentimentos de um participante privilegiado, o monitor, considerado como o mais capaz de expressar o trabalho dialético do grupo.

- *Interpretação*, isto é, o enunciado das causas ocultas ou malpercebidas dos fenômenos aparentes. Aqui também, o monitor devolve ao grupo apenas aquilo que este originou.

A interpretação pode se efetuar:

- No nível do grupo.

- No nível das relações interpessoais como algo excepcional (e, neste caso, em uma perspectiva mais "sociométrica").

A escolha do nível e da profundidade da interpretação dependerá, evidentemente, do estágio de desenvolvimento do grupo e daquilo que ele pode aceitar naquele momento. Isso supõe, portanto, a aplicação do momento oportuno de intervenção (*timing*) e a seleção daquilo que é útil dizer.

A aplicação de conceitos e modelos psicanalíticos à compreensão daquilo que acontece no grupo de formação foi muitas vezes proposta. Essa comparação é válida pelo menos em um ponto: assim como o psicanalista não faz nada senão tornar claro ao paciente seu próprio desejo, da mesma forma, por sua atitude pedagógica não diretiva, o monitor contenta-se em revelar algumas potencialidades de mudança do grupo, isto é, *desejos*. Os dois modos de intervenção que assinalamos são apenas dois níveis dessa ação. Enquanto a reformulação é o enunciado do desejo expresso pelo grupo, a interpretação é a revelação de um desejo ainda "latente", inconsciente. Ela pode permitir ao grupo, por exemplo, tomar consciência daquilo que bloqueia seu funcionamento.

Ressaltou-se a necessidade de uma evolução da atitude do monitor em função da do grupo; sua participação no grupo se ressente dessa opção fundamental. Segundo certos autores, a maturação de um grupo deveria caminhar em direção à integração progressiva, e finalmente realizada, do monitor com o grupo. Trata-se naturalmente de uma integração do monitor com o grupo na qualidade de monitor, mas não na de participante emocional. Ele não comunica ao grupo sua experiência e suas emoções.

O desenvolvimento do grupo foi muitas vezes comparado ao de um indivíduo. A comparação deve ser formulada com reserva; ela tem, contudo, a vantagem de enfatizar dois aspectos importantes dessa maturação:

- O processo de desenvolvimento (nascimento de um organismo, infância, aprendizagem, "maturidade" ou estado adulto, declínio e morte). Algumas passagens e crises marcam essa evolução, que não é contínua.

- As relações sociais características das grandes etapas desse processo, de um estado de dependência inicial a um estado ideal de autonomia e de independência do grupo.

Diferentes modelos genéticos foram elaborados para explicar essa evolução. Esses modelos datam de 1955 (Bethel) e 1959 (França). Sem dúvida, o futuro permitirá uma avaliação da evolução das concepções francesas, principalmente o declínio da teoria dos estágios de desenvolvimento. Como observa Claude Faucheux em seu estudo das *Conceptions américaines du groupe de diagnostic*: a análise situa-se em duas perspectivas diferentes. Bennis e Shépard[15] situam sua análise no nível das comunicações e das relações interpessoais: relações com o monitor, clivagens em subgrupos. Blake[16] conduz o diagnóstico ao nível dos processos do grupo, da cooperação, da escolha

---

15. FAUCHEUX, C. "Les conceptions américaines du groupe de diagnostic". *Bull. Psych.*, n. esp., 1959.

16. Cf. relatório sobre o "T. Group". BETHEL, 1955.

dos temas de discussão, dos modos de tomada de decisão, do desenrolamento da discussão e do trabalho em grupo.

Essas divergências, ligadas aos objetivos da formação, conduzem a diferentes opções do monitor: para Bennis e Shepard, o grupo está centrado em uma melhor compreensão interindividual, mas, para Blake, o grupo está centrado nas técnicas de progressão que ele experimenta. No primeiro caso, trata-se de comunicar de maneira eficaz; no segundo caso, de operar de maneira correta.

Isso explica as variações na descrição dos momentos do grupo. Por isso:

- Bennis e Shepard distinguem duas fases: *uma fase de dependência* seguida de uma fase de interdependência, dividida em sequências; portanto, fases de inter-relações.

- Blake descreve três fases e mostra, por meio delas, a progressão do grupo para a organização.

- Claude Faucheux distingue, assim como os primeiros autores de Bethel, 4 estágios do desenvolvimento do grupo de "diagnóstico" ou grupo de formação:

a) a incerteza inicial;

b) a resolução dos problemas da relação do grupo com o monitor;

c) a resolução do problema da autoridade interna do grupo;

d) a conduta refletida.

- Max Pagès também observa que "geralmente os teóricos do T. Group concordam em distinguir 3 ou 4 fases..."

a) esforços dos participantes para manipular o líder e fazer com que ele desempenhe um papel convencional; fracasso desses esforços; tentativas de recorrer aos métodos clássicos (nomeação de um presidente, tema de discussão) fracasso dessas tentativas...

b) o grupo interroga-se muito mais sobre seus próprios problemas, mas com ansiedade e sem eficácia, com uma recrudescência do sentimento de fracasso;

c) tentativa de cooperação; concessões mútuas entre os membros; mas essa solução logo aparece como superficial e os desacordos subsistem;

d) o grupo parece recuar ainda mais em relação às suas dificuldades, busca suas verdadeiras razões; autoavaliação sem ajuda do monitor; progressão para os objetivos.

• Didier Anzieu desenvolveu um modelo genético: "nascimento, hesitações e apelos do grupo ao monitor-pai; atitude escolar, comentário dos textos e expectativa de um curso: crise de adolescência, dificuldade para analisar suas motivações e sua dependência, início na maturidade, o sentimento do "nós" e a organização interna: explosão das tensões e esfacelamento em subgrupos; acesso a uma maturidade superior pela análise e pela resolução das tensões, pelo estabelecimento de uma organização democrática; preparação para a morte ao recapitular a história do grupo e ao desejar uma sobrevivência". Em um trabalho posterior, Anzieu desenvolve 3 "modelos" aplicáveis ao funcionamento do grupo de formação. O primeiro é um modelo "cibernético", inspirado nos trabalhos de J. e M. Van Bostaele que consideram o grupo como um "sistema em equilíbrio cujos estados correspondem a uma sequência de operações observáveis". Esse modelo nos parece próximo das análises de Lewin sobre o equilíbrio quase estacionário nos grupos. Ele tende a explicar o grupo como estabelecimento e evolução de uma rede de comunicação. O segundo modelo é de inspiração psicanalítica. Certo número de analogias, de comparações frutuosas e de reais pontos comuns entre os ensinamentos da psicanálise e aqueles do grupo de formação podem ser evidenciados entre essas duas técnicas. Elas aparecem, de fato, como ressalta Anzieu, como "complementares para quem quiser compreender o homem em sua riqueza e influenciar sua progressão". O terceiro é um modelo dialético, inspirado na análise de Sartre em sua *Crítica da razão dialética*. Nós mesmos, assim como J. Ardoino, propusemos uma concepção sartreana do grupo de formação. Mas hoje pensamos que essa concepção deve ser profundamente revista em função dos problemas da estrutura do estágio.

Da aparente multiplicidade das concepções sobre a progressão de um grupo de formação, podemos ressaltar certo número de momentos:

a) Dependência em relação ao monitor, que se traduz pelo pedido de informações, de diretivas.

b) Fracasso desse pedido, e tentativa de funcionamento segundo os modos clássicos de reunião; essa fase coincide com uma contradependência e, geralmente, acaba fracassando, e a consciência aguda desse fracasso.

c) Elucidação das causas pessoais e de grupo para o fracasso, isto é, evidenciar e resolver (pelas vias da catarse e de uma conscientização em níveis variáveis) as tensões interpessoais.

d) Autoavaliação final do grupo, que se entrega ao seu primeiro "trabalho" bem-sucedido, isto é, à constituição de sua "história". Esse trabalho também é o único possível para o grupo de formação. Ele significa sua constituição como grupo, e sua morte.

Como se observa, a concepção betheliana da formação é essencialmente pedagógica. Ela o é:

• *Por suas origens*: uma parte importante dos monitores de Bethel são pedagogos que cooperam com os psicossociólogos.

• *Por suas fontes teóricas*: a técnica e a doutrina de Bethel situam-se na junção de diferentes correntes psicológicas (dinâmica de grupo, psicanálise, sociometria) e dos métodos ativos.

• *Por seus métodos*: a atividade de base de Bethel é, como vimos, o Training Group ou T. Group que é, como seu nome indica, *um grupo de formação*. Como escreve R. Meignez: "No T. Group, o monitor fala voluntariamente sobre as leis gerais do grupo, das quais o grupo presente seria apenas uma ilustração". É uma atividade didática. Isso coloca em questão o rigor não diretivo: e na intervenção do monitor assim descrita, podemos ver, de fato, a transmissão indireta de um saber.

E, efetivamente, o grupo de formação aparece um pouco como o instrumento de uma formação acelerada. A própria noção de "monitor" adquire aqui todo seu caráter pedagógico. Ao lado do T. Group, existem em Bethel outras atividades educativas: as oficinas de capacitação (*skill groups*) nas técnicas de grupo, as conferencias e seminários etc. A organização das atividades apresenta o mesmo caráter escolar: o emprego do tempo, definitivamente bastante tradicional, decidido pelos monitores que distribuem ao longo do dia e da estadia as diversas formas de uma aprendizagem. A pedagogia betheliana tende a ser *não diretiva* apenas no nível do T. Group. Em contrapartida, ela é *diretiva*, isto é, tradicional, ou como diria Rousseau, "positiva", no nível das estruturas do estágio. Essa é a contradição profunda da formação em Bethel; hoje, pelo menos na França, essa consciência começa a aparecer.

Em outros termos, e para finalizarmos nesse ponto: a estadia de verão de Bethel constitui um estágio de formação e de aperfeiçoamento em psicossociologia com base em métodos não diretivos. Esse estágio é organizado em intenção a todos aqueles que julgam útil aperfeiçoar seus conhecimentos em psicologia dos grupos.

*

A pedagogia não parece, no sistema betheliano, ir até a análise do conjunto institucional. Tudo acontece como se os monitores bethelianos limitassem a aprendizagem dos estagiários no nível dos pequenos grupos, o conjunto do estágio não é considerado como um *Grupo total* de análise.

No campo da psicologia social, recorta-se assim um setor das relações interpessoais e das operações microssociológicas que não ultrapassam as dimensões e as atribuições dos grupos restritos (*small groups*). Para que seja de outra forma, seria preciso ao menos que a totalidade do estágio (ou seja, a instituição betheliana) também fosse submetida a uma análise psicossociológica análoga àquela que se institui nos grupos de formação.

Seria necessário que a pedagogia de Bethel fosse não apenas uma *pedagogia de grupo*, mas ainda uma *pedagogia institucional*. Mas não é assim. Sem dúvida essa limitação se deve:

• *Aos fatores culturais e estruturais* ligados à organização e à ideologia da sociedade americana, bem como ao conjunto da sociedade industrial e capitalista. Essa sociedade pede aos seus trabalhadores tanto uma certa iniciativa quanto uma certa adesão às estruturas existentes.

• *Às razões mais técnicas*: os grandes grupos funcionam segundo processos dinâmicos menos inventariados, e consequentemente menos controláveis e analisáveis, do que os grupos restritos de 10 a 15 participantes.

• *Ao psicologismo eclético dos animadores de Bethel*, que implica a cooperação das diferentes concepções psicossociológicas, psicopedagógicas e psicoterapêuticas (entre outras as concepções freudiana, rogeriana, lewiniana, moreniana etc.).

O modelo betheliano tem a vantagem de ser o primeiro a abrir um caminho para a formação ativa em psicossociologia; mas convém observar seus limites se quisermos levar mais adiante o que permanece implícito nos métodos praticados no interior desse primeiro modelo.

Devemos reconhecer à escola de Bethel ao menos uma qualidade essencial: a invenção e a difusão de uma pedagogia que, mesmo mantendo certas ligações com a nova escola, vai, no entanto, muito mais longe na direção da não diretividade.

A não diretividade tende a ser completa e efetiva, como vimos, pelo menos no nível do T. Group (a atividade fundamental de Bethel). Foi dali que surgiu uma nova corrente de pensamento e de ação: uma corrente que questiona o educador em sua relação pedagógica, em sua *práxis*, e que abre o caminho para uma análise crítica das relações humanas e da organização social no mundo contemporâneo, por meio da crítica das relações diretivas de formação.

É o que destaca o estudo consagrado por J. Ardoino ao "grupo de diagnóstico, instrumento de formação"[17]. Instrumento de

---

17. ARDOINO. *Propos actuels sur l'Éducation*. Paris: Gauthier-Villars, 1964.

formação? Atualmente, alguns poderiam até mesmo reconhecer que, às vezes, o T. Group tende a se tornar um instrumento terapêutico, ainda que não pertença explicitamente ao repertório das diversas formas de psicoterapias de grupo, ou em grupo, apresentadas principalmente por Slavson[18], Moreno[19] etc. O T. Group permanece em princípio um instrumento que almeja formar, e não curar. Sua clientela atual divide-se, contudo, como bem observou Pingaud[20], em clientela pedagógica (os trabalhadores sociais, educadores, quadros) e clientela terapêutica (os mesmos, às vezes, e aqueles que vêm individualmente).

Existem outros métodos de formação no e pelo grupo, citemos a *discussão de caso*, a utilização pedagógica do psicodrama, em todas essas técnicas, o aspecto "dinâmica de grupo" permanece presente, mais ou menos acentuado, mais ou menos "conduzido" de acordo com as circunstâncias, com as escolas, comas necessidades. Esses métodos, ou pelo menos alguns deles, são utilizados nos *seminários de formação em dinâmica de grupo* organizados por cada equipe, na França, para atender uma clientela variada (educadores, executivos, sindicalistas), uma vez que o princípio do T. Group, e desses seminários (em que ele permanece o instrumento "de base"), é a heterogeneidade social dos participantes.

Já seria possível considerar os grupos de diagnósticos, ou os grupos de discussão de "casos", como técnicas de grupo. Mas existem outras, mais simples, e que almejam, principalmente, animar encontros, reuniões. São procedimentos que, muitas vezes, não implicam necessariamente a abordagem psicossociológica essencial, isto é, a análise de grupo.

Essas técnicas e procedimentos mostram bem as ambiguidades de uma psicossociologia prática que pretende ser ao mesmo tempo libertadora e, no mesmo movimento, utilitária e reformista. Essa ambiguidade é ainda mais visível no nível das práticas da intervenção.

---

18. SLAVSON. *La psychologie de groupe*. Paris: PUF.

19. MORENO. *The first book on group psychotherapy* [1932]. Beacon House, 1957.

20. PINGAUD, B. "Une expérience de groupe". *Le Temps Modernes*, mar./1963.

A intervenção

Para os psicossociólogos, intervenção significa ação em uma organização social, a pedido dessa organização, com a finalidade de facilitar certas mudanças.

Para isso, eles primeiramente realizam entrevistas individuais ou de grupos, depois uma primeira síntese que é comunicada (*feedback*) ao conjunto dos executivos ou mesmo dos trabalhadores da organização "cliente". Começa então uma segunda fase dos trabalhos em comissão. (Desde o início da intervenção, foi constituída uma equipe de pesquisa que reúne os psicossociólogos e os responsáveis da empresa.)

A intervenção continua então com a realização das reuniões de equipes. Graças à análise dos resultados das entrevistas, à ação sobre determinadas estruturas da organização, às reuniões de comissões, assiste-se progressivamente ao degelo das comunicações, ao contato entre os serviços... Mas também é preciso que a própria direção seja capaz de assumir essas mudanças, e as tensões que essa *socioterapia* provoca. Às vezes o tratamento pode ser, sob diversos pretextos, interrompido... Na verdade, isso significa, na maioria das vezes, que a vontade geral do grupo foi descoberta. Cada um pôde entrever a possibilidade de participar das decisões, administrar a empresa. Esse é o horizonte último e verdadeiro da intervenção psicossociológica – não o privilégio do grupo, mas a *autogestão* de todos os grupos, das organizações, da sociedade em seu conjunto. Como todos sabem, a autogestão social não é um modelo psicossociológico; é o produto do movimento socialista, da experiência do proletariado. Se, hoje, a psicossociologia encontra esse problema, isso ocorre por várias razões: em primeiro, todas as pesquisas sobre os grupos mostraram que a produtividade obtém seus melhores resultados quando todos "participam" das decisões. Em seguida, a autogestão social supõe, se quisermos evitar a burocratização, um refinamento constante dos métodos de decisão coletiva no nível dos comitês de gestão, dos sistemas reguladores. Os iugoslavos começam a descobri-lo, e a praticar a dinâmica de grupo. Por último, e sobretudo talvez, a psicologia lembra aos "políticos" e aos tecnocratas que o socialismo não é apenas assunto de economia e de instituições jurídicas: ele supõe uma mudança na cultura, nas motivações, na *vida afetiva* dos grupos.

A primeira intervenção foi realizada por Kurt Lewin, por volta de 1943. Ela ocorre nos conflitos sociais: nos conflitos raciais, por exemplo. Lewin facilita trocas julgadas necessárias; ele trabalhou para a mudança dos hábitos alimentares em período de penúria. Tratava-se, em 1943, de estimular a compra e o consumo dos pedaços de carne menos nobres (vísceras de boi) em 6 grupos de 13 a 17 donas de casa. Três grupos assistiram a *seminários* de 45 minutos consagrados à riqueza das vísceras em vitaminas, e aos conselhos culinários. Os três grupos participavam de discussões coletivas com um especialista em nutrição colocado à disposição deles.

Os resultados obtidos foram os seguintes: 3% das donas de casa dos três primeiros grupos, e 32% dos outros grupos, mudaram seus "hábitos alimentares". Esses resultados mostram a eficiência das decisões tomadas em grupo. Mostram também que o psicossociólogo conhece os grupos ao modificá-los, de acordo com o princípio lewiniano da "busca da ação" (*action research*). Eles inauguram enfim um novo campo de pesquisa, que consistirá em analisar e tratar os problemas da mudança social.

Outra intervenção, citada com frequência, foi realizada em uma empresa de confecção, a Harwood Manufacturing Corporation, por Coch e French. Essa empresa lutava contra a resistência dos funcionários às mudanças nos postos de trabalho, em função da evolução das técnicas, resistência que se manifestava pela queda de rendimento, partidas, hostilidade em relação à direção, redução da reciclagem. A experiência efetuou-se com 4 grupos de operários:

• No primeiro grupo (18 operários) explicaram-se simplesmente as necessidades das mudanças.

• No segundo grupo, os representantes dos funcionários participavam das decisões.

• Nos outros dois grupos (7 e 8 operários), todos os trabalhadores participavam das decisões. Foi nesses últimos grupos que a mudança foi mais bem-aceita, ao passo que a resistência era mais forte no primeiro.

Uma célebre intervenção foi efetuada pelo doutor Elliot Jaques[21] em uma fábrica de mancais, a Glacier Metal Company, situada na periferia londrina, e que contava com cerca de 1.500 trabalhadores. Em abril de 1948, iniciou-se a primeira fase de implantação da intervenção (a função dos psicossociólogos é esclarecida, eles não têm função de direção da empresa, são simplesmente "consultores"). Em julho de 1948, intervém a equipe de 8 membros, dirigidos por E. Jaques. Essa equipe se mantém à disposição do coletivo. Entre 1948 e 1951, ela é consultada por diferentes grupos que lhe pedem ajuda para resolver problemas de remuneração, de comitê de delegado dos funcionários etc. Por meio dessas intervenções, analisa-se a estrutura social da empresa, sua "cultura" (convenções, costumes e tabus) e a personalidade dos membros. Trabalha-se principalmente para facilitar as comunicações na empresa, esclarecer os papéis, deixar claro as responsabilidades.

A intervenção psicossociológica nas empresas, e mais geralmente nas organizações sociais, apresenta certos traços essenciais que poderíamos primeiramente ilustrar com um exemplo literário. Em O castelo, de Kafka, vemos K., o agrimensor, chegar ao vilarejo com a intenção (ou a missão?) de determinar as "fronteiras": essa é sua profissão. Mas ele procura o "cliente", indivíduo ou organização, que o chamou e logo se depara com as *resistências* do grupo que tomam diferentes formas e se manifestam por meio de alguns sintomas: Como telefonar ao castelo? As comunicações funcionam mal. O castelo é essa organização petrificada, "burocratizada", com sua complexidade secreta que o psicossociólogo descobre quando aborda os problemas de sua sociedade pelo viés de uma organização que o chama para uma consulta.

A intervenção psicossociológica nos grandes grupos (empresas, administrações, escolas, hospitais...) implica um certo número de técnicas específicas. Um primeiro diagnóstico é efetuado a partir de entrevistas e questionários: o objetivo é adquirir ao mesmo tempo um conhecimento objetivo da organização cliente e saber como ela é percebida pelos seus membros (pois essa organização pratica uma política de vendas, ou de produção, ou de publicidade etc., e seus membros percebem de forma mais ou menos clara essa política, aceitando-a ou rejeitando-a).

---

21. JAQUES, E. *The changing culture of a factory*. Nova York: Dryden, 1952.

Além do mais, uma empresa é um "grupo de grupos". Ela reúne equipes, escritórios, oficinas, segundo determinadas formas de organização. Entre esses grupos, a informação circula de acordo com modalidades formais (circulares etc.) ou informais (rumores...). Essas comunicações se deparam com certas barreiras, que podem ser retiradas. Esse pode ser um dos objetivos da intervenção que atinge uma nova fase pela comunicação (nomeada *feedback*) dos primeiros resultados. Esses resultados podem ser trabalhados pelos grupos, ao longo de reuniões que implicam certas técnicas de animação. Por sinal, desde o início da intervenção, muitas vezes há um esforço para criar grupos reguladores escolhidos entre os membros da organização cliente. É com esses grupos, ou comitês, que o trabalho prossegue e se amplia provocando a implicação cada vez maior, cada vez mais profunda, dos outros membros da organização.

Esse é, pelo menos, o objetivo visado: fazer com que os membros do grupo se responsabilizem pelos problemas que, em princípio, lhes dizem respeito aqui e agora; procurar com eles as soluções, determinar as mudanças necessárias e facilitar aquelas que provocam resistências. Podemos ver o caminho percorrido desde as primeiras pesquisas de Elton Mayo: hoje a oficina está situada na totalidade da empresa, os pequenos grupos são analisados em seu contexto institucional, e não é mais concebível que a intervenção possa ser limitada a um setor parcial. A experiência conduzida na Glacier Metal Company por E. Jaques, e que diz respeito a todo o sistema da empresa, adquire assim um sentido bem diferente das pesquisas feitas, 20 anos antes, em algumas oficinas-protótipo da Western Eletric Company, por Elton Mayo.

O mesmo pode ser dito para as intervenções de Max Pagès e D. Benusiglio[22] em uma empresa, e a de André Lévy[23] em uma instituição psiquiátrica.

---

22. BENUSIGLIO, D. "Intervention psychosociologique dans une grande entreprise de distribution". *Hommes et Techniques*, 15 (169), 1959.

23. LÉVY A. "Une intervention psychosociologique dans um service psychiatrique". *Sociologie du Travail*, 1963. Algumas intervenções foram efetuadas em meio rural por J. Dubost ("Psychologie Industrielle". *Hommes et Techniques*, 15 (169), 1959). Algumas intervenções foram efetuadas em escolas por A. de Peretti ("Relations entre directeurs, professeurs et élèves". *Éducation Nationale*, n. esp., 14/06/1962).

A intervenção parte[24] "do funcionamento psicossocial da empresa: problemas de coordenação entre serviços ditos funcionais e serviços ditos de execução, entre sedes sociais e unidades descentralizadas, problemas ligados à incompreensão das políticas da empresa, ou à sua interpretação em sentidos divergentes, executivos que aceitam mal seus novos papéis, métodos de comando inadaptados ao contexto social, mecanismos inadequados de contratação, formação, promoção, remuneração... Todos esses problemas interessam à empresa na medida em que é uma organização social, ou seja, *um conjunto de grupos sociais* (grupos de trabalho como os de serviços ou os ateliês, sindicatos, grupos com mesmos interesses, associações patronais, clubes, partidos políticos...). O funcionamento psicossocial da empresa é o funcionamento de cada um desses grupos e suas ligações mútuas; é em termos mais precisos, mas ainda muito gerais, a maneira pela qual estão ligadas as estruturas de grupo (de objetivos, papéis, normas, sanções), as comunicações entre os membros do grupo, e as motivações ou os desejos dos seus membros". Como se pode ver, a própria empresa (ou escola, liceu, hospital) pode ser definida como um grupo (ou um "grupo de grupos") cujo tamanho excede evidentemente o dos "pequenos grupos" (*small groups*) habitualmente estudados em laboratório. A dinâmica de grupo não é, ou não apenas, uma dinâmica *dos pequenos grupos*; ela também é, e ao mesmo tempo, uma dinâmica social que se aplica a esses "grupos" constituídos pelas empresas, organizações sociais, instituições.

O funcionamento psicossocial das empresas muda constantemente, assim como muda o conjunto da sociedade industrial. Em uma primeira aproximação, pode-se dizer que o psicossociólogo "consultor", que intervém na empresa, é chamado para facilitar essas mudanças, um pouco como o psicanalista e, mais geralmente, o psicoterapeuta são "práticos da mudança". Mas já citamos, precisamente em relação às resistências à mudança, os

---

24. PAGÈS M. "Éléments d'une sociothérapie de l'entreprise". *Hommes et Techniques*, 15 (169), 1959.

trabalhos de Kurt Lewin (mudança dos hábitos alimentares) e os de Coch e French, sobre a discussão de grupo e a decisão coletiva. Por sinal, com essa apresentação já estávamos no nível da *intervenção* em campo dos grupos sociais naturais mais do que no da experimentação de laboratório.

Essas experiências são ao mesmo tempo orientadas para a pesquisa pura sobre o funcionamento dos grupos (sua "dinâmica") e para a socioterapia de determinados conjuntos sociais. Pois assim como em biologia humana, o laboratório e a clínica médica se informam reciprocamente (como G. Canguilhem demonstrou no *Connaissance de la vie*), da mesma forma em dinâmica de grupo, há interação entre o trabalho experimental em laboratório e o trabalho clínico de campo, sem que no entanto o segundo seja uma simples aplicação do primeiro.

Mas como se desenrola uma intervenção? Max Pagès distingue três etapas que lhe parecem corresponder à dos grupos de formação (T. Group): uma fase de conscientização, uma de diagnóstico e uma de ação.

A fase de conscientização "consiste em localizar dificuldades sociais desconhecidas até então. Nessa etapa, essas dificuldades são ainda percebidas de uma maneira parcelar, elas são estão ligadas uma às outras".

A fase de diagnóstico é aquela ao longo da qual o grupo (neste caso, a empresa) "descobre a existência de uma rede complexa de causas que agem sobre o funcionamento do grupo e suas dificuldades".

A fase de ação é aquela ao longo da qual, "em uma empresa, são fixados novos objetivos a uma função, o organograma é refeito, comitês ou comissões de acompanhamento são estabelecidos, toma-se posição sobre novas normas que regem as atitudes dos funcionários uns em relação aos outros".

A intervenção supõe algumas técnicas: *as pesquisas*, efetuadas por meio de entrevistas ou questionários, que implicam o relatório (chamado "*feedback*") aos interessados; *as pesquisas sobre as comunicações e as estruturas*[25]; as pesquisas sobre a diferença de percepção dos objetivos e os papéis no interior de grupos de trabalho; o estudo sistemático das barreiras à comunicação ao longo de um circuito de trabalho que reúne diferentes operações que levam a uma tomada de decisão única (exemplo: entrada para a coleção de um artigo novo em uma loja); o estudo das escolhas sociométricas no interior de um grupo; a *organização de reuniões* para examinar os resultados de uma pesquisa, o que significa a participação ampliada dos membros da empresa na intervenção que tenderia a se tornar assim uma "pesquisa-participação".

Como se vê, ao longo dos últimos anos, o termo "dinâmica de grupo" adquiriu uma significação cada vez mais ampla, a partir de sua estrita significação inicial, que fazia dela a ciência experimental do funcionamento dos grupos.

Foi possível constatar que essa "ampliação" já existia no projeto lewiniano de ação social, de intervenção refletida e rigorosa nos processos sociais, de "*action research*".

1º) A corrente lewiniana, no entanto, viu-se rapidamente associada às outras correntes de pesquisa e de ação, que também deveriam ser apresentadas se nos tivéssemos proposto a um estudo exaustivo de todas as pesquisas sobre os grupos. São elas: a corrente "*interacionista*" na qual Claude Faucheux[26] distingue uma subtendência "naturalista", como Homans, e uma subtendência "experimentalista", como Bales[27], para citar apenas esses dois autores; a corrente *sociométrica*, fundada por Moreno[28], mas representada por um grande número de pesquisas e práticas; a corrente *psicanalítica* representada, principalmente, na escola inglesa por W.R. Bion[29]; a corrente *fatorialista* representada por Cattell.

---

25. Cf. LÉVY. *Psychologie sociale* – Textes fondamentaux. Paris: Dunoel, 1965.

26. FAUCHEUX, C. *La dynamique de groupe*. Op. cit.

27. BALES. Apud HARE; BORGATTA & BALES. *Small Groups, studies in Social interaction*. Nova York: Knopf, 1955.

28. MORENO, J. *Les fondements de la sociométrie*. Paris: PUF, 1954.

29. BION, W.R. *Recherches sur les petits groups*. Paris: PUF, 1965 [Trad. de E.L. Herbert].

2º) No nível da difusão e da utilização da dinâmica de grupo por diferentes grupos sociais viu-se desenvolver:

- Sua utilização em meio familiar, estimulada na França pela escola dos pais.
- A utilização em meio pedagógico, cujo número especial da *Education Nationale*[30] é um bom exemplo.
- A introdução dos métodos de grupo nos sindicatos, e principalmente no sindicalismo estudantil, apresentada pela *Recherches Universitaires*[31]. A psicossociologia se "politiza". É possível observar isso na sua prática, e nos esforços de elaboração teórica. Não podemos mais ignorar a contribuição relativamente indireta e crítica de J.-P. Sartre em sua *Crítica da razão dialética*[32]. Também é preciso mencionar aqui a colaboração de vários psicossociólogos franceses em um número da Revista *Arguments*[33]. Abordamos aqui o problema essencial.

As intervenções psicossociológicas ainda encontram as mesmas objeções ideológicas. O que se deseja ver nessas intervenções é apenas a última descoberta das classes dirigentes em seu esforço para manipular os trabalhadores e para instituir a colaboração das classes na empresa capitalista. A realidade não é, certamente, tão simples assim. É verdade que a intervenção nos grupos se propõe às vezes de forma explícita a reduzir as tensões, a fazer com que as mudanças sejam aceitas (postos, funcionários, "política"). Mas também é verdade que uma intervenção aumenta a conscientização dos problemas, e que ela revela todos os sistemas informais e conflituais produzidos pelos antagonismos de interesses. A discussão sobre a significação social e política da intervenção deve ser feita de outra forma.

---

30. "Le groupe maître-élèves". *Éducation Nationale*, 22, 14/06/1962.

31. "Les méthodes de groupe et le mouvement étudiant". *Recherches Universitaires*, 4-5, 1963.

32. SARTRE, J.-P. *Critique de la* Raison dialetique. Paris: Gallimard, 1960.

33. "Vers une psychosociologie politique". *Arguments*, 25-26, 1962.

É surpreendente que a crítica do burocratismo desenvolva-se na França, atualmente, em organizações e em grupos cada vez mais numerosos.

Eis alguns deles: clubes, sindicalismo estudantil, CNJA (Centre National de Jeunes Agriculteurs), todos os grupos em que a ideologia "modernista" expressa uma passagem, uma mudança. E qual é essa mudança? Aquela que caracteriza a sociedade neocapitalista: o advento dos "gerentes", o nascimento de uma nova burocracia, mais flexível, mais capaz de gerenciar a mudança técnica e social, a passagem histórica da fase B à fase C.

Contudo, é nessas organizações e nesses grupos que o psicossociólogo encontra novos "clientes"[34]. O "cliente" do psicossociólogo continua sendo uma organização, mas não uma organização qualquer. O que importa é sempre fazer a análise *sociológica* caso se queira compreender quem é cliente e por quê. O primeiro cliente era constituído pelas organizações industriais que procuravam resolver os problemas da burocratização (de tipo B). Os novos clientes não são as burocracias tradicionais das organizações profissionais, sindicais e políticas. Estas estão na defensiva, ou têm até mesmo uma resistência. Os modernistas da *burocracia*, por outro lado, pedem a intervenção dos psicossociólogos.

Mas aqui aparece um novo processo, efetivamente o mesmo que podíamos descrever a partir das intervenções nas empresas industriais. Em um determinado momento, a colaboração tende a dar lugar à "crise". O psicossociólogo não é exatamente o instrumento, ele não fornece o instrumento que se esperava dele. Ele não é, como diria Sartre[35], "a arma que é preciso arrancar das mãos dos capitalistas para voltá-las contra eles"; ou melhor, ele é isso e ao mesmo tempo é outra coisa. Chamado pela organização, ele desenvolve sobre essa base de partida uma ação que se pretende ao serviço de todos os grupos, e que libera um movimento suscetível de superar as novas formas, mesmos as mais modernistas, do poder, da autoridade.

---

34. Esses novos clientes são os neoburocratas de tendência modernista da fase C.

35. Cf. SARTRE, J.-P. *Critique de la Raison dialetique*: questions de méthode. Paris: Gallimard, 1960, p. 50.

Vamos examinar de mais perto o fundamento teórico da prática psicossociológica. Esse fundamento, hoje, é a dinâmica de grupo. O projeto fundamental da dinâmica de grupo é, no entanto, a autogestão social. Na verdade, o psicossociólogo prático ainda se considera como estivesse ao serviço de todos os grupos, como acabamos de dizer, e não de um grupo entre os grupos; esse é seu paradoxo, ou se preferirmos, seu jogo duplo. Convocado pela organização capitalista ou pela organização burocrática, entrista nessas organizações, ele só pode intervir ao pedido deles dando a palavra a todos os grupos, a todos os indivíduos, a todos os membros da organização. É exatamente por isso que, às vezes, o "cliente" acaba interrompendo a intervenção, quando descobre que ela pode extrapolar seu cálculo inicial, que ela não acontece mais inteiramente em seu proveito, no sentido econômico do termo. Como poderia ser diferente, no entanto? O psicossociólogo autêntico não quer escolher. Recusa-se a ser o instrumento manipulador dos manipuladores que o contrataram. E, caso aceite esse comércio, o preço é a renúncia ao que funda sua prática.

Não é, portanto, esse fundamento da intervenção, isto é, a teoria psicossociológica verdadeira, que está em causa nos desvios que alguns podem exercer em seu nome. Pois a verdadeira orientação teórica e prática da dinâmica de grupo inscreve-se na ambição de uma sociedade igualitária livre dos grupos dominantes, das ideologias da ignorância, da falsa consciência.

Não desejamos indicar de forma alguma que a psicossociologia poderia substituir algumas formas mais antigas de teoria e de prática revolucionárias. Também não estamos dizendo que o psicossociólogo não diretivo prenuncia o novo dirigente político, nem mesmo que os dirigentes do movimento operário deveriam integrar a psicossociologia como integraram a teoria econômica ao seu saber e à sua prática.

Afirmamos apenas que em seu setor de ação, a partir de uma situação ambígua como são hoje todas as situações políticas, o psicossociólogo pode, se desejar, e se conseguir basear sua prática em uma teoria vigorosa, participar da superação dos conflitos e das alienações que marcam a sociedade atual. Mas isso só pode ser feito se ele assumir parcialmente a situação assim como ela se lhe apresenta, e que, hoje, se define pela ideologia do modernismo. O psicossociólogo assume o modernismo para, ao mesmo tempo e no mesmo ato, superá-lo e preparar seu declínio.

Nesse ponto concordamos com a posição definida por Max Pagès: "O psicossociólogo deveria estar pronto a aceitar todos os compromissos, mas sem comprometimento: essa é a essência do não diretivismo. O não comprometimento equivale a não cumplicidade. É possível agir no nível das estruturas e das condutas, e mesmo assim permanecer aberto ao que significa em essência o comportamento sobre o qual se intervém [...]. Portanto, buscar as significações profundas sem confundi-las com o plano da ação. Por exemplo: a maneira pela qual se toma a decisão é importante. É possível fazer uma aula magistral, se ela não é fruto de uma decisão autoritária. É um compromisso. É possível organizar uma pesquisa estruturada, e dar conselhos. O psicossociólogo responde a essas exigências, mas visa, no entanto, mais adiante [...]".

*

Este último aspecto das contradições encontradas pela psicossociologia aparece mais claramente no momento em que o prático intervém nas organizações políticas para as quais a política é ainda um assunto separado e "privado" no conjunto do campo social. Ao recusar, de alguma forma, a alienação nessa vontade política nova, "gestionária", o psicossociólogo visa bem além da política, mesmo que o discurso por ele mantido e a forma conferida ao que ele libera tenham características da utopia.

Atualmente, as forças informais que acabaram recusando essa ideologia não podem ser detectadas pelo psicossociólogo, na medida em que ele é, parcialmente, o delegado nos grupos da nova burocracia, senão como balbucio quase patológico, "burburinho" do indivíduo despolitizado e privatizado. Mas talvez esses balbucios sejam de fato a expressão mais visível, a mais autêntica e a mais "avançada" da negatividade. Talvez eles apareçam um dia como os primeiros sintomas de um questionamento prático e "revolucionário" ou, ao contrário, niilista, sendo o niilismo o complemento do modernismo da sociedade neoburocrática em formação. Digamos que, momentaneamente, ele revela um "proletariado sociométrico"[36] que também é, já, um "proletariado político"[37].

Mas enquanto trabalhar para superar sua própria alienação profissional e política que acabamos de situar, enquanto desejar ser um homem em luta na história, ator e ouvinte da *fala social*, o psicossociólogo (o socioanalista) no momento mesmo em que a sociedade política recorre a ele, parece ainda inassimilável, ainda marcado em seu ato pelo sinal da mais profunda "despolitização", para além da política separada e que difunde "modelos funcionais" ou estruturas cortadas de sua origem sociopolítica.

Revela-se aqui finalmente o lugar da psicossociologia, o tema de seu trabalho. Não as organizações sociais como tais; nem mesmo as aprendizagens da comunicação, da cooperação e da gestão; nem mesmo ainda a educação social ou a terapêutica. Tudo isso continua se apresentando, à escuta psicossociológica, como expressão enfraquecida de uma dimensão mais profunda.

O psicossociólogo é antes aquele que, por sua prática, institui na sociedade um certo campo da fala. É preciso partir dessa evidência imediata, mas que não foi até aqui articulada. Quer seja no grupo de análise ou na intervenção, o "material" é linguagem, o projeto é liberar uma fala plena, para além das ideologias, da ignorância, da utilização da fala, nos grupos, para a dominação. A burocracia, o grupo, a organização, o indivíduo só estão aqui, no aqui e agora desse campo, na medida em que se enunciam, ou que, ao contrário, as instituições podem barrar no grupo recorrendo à censura social a emergência da expressão. Assim como no nosso mundo, no grupo de análise, os mal-entendidos são permanentes como é permanente também o fracasso da comunicação. Ao mesmo tempo, cada um se esforça para comunicar, dizer quem ele é, e aprender a falar com sua própria voz.

Quanto ao sociólogo, ele também lida com a linguagem. Na pesquisa, ele interroga, e recolhe as respostas. Mas elas não são para ele senão um significante entre outros significantes (estatutos, dados econômicos, signos de pertencimento social, fun-

---

36. Expressão emprestada de Moreno.

37. LAPASSADE, G. *Bureaucratie dominante et esclavage politique Socialisme ou Barbarie*, 40, jun.-ago./1965.

cionamentos institucionais). Por intermédio do psicossociólogo, a fala é, ao contrário, não apenas privilegiada, mas a única reconhecida, definitivamente, como o lugar exato de sua prática.

Assim como o significado da escrita automática nasce da equivalência, da associação estabelecida entre todos os materiais do discurso (com exceção de toda referência externa), da mesma forma o significado do grupo só aparece na palavra plena que torna transparentes a eles mesmos os membros do grupo. A regra do grupo de análise é "dizer tudo"; o princípio da *intervenção* é coletar a fala do grupo e fazê-la circular. Esses dois exemplos bastam para indicar como esse conceito da FALA SOCIAL deveria finalmente permitir a elaboração dos princípios da socioanálise.

Tudo isso está por ser feito, ou quase. Mas muitas indicações já foram elaboradas tanto nas análises da "falsa consciência"[38], da representação social[39] quanto nas correntes que tratam atualmente da psicanálise como abertura de um campo da linguagem[40], do psicodrama analítico[41] e da terapia institucionais como busca dos significantes[42]. São essas as pesquisas que se situam imediatamente nas fronteiras da pesquisa psicossociológica a ser empreendida[43].

A psicossociologia não é apenas, não é principalmente, o lugar de encontro e de conflito entre o indivíduo (psicologia) e a sociedade ou a cultura (sociologia). Também não é o ponto onde se deva estudar a *consciência social* (o que para alguns é outra maneira de definir o caráter "coletivo" dessa psicologia). Ela seria principalmente a abordagem da fala social com suas deformações, seu inconsciente, seus mecanismos de ignorância assim como eles ocorrem na linguagem, "aqui e agora", a partir do instante em que é instituída a regra fundamental de *dizer tudo* no e pelo grupo.

---

38. GABEL, J. *La fausse conscience*. Paris: De Minuit, 1962.

39. MOSCOVICI, S. *La psychanalyse son image et son public*. Paris: PUF, 1961.

40. LACAN, J. "Champ de la parole et de la conscience". *Psychanalyse*, 1, 1956.

41. ANZIEU, D. *Le psychodrame analytique chez l'enfant*. Paris: PUF, 1956.

42. TOSQUELLES, F. *Pédagogie et psychothérapie institutionnelle*. Paris, 1966.

43. Esta pesquisa define a psicossociologia como uma técnica da fala social.

3
AS ORGANIZAÇÕES E O PROBLEMA DA BUROCRACIA

O termo *organização* tem pelo menos duas significações:

- De um lado, ele designa um *ato organizador* que se exerce nas instituições.

- Do outro, ele visa *realidades sociais*: fábrica, banco, sindicato, são organizações (por volta de 1900, o que a sociologia chamava as instituições).

Chamarei, portanto, organização social uma *coletividade instituída para objetivos definidos* como a produção, a distribuição dos bens, a formação dos homens. Os três exemplos propostos designam as *empresas*, no sentido mais amplo do termo; e, mais precisamente, uma empresa industrial, uma empresa comercial, uma instituição de educação.

Até uma época muito recente, *o estudo* da organização e das organizações não era objeto, como destacaram March e Simon, de uma abordagem autônoma; não se encontrava um capítulo especial sobre as organizações nos manuais de ciências sociais; esse estudo não parecia suscetível de constituir um ramo específico do saber e da prática. Mas a situação evoluiu; uma *sociologia das organizações* nasceu. Descobrimos que existe uma "dinâmica das organizações" assim como existe uma dinâmica dos grupos. O que implica, hipoteticamente, que existem traços comuns, no nível das estruturas e do funcionamento, entre conjuntos aparentemente tão diferentes, para retomar os exemplos anteriormente citados, quanto a fábrica, o banco e o sindicato. Mas isso foi descoberto lentamente, e por meio de abordagens sucessivas.

E, sobretudo, a questão das organizações foi colocada por intermédio da questão da burocracia. E isso é compreensível: a organização desperta um interesse teórico e prático a partir do instante em que ela funciona mal. Mas essa abordagem "funcional" mascarou o verdadeiro problema, que é político. Vamos ver como, fazendo um exame crítico das teorias da burocracia.

1) Um problema político

O Estado de Hegel deve ser o triunfo da Razão: os conflitos são superados, ou mesmo suprimidos, e a história a partir de então deverá apenas desenvolver a sociedade burocrática. Esse é o fim da disparidade que justapunha até aqui, ao longo da história passada, as vontades individuais e a vontade coletiva, as corporações e todos os restos apodrecidos dos tempos antigos. A universalidade lentamente emergiu do trabalho que se realizou ao longo dos séculos, a história atingiu enfim sua idade adulta.

A filosofia hegeliana quer ser, primeira e principalmente, uma filosofia da maturidade. A maturidade concluída é a maturidade *política*, na qual os homens superam o egoísmo subjetivo do homem privado para se concluir e se realizar plenamente na existência política. Aí está o essencial da obra. Claro que é possível discutir sobre o ponto de saber se o Estado hegeliano é autoritário ou, ao contrário, liberal, e interrogar Hegel sobre muitos outros problemas. Porém, mais uma vez, o mais importante é a proclamação de uma Razão que enfim se realiza, que se torna efetiva e que habita o curso do mundo. É a afirmação de que a história está acabada.

Essa ideia permanece profundamente atual. Por isso, um século depois de Hegel, Max Weber descreve a burocracia como empresa de racionalização integral da produção e da vida social, o que leva Edgar Morin a apresentá-lo como "o Hegel da burocracia"[1]. Na realidade, a ideia fundamental de Max We-

---

1. MORIN, E. "Ce que n'est pas la bureaucratie". *Arguments*, 17, 1960.

ber, que domina as análises contemporâneas, já se encontra em Hegel.

Hegel proclama que a burocracia tem como missão introduzir a unidade na diversidade, o espírito do Estado na sociedade civil. A burocracia é a Razão em ato no mundo; é o advento de uma nova sociedade, um pouco como o indivíduo adulto, saído das hesitações da infância, organiza suas condutas e torna-se enfim senhor de sua história.

Hegel anuncia assim, ao "justificá-la", a era da burocracia como a nova figura da história, a aurora dos tempos modernos. E é verdade que desde Hegel, esse destino da história pode parecer se concluir: talvez tenhamos entrado no tempo da burocracia mundial, isto é, de um sistema burocrático que superaria progressivamente as *diferenças* entre os "regimes", os sistemas político-econômicos, para espalhar por toda parte o mesmo modelo de organização social e preparar um governo burocrático mundial.

Marx

Marx recusa a análise de Hegel. Ele mostra a negatividade burocrática: esse sistema "racional" é profundamente irracional; a burocracia de Estado não é o que parece ser; e conclui finalmente que ela deve ser destruída. O paradoxo é que a história parece ter dado razão a Hegel, indo contra Marx em nome de Marx. A destruição do capitalismo, assim como descrita por Marx, deu origem aos sistemas burocráticos que encontraram sua justificação teórica muito mais na filosofia hegeliana do Estado do que na *Crítica de Marx*. Esse enfrentamento das doutrinas não encontrou, mesmo atualmente, uma verdadeira conclusão. Quaisquer que sejam nossas preferências, não sabemos muito bem qual é nosso futuro. Nossa incerteza atual é a expressão de um século e, sobretudo, de meio século de debates no interior do pensamento marxista: debates cujo objetivo é dizer o que é a burocracia política, qual sua origem e qual seu estatuto no mundo de hoje.

Em 1841-1842, de acordo com J. Molitor[2], Marx redigiu uma *Crítica da filosofia do Estado de Hegel* que contém seu primeiro e mais longo estudo consagrado ao problema da burocracia.

Os editores das obras de juventude de Marx, Landshut e Mayer, apresentam a significação geral desse escrito sobre a filosofia política hegeliana: "Talvez Marx continue sendo o hegeliano mais verdadeiro. Pois, que outra ideia estaria mais no sentido da filosofia hegeliana do que pensar que depois do fim da filosofia como filosofia, a primeira operação do espírito deva ser forçosamente a não filosofia absoluta" (Introdução, p. XXII)[3].

Esses autores ainda escrevem: "O ponto de vista do qual parte Marx em sua crítica é uma negação pura e simples, não discutida expressamente, do ponto de vista filosófico como tal. Quando se refere de forma direta ao que comumente se chama realidade, coloca-se um fim à questão filosófica de saber o que ela é exatamente [...]. Como ponto de partida de sua *Crítica do Estado hegeliano*, Marx toma, portanto, a realidade empírica, efetivamente eficaz, da experiência imediata [...]" (p. XXIX).

Com efeito, essa "realidade empírica", ele a encontra descrita no próprio texto de Hegel. Isso aparece em várias passagens de sua crítica: a teoria de Hegel é "a simples descrição da situação empírica, de alguns países" (p. 90); e "o que Hegel diz sobre o poder governamental não merece o nome de exposição filosófica. A maior parte dos parágrafos poderia fazer parte, palavra por palavra, do código civil prussiano" (p. 97); finalmente, "Hegel nos oferece uma descrição empírica da burocracia" (p. 98).

A teoria hegeliana não é, portanto, uma "lógica" que substitui o "objeto", é uma lógica do objeto. Marx vê em Hegel, de alguma forma, um sociólogo não crítico da burocracia prussiana; e por isso sua crítica de Hegel acaba sendo uma crítica sociológica e política dessa burocracia; e, consequentemente, uma crítica

---

2. Obras completas de Karl Marx. *Oeuvres philosophiques* – Tomo IV: Critique de la philosophie de l'État de Hegel. Paris: A. Costes, 1948 [Trad. de J. Molitor] [Nossas citações de Marx são retiradas, salvo exceção indicada, dessa edição].

3. Cf. LAPASSADE, G. "Le deuil de la philosophie" [Kierkegaard e Marx]. *Études Philosophiques*, 1963.

mais geral da burocracia do Estado, elaborada usando os conceitos e o modelo da análise hegeliana – Estado, sociedade civil. A burocracia é o corpo administrativo do Estado. É o governo que garante seu recrutamento e sua formação: "Os indivíduos devem provar que são aptos aos assuntos do governo, ou seja, prestar exames. É ao poder governamental que pertence a escolha, para as funções públicas, dos indivíduos determinados". Os burocratas são assalariados do Estado: "A função pública é o dever, a vida dos funcionários. Portanto, é preciso que eles sejam remunerados pelo Estado" (p. 98). Esse corpo de burocratas constitui uma "classe média", que é "a classe da cultura". Esse é, essencialmente, o rosto da burocracia apresentado por Hegel; e será esse o ponto de partida da crítica.

Primeiramente, "Hegel não desenvolve nenhum conteúdo da burocracia, mas apenas algumas determinações gerais de sua organização "formal", e é verdade que a burocracia é apenas o formalismo de um conteúdo situado fora dela" (p. 99). Em oposição à sociedade civil, que é *o real*, a burocracia é, portanto, ao contrário, pura "forma", à qual Hegel destinava, no entanto, a missão de ser um terceiro elemento mediador entre o governo e o povo. Essa missão da burocracia origina outra fórmula irônica de Marx; ela é, como ele diz, o "Cristo" em relação à sociedade civil, o Cristo enviado pelo Pai – que é aqui o Príncipe –, para que a mensagem do Pai seja ouvida.

Na sociedade civil, existem as corporações:

> a corporação é a burocracia da sociedade civil; a burocracia é a corporação do Estado [...]. Ali onde a "burocracia" é um princípio novo, onde o interesse geral do Estado começa a se tornar um interesse distinto, em consequência de um interesse real, ela luta contra as corporações [...]. O mesmo espírito que, na sociedade, cria a corporação, cria, no Estado, a burocracia. Assim que o espírito de corporação é atacado, o espírito de burocracia também o é, e se antes ela combatia a existência das corporações para dar lugar à sua própria existência, ela busca agora salvar com todas suas forças a existência das corporações para salvar o espírito corporativo – seu próprio espírito (p. 99-100).

A sociedade civil é a vida social real; é, segundo a expressão de Jean Hyppolite, o mundo onde os indivíduos trabalham, trocam, concluem contratos; é, portanto, nesse exemplo, "o mundo da economia política"[4]. As corporações, organizações desse "mundo", são, portanto, segundo Marx, sua "burocracia". Mas é, ainda de acordo com ele, uma "burocracia inacabada" (p. 100). A burocracia de Estado é, ao contrário, "corporação acabada" (p. 100), pois "a corporação é a tentativa da sociedade civil de se tornar Estado; a burocracia é, portanto, o Estado que realmente se transformou em sociedade civil" (p. 100-101). Esta relação entre a burocracia e as corporações é conflitual; o conflito é entre o antigo mundo, com a diversidade de suas estruturas, e o novo mundo, o Estado moderno, que quer unificar o diverso, introduzir por toda parte a lei da burocracia. Por isso, a análise de Hegel anuncia a de Max Weber.

Marx destaca, contudo, o fracasso dessa análise quando ela pretende se transformar em advento da racionalidade. Ele mostra que Hegel não pode dissimular os conflitos e os antagonismos que surgem em toda parte nesse "sistema". A ordem é puramente formal: a burocracia "entra em toda parte em conflito com os objetivos reais" (p. 102). E: "Toda coisa tem, portanto, duas significações, uma real, outra burocrática" (p. 102). Daí a dissimulação: o "Espírito geral da burocracia é o segredo, o mistério, guardado em seu interior pela hierarquia e, no exterior, seu caráter de corporação fechada" (p. 102). A contradição existe, afinal, no próprio interior da burocracia; portanto, dos burocratas. Nela, neles, coexistem o espiritualismo vazio e o materialismo sórdido. Esse materialismo manifesta-se no carreirismo do funcionário: "O objetivo do Estado torna-se o objetivo privado do funcionário, é a caça aos postos mais elevados, é a necessidade de abrir seu caminho" (p. 102).

Assim como previsto por Hegel, a burocracia é um perigo que ameaça a sociedade civil. E ele mostra as possibilidades de proteção: a hierarquia, o conflito, as "instituições da soberania da cúpula", a "formação moral e intelectual" dos funcionários, a "dimensão do Estado". Marx mostra (p. 103-104) o caráter ilusório dessas "proteções". Da análise hegeliana, ele retém simples-

---

4. HEGEL. *Principes de la philosophie du droit*, p. 17 [Informação de J. Hyppolite].

mente essa confissão: o verdadeiro espírito da burocracia é a "rotina administrativa", e o horizonte "de uma esfera limitada" (p. 115). Em resumo, é o contrário da criação e é também o contrário da reconciliação. A burocracia é, portanto, o contrário da razão.

*

A segunda abordagem marxista da burocracia é a do "despotismo oriental". Esse sistema de organização social foi descrito pelos viajantes e *conquistadores* (Pizarro, Barnier) e depois pela economia política inglesa (Richard Jones, em 1931, John Stuart Hill em 1848), pela filosofia política do século XVIII (sobretudo Montesquieu, no *Espírito das leis*), e enfim por Marx e algumas correntes do marxismo. Em seu livro sobre o *despotismo oriental*, K. Wittfogel mostra como Marx ao mesmo tempo abordou e falhou na análise daquilo que J.S. Mill já chamava a *burocracia* dominante e que os marxistas nomeiam, como Marx, o *modo de produção asiático*. Nesse sistema econômico-político, a sociedade está dividida em duas classes: os burocratas e os governados. Marx descreve seu funcionamento econômico e sua superestrutura política: o Estado dirigido pelo déspota. Mas ele nunca diz claramente qual era a classe dominante que "habita" o Estado asiático. Engels diz uma vez que na "sociedade asiática" "os indivíduos dominantes uniram-se para formar uma classe dominante" e que a base desse poder de classe era a função de um Estado "empreendedor geral da irrigação". Porém, depois de A. Smith, de Locke, Marx e Engels sempre afirmaram que na história ocidental o Estado tem como função "proteger a riqueza" (A. Smith) – servir, portanto, a classe dominante. Eles logicamente deveriam ter mostrado que sem propriedade privada o Estado oriental também era, como aparelho de funcionários, a primeira classe dominante. Mas não o fizeram, pelo menos não sistematicamente. As teses sobre "a nova classe dominante" encontram aqui, no entanto, o princípio de sua análise.

Convém, portanto, deixar claro o que foram esses primeiros *estados* da história – os estados chineses, egípcios, indianos – cuja significação Marx descobre por volta de 1853.

Na sociedade primitiva, a exploração do solo é coletiva; a comunidade está fundada nos "laços de sangue, de línguas, de costumes". O solo pertence a essa comunidade que é coletivamente sua proprietária: é isso o que Marx e Engels nomeiam o "comunismo primitivo". O indivíduo, nesse sistema comunitário, não possui, portanto, o solo senão indiretamente. Um esquema do sinólogo húngaro F. Tokei situa esse papel mediador da comunidade entre o indivíduo e a terra[5]; é o grupo, a comunidade, que tem a função da "terceira pessoa" mediadora, sendo o grupo a primeira. Ele precede o indivíduo.

Nessa primeira etapa, podemos distinguir dois subestados da ocupação da natureza pela caça, pela colheita, pela pesca, e depois o de sua transformação pela agricultura. A evolução continua em seguida com o aparecimento do artesanato e da primeira divisão do trabalho social: essa divisão constitui, ainda segundo Marx, uma primeira forma, "primitiva", da separação. Mas trata-se ainda simplesmente de uma separação funcional; é uma forma de organização social, de distribuição das tarefas, e não de exploração e de dominação. Implicitamente, ainda admitimos que essa "sociedade primitiva", original, precede as grandes formas políticas e econômicas da separação. A política não é assunto de alguns, mas de todos; a economia é coletiva.

I ⟶ C
(Indivíduo)   (Coletividade)

T (Terra)

Depois, no decorrer de uma longa evolução, a sociedade divide-se em classes sociais com base em um novo sistema de produção e de organização: o modo de produção asiático, ao longo do qual "os indivíduos dominantes uniram-se para formar uma classe dominante", a primeira classe dominante da história das sociedades. Essa classe separou-se das comunidades dominadas com base nas funções de organização:

---

5. TOKEI, F. *Sur le mode de production asiatique*. Paris: Cerm, 1962.

progressivamente, os indivíduos que antes exerciam apenas um "poder de função" acabam exercendo um "poder de exploração". Aqui se efetua a primeira passagem das funções de organização ao poder burocrático. A burocracia nascente nos grandes impérios "asiáticos" não é definível em termos de *disfunção* das organizações, de patologia organizacional. Em sua forma imediata, chamamos "burocracia" a organização do poder.

A formação progressiva da primeira burocracia, sua constituição como classe, é bem conhecida a partir do momento em que se desenvolveram as pesquisas sobre "o modo de produção asiático". Em certas circunstâncias materiais, escassez de água para a irrigação ou, ao contrário, inundações que exigem a união dos esforços para drenar os solos inundados, um trabalho de coordenação torna-se necessário, e também a cooperação, como seu complemento indispensável. É preciso uma "unidade agrupadora": a partir de então, organizar significa coordenar, planificar os grandes trabalhos; significa dirigir e controlar a execução de tarefas que ultrapassam a capacidade do pequeno grupo, da comunidade primitiva.

O Estado nasce nesse momento: é o "grande empreendedor da irrigação"[6]. As comunidades primitivas subsistem; o solo continua como propriedade coletiva; mas pouco a pouco se torna propriedade "eminente" do novo poder. Esse poder pode efetuar, principalmente para os grandes trabalhos de interesse coletivo, deslocamentos em massa periódicos dos governados. Essa nova estrutura, de acordo com M. Godelier[7], pode ser representada por um novo esquema

---

6. ENGELS, F. *Anti-Duhring*. Paris: Sociales, p. 212.

7. GODELIER, M. *Le mode de production asiatique et les schémas marxistes d'évolution*. Paris: Cerm, 1962.

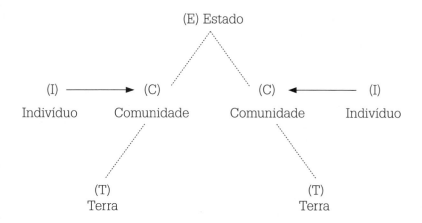

A partir desse momento, o laço do indivíduo com sua comunidade e com a terra está "preso" a uma nova estrutura, e passa por uma nova mediação. Por outro lado, o *controle social* não pertence mais à comunidade como um todo: ele é agora exercido por funcionários (é dessa forma que são chamados pelos historiadores do despotismo oriental). Na verdade, *funcionários* que exerciam primeiramente uma função técnica e que se tornaram burocratas a partir do momento em que essa função deu origem ao *poder separado*.

Essa é, portanto, a primeira grande passagem da organização funcional à burocracia dominante. Um grupo de funcionários torna-se a classe burocrática quando se cumpre um determinado número de condições: passagem da divisão técnica à divisão social do trabalho, as tarefas de direção, de inovação e de regulação do trabalho são exercidas apenas pelos funcionários, e não mais pelo conjunto da comunidade, exploração dos trabalhadores pela corveia e pelo recolhimento de um excedente sobre a produção. Essa acumulação do excedente é visível nos tesouros reais como os dos incas no momento da conquista espanhola. O próprio rei inca, coberto de ouro, é definido como um funcionário, o primeiro funcionário do Estado. Um antropólogo, A. Caso[8], demonstra

---

8. Caso A.: "Land tenure among the ancient Mexicans". *American Anthropologist*, 65 (4), ago./1963, p. 1968.

que o rei, nos sistemas do despotismo oriental, possui as terras "não como indivíduo, mas como funcionário".

Esses são os traços específicos essenciais da primeira burocracia. As classes dirigentes estabelecerão posteriormente sua dominação sobre a propriedade privada dos meios de produção. Mas a primeira classe dirigente baseia sua dominação apenas na função de organização. Essa é, historicamente, a primeira fonte da burocracia. Por isso ela aparece como sua raiz elementar.

Portanto é o ato de organizar, a organização no sentido ativo do termo, que estabelece a burocracia em seus privilégios de classe dirigente, de grupo social no poder. É essa ação primeiramente reguladora que dá origem a essa forma específica de dominação social com base na produção. A burocracia é, assim, uma forma de organização da produção: há burocracia quando a organização da sociedade tornou-se a propriedade privada de alguns. Ela é, portanto, uma estrutura social e um sistema de poder cuja primeira forma histórica é o modo de produção dito "asiático", que prefiro chamar o modo de produção burocrático.

Essa figura histórica, essa gênese da burocracia nos leva então a considerar como um momento histórico e logicamente posterior a definição da burocracia e de suas fontes em termos funcionais e disfuncionais – em termos modernos. O primeiro momento da burocracia é o da passagem da gestão à dominação e à exploração. É um momento *político*.

Portanto, a primeira definição da burocracia só pode ser enunciada em termos de classe dirigente. Foi isso que autores tão diferentes como Merton e Sartre não viram em sua abordagem e em seu projeto: ambos fazem a burocracia surgir a partir de um processo interno de burocratização das organizações. A análise das primeiras burocracias mostra, ao contrário, que é preciso partir das formas de organização da produção para compreender como os organizadores podem se tornar homens de Estado, aceder ao poder e dominar as sociedades.

No modo de produção burocrático, característico dos grandes impérios chineses, egípcios, astecas e incas, para citar apenas os exemplos mais comuns, a exploração dos camponeses e dos artesãos por uma aristocracia de nobres e de funcionários do Estado não é individual, uma vez que a corveia é coletiva e a renda da terra confundida com o imposto, e que ambas são exigidas por um funcionário não em seu nome, mas em nome de sua função na comunidade superior. O indivíduo, homem livre no interior de sua comunidade, não está protegido por essa liberdade e por essa comunidade da dependência em relação ao Estado, ao déspota. A exploração do homem pelo homem toma, no interior da produção burocrática, uma forma que S. Mill chama "escravidão política", e Marx "escravidão generalizada".

Essa escravidão é, portanto, distinta da escravidão privada greco-latina, característica de um outro modo de produção. A escravidão burocrática se exerce pela exploração direta e coletiva de um grupo por outro grupo. Mas, "nesse contexto, a escravidão e a servidão individuais podem, contudo, aparecer em consequência de guerras e de conquistas. Escravo e servo tornam-se propriedade comum do grupo ao qual pertence seu senhor; ele próprio depende de sua comunidade e está submetido à opressão do Estado".

A "sociedade asiática" realiza assim a primeira passagem histórica indo da liberdade dos grupos à sua escravidão coletiva – da divisão funcional do trabalho à divisão social e política –, da organização à burocracia. Esse é o primeiro movimento da história. Ele deu lugar ao mesmo tempo a um grande desenvolvimento das forças produtivas, do saber e da cultura, que preparou o advento do mundo ocidental. O Ocidente conhece, a partir do seu nascimento na Grécia antiga, um desenvolvimento típico e singular. A história torna-se história da propriedade privada e da luta de classes. Nesse novo curso da História, o estatuto do Estado não é mais o do Estado dito "asiático", o que muda igualmente o estatuto histórico da burocracia.

O Estado ocidental torna-se o lugar dos conflitos, o desafio das lutas entre os grupos e as classes. A sociedade organiza-se de outra forma, de acordo com as novas estruturas: democracia política na Grécia com organização escravagista da produção; organização da sociedade feudal, com um novo estatuto da propriedade privada; organização específica da sociedade capitalista, na qual a burocracia torna-se o instrumento do Estado. O estatuto da burocracia muda de acordo com os momentos da história. Mas sempre sustentado por um movimento em direção à dominação. É o que expõe Tocqueville quando mostra, no *Antigo Regime e a Revolução*, o movimento da centralização administrativa e burocrática realizado pela monarquia absoluta; é o que também mostra Taine, em suas *Origens da França contemporânea*.

Marx conhece, portanto, essa primeira origem da burocracia, que aparece assim que "organizadores" separam-se do grupo e acedem ao poder. Esse problema, no entanto, ele não o coloca no centro de suas análises.

Para ele, a burocracia sempre designará a casta parasitária, o instrumento do Estado (com o exército e a polícia), de um Estado que é ele mesmo um "instrumento". Em vista disso, é preciso lê-lo a partir de uma perspectiva que é atualmente, ou que pode ser, a nossa, para reencontrar em sua descrição da sociedade asiática uma outra dimensão desse problema, um outro estatuto possível, e que já existiu na história, da burocracia. Mas não se pode negar que, para ele, a burocracia desaparecerá com o advento da sociedade socialista e o enfraquecimento progressivo do Estado. A burocracia desaparecerá junto com a opressão estatal para dar lugar à organização. Ele o diz usando a linguagem emprestada a Saint-Simon, que descreve essa passagem possível da "administração dos homens à administração das coisas". Para o autor de *O capital*, no entanto, esse é um problema do futuro: a sociedade na qual ele vive, e que descreve, a sociedade capitalista, não pode chegar a uma verdadeira organização da economia; e, sobretudo, a tarefa não é ajudá-la a se organizar, mas destruí-la. A perspectiva de Marx não é o que H. Marcuse chama o "capitalismo de organização", é o socialismo. É também o socialismo para aqueles utopistas que descrevem a organização futura, e ideal, da sociedade. Para Marx, no entanto, isso é ser "utópico". É antecipar, diríamos de maneira "diretiva", essa organização que a sociedade se dará quanto tiver feito a revolução.

E, contudo, de certa maneira, Marx "viu" como a burocracia moderna pode nascer na fábrica, na empresa industrial. É possível vê-lo a um passo de formular essa gênese da organização quando descreve o movimento que vai da cooperação ao maquinismo moderno. Do ponto de vista da estrutura desses textos *de O capital* constata-se essencialmente que: nessas páginas sobre a empresa, Marx descreve, como comparação, as velhas burocracias "orientais", o modo de produção asiático.

Para mim, essa analogia estrutural parece significar que para ele a burocracia industrial moderna constrói-se *formalmente* como as antigas burocracias asiáticas.

E chegamos ao terceiro nível dessa abordagem: Marx descreve as etapas que resultam no maquinismo industrial a partir do artesanato e da manufatura. Retomemos essa descrição destacando o aspecto que nos ocupa aqui, ou seja, a *formação dos sistemas de organização da produção*.

Marx começa pela descrição da *cooperação*. Esse termo "cooperação" tomou, na linguagem atual, um valor positivo: significa o trabalho em comum aceito e mesmo desejado, a equipe, o espírito de grupo... Não o utilizaremos, nesta primeira fase, com essa significação. Simplesmente, trata-se sobretudo de um "concurso de forças"[9], de uma "solidariedade mecânica"[10]. Karl Marx lhe dá uma definição exata: "Quando vários indivíduos trabalham juntos para um objetivo comum no mesmo processo de produção ou em processos diferentes, mas conexos, o trabalho deles toma a forma cooperativa"[11]. O autor de *O capital* descobre, todavia, a importância do "moral do grupo" e anuncia, na linguagem antiquada da psicologia de seu tempo, as descobertas futuras de psicossociologia: "Com exceção da nova potência que resulta da fusão de inúmeras forças em uma força comum, o simples contato social produz uma emulação e uma excitação dos espíritos animais (*animal spirits*) que elevam a capacidade industrial de execução [...]. Isso ocorre uma vez que o homem é por natureza, não necessariamente um animal político, segundo a opinião de Aristóteles, mas de todo modo um animal social"[12].

---

9. DESTUTT DE TRACY, A. *Éléments d'idéologie*. Paris, 1826, p. 80.

10. DURKHEIM, E. *La division du travail social*. Op. cit.

11. MARX, K. *Le capital*. Op. cit., 1, II, p. 18.

12. Ibid. Marx ainda cita, para apoiar esse ponto de vista psicossociológico de vanguarda (uma psicossociologia ao serviço da produtividade) essa passagem de um relatório de pesquisa: "No tempo da colheita e em outra épocas semelhantes, quando é preciso se apressar, a obra é feita rápido e melhor quando se empregam muito braços ao mesmo tempo". Cf. tb. p. 22, sobre os "espíritos animais".

Portanto, mesmo que não seja desejada, organizada do exterior, a cooperação possui também sua dinâmica interna, e esta dinâmica "psicológica" é descoberta por Marx como um dos fatores que podem aumentar a produtividade do grupo. Ele o descobre, ou mais exatamente, ele o publica em 1867. Foi apenas 60 anos mais tarde, em 1927, que Mayo e seus colaboradores verificaram essa intuição e deram-lhe, enfim, um estatuto científico.

A primeira organização do trabalho coletivo, da cooperação, supõe um meio de concentração que é fornecido, no início da civilização industrial, pela acumulação do capital: "Em geral, os homens não podem trabalhar de forma coletiva se não estiverem reunidos. O agrupamento deles é a condição mesma da cooperação. Para que assalariados possam cooperar, é preciso que o mesmo capital, o mesmo capitalista os empregue simultaneamente e, consequentemente, compre ao mesmo tempo sua força de trabalho"[13].

Essa cooperação é possível e efetiva apenas porque é organizada do exterior: "A concentração dos meios de produção entre as mãos dos capitalistas industriais é, portanto, a condição material de toda cooperação dos assalariados"[14]. O organizador da cooperação é o capital: "No início do capital, seu comando sobre o trabalho tem um caráter puramente formal e quase acidental. O operário então trabalha sob as ordens do capital apenas porque lhe vendeu sua força; trabalha para ele apenas porque não tem os meio materiais para trabalhar por sua própria conta. Mas assim que existe cooperação entre operários assalariados, o comando do capital desenvolve-se como uma necessidade para a execução do trabalho, como uma condição real de produção. No campo da produção, as ordens do capital tornam-se a partir de então tão indispensáveis quanto aquelas do general no campo de batalha"[15].

Em seguida, Marx coloca claramente, como um produto da necessidade histórica, o problema do poder e da direção na empresa: "Todo trabalho social coletivo, que se reproduz em uma

---

13. Ibid., p. 22. Seguimos aqui os capítulos de *O capital*, livro 1º, tomo II, cap. XIII, XIV e XV.

14. Ibid., p. 23.

15. Ibid.

grande escala, exige uma direção[16] para harmonizar as atividades individuais. Ela deve preencher as *funções gerais* que têm sua origem na diferença existente entre o movimento de conjunto do corpo produtivo e dos movimentos individuais dos membros independentes dos quais ele se compõe. Um músico executando um solo dirige a si mesmo, mas uma orquestra precisa de um maestro. Esta função de direção, de vigilância e de mediação torna-se a função do capital assim que o trabalho que lhe está subordinado torna-se cooperativo e, como função capitalista, ela adquire características especiais"[17].

Continuemos essa leitura de *O capital*: é possível perceber exatamente o lugar onde Marx situa sua análise, mostrar o que ele já percebe da burocratização da empresa, mas mostrar também como, e porque, ele dirige o *essencial* de sua atenção, não a esse nível, mas ao do *sistema econômico* que estabelece, na empresa, o *sistema de poder*. Observa-se muito nitidamente essa passagem de um nível ao outro da análise quando ele escreve: "Entre as mãos do capitalista, a direção não é apenas essa função especial que nasce da própria natureza do processo do trabalho cooperativo ou social, mas também é, e eminentemente, a função de explorar o processo do trabalho social, função que se baseia no antagonismo inevitável entre o explorador e a matéria que ele explora"[18].

Vamos concluir rapidamente em relação à obra de Marx (e de Engels).

Em Marx, não há uma teoria completa e sistemática da organização. Encontramos em sua obra:

a) Uma primeira teoria da burocracia desenvolvida em 1845 a partir de uma crítica de Hegel e de sua filosofia do Estado.

---

16. Vemos o raciocínio aqui: ele é análogo àquele que explica o nascimento da burocracia nos grandes impérios asiáticos, nascimento ligado, como vimos, à necessidade de coordenar, planificar, organizar a cooperação e o trabalho (forçado) em comum. Vemos bem que estamos no direito de afirmar que Marx identifica os dois modelos (agrícola e industrial) e é por isso que ele faz, nessas páginas, referência constante ao MPA.

17. Ibid., p. 23.

18. Ibid.

b) Uma análise do *despotismo oriental* que poderia ter conduzido Marx a constatar que a partir do instante em que *a organização* torna-se *propriedade privada*, os organizadores tomaram o poder e a burocracia tornou-se uma classe dominante. Mas isso, Marx não o diz; alguns marxistas o dirão bem mais tarde, por volta de 1940.

c) Uma análise da empresa industrial e capitalista que nos parece anunciar uma teoria da burocracia industrial, em sua gênese e em sua estrutura. Porém, mais uma vez, é simplesmente um início e a preocupação central de Marx não está ali. Esta será aquela de seus sucessores.

Lênin

A nova burocracia russa – a nova classe –, não nasceu de repente como um câncer crescendo sobre a deterioração progressiva, sobre o "refluxo" e sobre a degenerescência de um élan revolucionário inicial. Ela já existe desde 1917. Encontra-se no passado político da Rússia, no modo de produção asiático do tempo dos czares. Encontra-se em certas concepções teóricas dos bolcheviques, habitadas pelos métodos da sociedade burguesa – burocrática do Ocidente. Encontra-se nas primeiras decisões para construir a nova indústria soviética, quando Lênin e Trotsky rejeitam as teses da oposição operária em favor da direção coletiva das fábricas, e escolhem a direção autoritária com os métodos de produção do taylorismo. A burocracia já é evidentemente visível, enfim, na repressão de Cronstadt. Não é possível, portanto, estabelecer sua origem em 1923, como desejariam os trotskistas e, por exemplo, Pierre Broué quando ele escreve: "O bolchevismo [...] resulta a partir de 1923, na ditadura do Partido, isto é, da burocracia, sobre o proletariado"[19]. O que se deve dizer é a que conscientização do burocratismo torna-se mais clara em 1923. Por fim, é preciso acrescentar que esse burocratismo não é o "privilégio" do novo Estado russo; ele é a marca muito geral da sociedade industrial nesse primeiro quarto de século e, portanto, não será uma surpre-

---

19. BROUÉ, P. "O bolchevismo chega a partir de 1923 na ditadura do partido, isto é, da burocracia, sobre o proletariado". *Arguments*, 25-26, p. 61.

sa vê-la descoberta no mesmo momento por E. Mayo nos Estados Unidos, Kafka em Praga, Moreno em Viena, Lukács em Budapeste, e Breton em Paris. Já em 1921, Lênin coloca o problema da burocracia. E o faz nos seguintes termos: "Em 5 de maio de 1918, o burocratismo não estava em nosso campo visual. Seis meses após a Revolução de Outubro, após termos destruído de cima a baixo o antigo aparelho burocrático, ainda sentíamos os efeitos desse mal. Passa-se mais um ano. O 8º Congresso do PCR, que acontece de 18 a 23 de março de 1919, adota um novo programa em que falamos francamente, sem medo de reconhecer o mal, mas desejosos, ao contrário, de desmascará-lo... – em que falamos de um "renascimento parcial do burocratismo no interior do regime soviético".

>Passaram-se mais dois anos. Na primavera de 1921, após o 8º Congresso dos Sovietes, que discutiu (em dezembro de 1920) a questão do burocratismo, após o 8º Congresso do PCR (em março de 1921), que fez o balanço dos debates estreitamente ligados à análise do burocratismo, vemos esse mal se levantar diante de nós mais nítido, mais preciso, mais ameaçador.

Lênin, desde então, interroga-se sobre as fontes do burocratismo, sobre as fontes da burocratização:

>Quais são as origens econômicas do burocratismo?
>Essas origens são principalmente de dois tipos – de um lado, uma *burguesia* desenvolvida *precisa*, justamente para combater o movimento revolucionário dos operários e, em parte, dos camponeses, de um *aparelho burocrático*, primeiro militar, e depois judiciário etc. Isso não existe aqui. Nossos tribunais são tribunais de classe, dirigidos contra a burguesia. Nosso exército é um exército de classe, dirigido contra a burguesia. A burocracia não está no exército, mas nas instituições que a servem. *Aqui, a origem econômica do burocratismo é outra*: é o isolamento, a dispersão dos pequenos produtores, sua miséria, sua incultura, a ausência de estradas, o analfabetismo, a ausência de trocas entre a agricultura e a indústria, a falta de ligação, de ação recíproca entre elas. Esse é, em larga medida, o resultado da guerra civil [...]. O burocratismo, herança do "estado de sítio", superestrutura ba-

seada na dispersão e na desmoralização do pequeno produtor, revelou-se plenamente [...].

Como se vê, é recorrendo a uma análise socioeconômica da realidade soviética em seus inícios que Lênin procura explicar o que se passa. Ele não invoca, portanto, como fazia, por exemplo, Rosa Luxemburgo em sua *História da revolução russa*, a política adotada pelo Partido, o papel essencial do Partido. Em função de sua análise, ele acaba propondo três remédios:

> Para provocar um afluxo de forças novas, para ter sucesso no combate ao burocratismo, para superar essa inércia prejudicial, a ajuda deve vir das organizações locais, da base, da organização exemplar de um "todo..." É preciso dar uma máxima atenção às necessidades dos operários e dos camponeses; uma solicitude infinita para o reerguimento da economia, aumento da produtividade do trabalho, desenvolvimento das trocas locais ente a agricultura e a indústria...

Essa análise de Lênin, com sua riqueza e seus limites, nós a encontramos, em um outro estilo, em Trotsky.

Trotsky

Examinaremos sucessivamente, a partir de Trotsky, e na ordem em que ele colocou historicamente os seguintes problemas:

1) Burocratização no Partido[20].

2) Teoria da Burocratização definida como "casta parasitária".

3) E, finalmente, a posição de Trotsky em relação à teoria da burocracia, "nova classe dirigente" (B. Rizzi). Este ponto será tratado no capítulo seguinte: mas, como apresentamos aqui as concepções de Trotsky, é preciso dizer e ressaltar o seguinte: *jamais, em nenhum lugar*, Trotsky *considerou que a burocracia* poderia se tornar, na URSS, ou em outro lugar, uma *nova classe dominante*. Ele até mesmo afirmou o contrário, em oposição a Rizzi. São os trotskistas *dissidentes*

---

20. TROTSKY, L. "Cours nouveau". *De la revolution*. Paris: De Minuit, 1964

(Rizzi e Burnham, e depois na França o grupo *Socialismo ou Barbárie*) que romperam com Trotsky e o trotskismo, precisamente sobre esse problema fundamental. É difícil compreender que, ainda hoje, intelectuais, marxistas sejam persuadidos de boa-fé que as teses de Rizzi, de Djilas, sejam trotskistas. Voltaremos a esse mal-entendido.

Após a Revolução, Lênin e, sobretudo, Trotsky colocam a questão da burocratização (o P.C.b. a coloca em 1923).

A crítica trotskista da burocratização soviética – camada parasitária que produziu Stalin – desenvolve-se ao longo dos anos de exílio. São essas críticas que verdadeiramente popularizaram a crítica da burocracia nos meios políticos.

Todavia, a análise do burocratismo feita por Trotsky começa bem antes, e muito exatamente no mesmo momento em que Lênin, um pouco antes de sua morte, descobre o perigo do burocratismo. A esse respeito, o documento mais importante é a série de artigos publicados por Trotsky no *Pravda* sob o famoso título: "Novo curso".

A análise da burocracia feita por Karl Marx centrava-se primeiramente na filosofia de Hegel e, por isso, especulativa. Em seguida, Marx, principalmente na *Guerra Civil na França*, viu a necessidade de destruir em seu conjunto a organização da sociedade burguesa, portanto desmontar seu "aparelho burocrático". Mas isso permanece um programa, uma linha proposta para a ação.

Mas Trotsky, como Lênin, descobre o problema da burocracia no centro de sua experiência, em torno dele, na realidade soviética pouco tempo após a Revolução, apenas alguns anos depois de Rosa Luxemburgo. E para o Trotsky de 1923, o burocratismo é uma doença de funcionamento cuja gênese e estrutura ele descreve, e cujas fontes ele procura. A burocracia será em seguida uma camada social parasitária: ele nunca chegará ao ponto de considerá-la como uma *nova classe,* segundo a expressão de Djilas.

Vamos examinar agora a teoria do burocratismo desenvolvida no "Novo curso".

Nesse texto, encontramos já uma primeira definição do burocratismo: é a "autoridade excessiva dos comitês e dos secretários" (p. 33), que "é resultado da transferência ao partido dos métodos e dos procedimentos administrativos acumulados durante esses últimos anos". Outra fonte, ligada à questão das gerações: "desempenhando o papel de diretor do partido e absorvida pelas questões de administração, a antiga geração habituou-se e se habitua a pensar e a decidir para o partido, e instaura de preferência para a massa comunista métodos puramente escolares, pedagógicos, de participação na vida política: cursos de instrução política elementar, verificação dos conhecimentos, escola do partido, etc. Essa é a razão do burocratismo do aparelho, seu isolamento em relação à massa, sua existência à parte [...]".

Em relação a Trotsky, a descrição que precede introduz a fórmula-chave de toda a obra, o burocratismo é, primeiramente, "o fato de que o partido vive em dois estágios distintos" (p. 35): a base, privada de participação efetiva, e o aparelho burocratizado. Encontramos aqui os "dois estágios" antagonistas que Marx descobre na teoria hegeliana do Estado: a burocracia e a sociedade civil. Mas aqui, no Partido burocratizado, foi no interior da mesma organização que o corte se produziu.

E eis como "a maioria dos membros" do Partido sente, de acordo com Trotski, essa fissura: "Ainda que o aparelho pense e decida bem ou mal, isso não impede que pense e decida com demasiada frequência sem nossa presença e em nosso lugar. Às vezes, quando manifestamos uma incompreensão, uma dúvida, expressamos uma objeção, uma crítica, nos chamam à ordem, à disciplina; na maioria das vezes, acusam-nos de fazer oposição ou mesmo de querer constituir frações. Somos dedicados ao partido até a medula dos ossos e dispostos a sacrificar tudo por ele. Mas desejamos participar ativa e conscientemente da elaboração de suas decisões e da escolha de seus modos de ação".

A burocratização é um processo de degenerescência: "Em seu desenvolvimento gradual, a burocratização ameaça separar os dirigentes da massa, levá-los a concentrar sua atenção unicamente nas questões de administração, de nomeação... Esses processos desenvolvem-se lenta e quase insensivelmente, mas se revelam de forma brusca".

Trotsky, depois dessa descrição ainda bastante geral apresentada no primeiro capítulo, passa, no segundo capítulo, à busca das causas:

> Está claro que o desenvolvimento do aparelho do partido e a burocratização inerente a esse desenvolvimento são engendrados não pelas células das fábricas agrupadas pelo intermédio do aparelho, mas por todas as outras funções que o partido exerce pelo intermédio dos aparelhos estatais de administração, de gestão econômica, de comando militar, de ensino. Em outras palavras, a fonte do burocratismo reside na concentração crescente da atenção e das forças do partido nas instituições e aparelhos governamentais e na lentidão do desenvolvimento da indústria.

E, em outras palavras ainda: a burocratização do Partido Comunista Soviético, em 1923, é a consequência direta e imediata do fato de que esse partido estando no poder reproduz, em seu funcionamento interno, a burocratização do Estado descrita por Marx em sua crítica de Hegel. A burocratização do Partido é a consequência do fato de que a "ditadura do proletariado" tornou-se em 1923 – como destacaram tanto Rosa de Luxemburgo quanto a oposição operária (de forma menos clara) – a ditadura do "partido do proletariado". Isso, Trotsky evidentemente não diz; declará-lo seria questionar o próprio fundamento do sistema político do qual ele participa, a ligação entre o partido e o poder. Ele não é Djilas; ao longo da análise ele se detém, descrevendo com clareza e rigor os sintomas, mas procurando as soluções em uma "terapêutica" política, a de um "novo curso".

Mas continuemos a análise: "O único meio de vencer o corporativismo, o espírito de casta dos funcionários, é realizar a democracia". E novamente: "O burocratismo do partido, repetimos, não é uma sobrevivência em via de desaparecimento do período anterior; é, ao contrário, um fenômeno essencialmente novo, decorrente dos novos trabalhos, das novas funções, das novas dificuldades e dos novos erros do partido. O proletariado realiza sua ditadura por intermédio do Estado soviético. O Partido Comunista é o partido dirigente do proletariado e, consequentemente, de seu Estado. Toda a questão é realizar esse poder na ação sem incorporá-lo ao aparelho burocrático do Estado a fim de não se expor a uma degenerescência burocrática". Como se pode observar, Trotsky não considera a possibilidade de buscar do lado dos princípios fundamentais da "ditadura do proletariado" a origem última da burocratização. Esse é o limite que sua análise não poderia ultrapassar.

Ele pode, sem dúvida, denunciar: "Todos os assuntos estão concentrados entre as mãos de um pequeno grupo, às vezes de um único secretário, que nomeia, destitui, dá diretrizes, inflige sanções etc." Mas a solução que ele propõe constantemente – e que não conquistará, continua sendo apenas introduzir "a democracia viva e ativa no interior do partido" (p. 40). Solução muito próxima, definitivamente, daquela que poderia propor, na mesma situação, e chamada em consulta, um lewiniano ortodoxo.

Citamos Lewin, pois ainda encontraremos parentesco entre a análise trotskista e as análises de dinâmica de grupo no terceiro capítulo do "Novo curso", intitulado precisamente *Grupos e formações fracionais*.

A formação das frações, o esforço para compreender a significação sintomática de sua existência, são um meio de abordagem privilegiado, ainda que aparentemente indireto, do fenômeno burocrático. Os burocratas denunciam e condenam as frações sem ver que sua verdadeira fonte é, precisamente, o burocratismo: "A resolução do comitê central diz nitidamente que o regime burocrático é uma das fontes das frações" (p. 48). Trotsky vai, portanto, desenvolver essa proposição.

Ele resume primeiro o processo: "As nuanças de opiniões, as divergências de visões econômicas podem expressar a pressão distante de interesses sociais determinados e, em certas circunstâncias, transformar-se em agrupamentos estáveis; esses podem, por sua vez, cedo ou tarde, tomar a forma de frações organizadas [...]".

Em seguida, mostra que não basta interditar as frações para evitar o nascimento delas: "Seria um 'fetichismo de organização' acreditar que, quaisquer que sejam o desenvolvimento do partido, os erros da direção, o conservadorismo do aparelho, as influências externas etc., basta uma decisão para nos preservar dos reagrupamentos e dos transtornos inerentes à formação das frações. Mais uma vez isso seria dar prova de burocratismo".

No poder, Trotsky refere-se ao burocratismo (ele ainda não diz, no "Novo curso", a burocracia) como um fenômeno de degenerescência que atinge as organizações políticas: o partido, o sindicato, o aparelho de Estado. Ou seja: na primeira etapa de sua obra, o teórico da revolução permanente[21] descreve o fenômeno burocrático como um fenômeno patológico.

Na segunda etapa, isto é, durante o exílio, Trotsky enfrentará um problema novo que, pouco a pouco, tornar-se-á o problema central de uma geração: será que a burocracia – soviética ou outra – constitui verdadeiramente uma *nova classe* no sentido marxista do termo? Esta será a tese de Rizzi, e depois de Djilas. Mas jamais Trotsky admitirá essa análise. Portanto, agora temos de examinar essas teses, que apresentam a burocracia como uma classe social, para em seguida situar a resposta de Trotsky.

Bruno Rizzi

Em 1939, Bruno Rizzi[22] publica seu livro: *La bureaucratisation du monde*. Ele aplica o conceito marxista de *classe social* definida por sua situação na produção e na economia à burocracia soviética. Eis como ele resume sua demonstração:

> Na realidade, o Estado burocrático paga, de diferentes maneiras, a mais-valia aos seus funcionários formando uma classe privilegiada, instalada no Estado. Na sociedade soviética, os exploradores não se apropriam diretamente da mais-valia, assim como faz o capitalista ao embolsar os dividendos de sua empresa, mas o fazem de uma maneira indireta, recorrendo ao Estado, que embolsa toda a mais-valia nacional, depois a reparte entre seus próprios funcionários. Uma boa parte da burocracia, ou seja: técnicos, diretores, especialistas, stakhanovistas, aproveitadores etc., estão, de alguma forma, autorizados a retirar de

---

21. TROTSKY, L. "La révolution permanente". *De la Révolution*. Op. cit.

22. RIZZI, B. *La burocratisation du monde*. Paris, 1939.

forma antecipada e direta suas elevadas remunerações da empresa que eles controlam. Além do mais, também desfrutam, assim como todos os burocratas, de "serviços" estatais pagos com a mais-valia... A burocracia, como um todo, extorque a mais-valia dos produtores diretos recorrendo a uma colossal majoração das despesas gerais nas empresas "nacionalizadas"... Vemos, portanto, que a exploração passa de sua forma individual a uma forma coletiva, em correspondência com a transformação da propriedade. Trata-se de uma classe em bloco, que explora uma outra em correspondência com a propriedade de classe e que, em seguida, por caminhos internos, passa à distribuição entre seus membros por meio desse Estado que se tornou seu (pode-se prever a hereditariedade dos cargos burocráticos). Os novos privilegiados sorvem a mais-valia usando a máquina do Estado, que não é apenas um aparelho de opressão política, mas também um aparelho de administração econômica da nação... A força-trabalho não é mais comprada pelos capitalistas, mas sim monopolizada por um único senhor: o Estado. Os operários não vão mais oferecer seu trabalho a diferentes empresários para escolher aquele que lhes convém melhor. A lei da demanda e da oferta não funciona mais: os trabalhadores estão à mercê do Estado (p. 64-65).

Para Rizzi, a burocracia é a última classe dominante. Somente sua supressão pode dar origem a essa sociedade sem classe que deveria suceder, de acordo com Marx e Engels, o desaparecimento da burguesia e a fase da ditadura do proletariado. Esse é o "revisionismo" de Bruno Rizzi. Ele se crê no dever de constatar o nascimento, na URSS, de uma nova classe dominante. Ele acrescenta, portanto, ao conceito marxista da pré-história, este último elo: a burocracia. Procura, ao mesmo tempo, provar que esse elo da corrente é realmente o último:

> Não temos nenhuma simpatia por essa sociedade burocrática, mas constatamos sua necessidade histórica. Portanto é preciso pagar *ainda o custo de uma classe dirigente*. Sobre esse ponto não temos ilusões, e é bom que nem os produtores dirigidos as tenham – apenas a pressão política deles diminuirá a pressão econômica e beneficiará toda a sociedade,

assim como foi benéfico o movimento sindical proletário que impeliu a produção capitalista a um aperfeiçoamento sempre maior. Acreditamos firmemente no futuro de uma sociedade sem classes e estamos até mesmo persuadidos de que essa nova sociedade, atualmente em gestação, será a última das sociedades divididas em classes. A classe dirigente acaba se unindo a essa burocracia política, sindical e técnica que, nas sociedades passadas, agia por procuração no interesse do patrão capitalista, feudal e dos patrícios, e também em seu próprio interesse. A última classe dirigente da história está tão próxima da sociedade sem classes que ela nega sua qualidade de classe de proprietária.

A diferença entre a nova classe dirigente e as classes dirigentes que se sucederam no passado é que ela não tem mais a propriedade "privada", isto é, juridicamente estabelecida, dos meios de produção. Mas esse reconhecimento jurídico não é necessário para a sua dominação.

A propriedade de classe que, na Rússia, é um fato, não resulta certamente de um registro em um tabelião ou em algum cadastro. *A nova classe exploradora soviética* não precisa dessas bobagens; ela tem a força do Estado nas mãos, e isso vale muito mais do que os velhos registros da burguesia.

Outro traço importante e diferencial da nova classe: não há entre seus membros a acumulação privada de capital. Ao ressaltar essa diferença, Rizzi apenas relembra o seguinte: entre o modelo de organização e de exploração capitalista e o novo modelo burocrático, a identidade absoluta não é uma autorização necessária para apresentar a burocracia como uma nova classe. O essencial é que o "Estado torna-se o patrão e o diretor econômico pelo intermédio de uma nova classe privilegiada à qual a sociedade deverá, ao longo de um novo capítulo da história, pagar os custos dessa direção. Essa nova classe dirigente não persegue, contudo, o objetivo da acumulação indefinida da riqueza individual; contenta-se com bons salários, com uma vida feliz, e dá continuidade ao programa econômico de 'servir o público' ao organizar a produção não no sentido de uma especulação, mas com uma tendência ao aumento absoluto da própria produção, sem cálculos capitalistas. Uma parte da produção estatal pode e deve mesmo ser deficitária; o que importa é que a produção aumente e que seja ativa em seu complexo".

Rizzi ainda acrescenta:

> Concordamos que a nova classe dirigente se dará uma boa parte do bolo da produção autárquica; é a regra, está na própria natureza do tipo de sociedade que se forma. Se a burocracia não pode demonstrar de uma maneira tangível que é capaz de aumentar o nível econômico dos produtores diretos, sua sorte está decidida. Mas não contemos muito com os objetivos humanos e com o aperfeiçoamento do indivíduo que a nova classe dirigente se propõe. Ela deve, no entanto, aperfeiçoar as condições econômicas das populações incorporadas se quiser conservar o poder. Sua função histórica estará terminada quando ela se revelar incapaz de alcançar seu objetivo.

Sabemos enfim que a tese de Rizzi foi retomada na Iugoslávia por Djilas[23] e nos Estados Unidos por Burnham[24], que vê, por seu lado, a nova classe surgir do próprio interior do capitalismo pela progressiva tomada de poder dos organizadores:

> [...] Os gerentes exercerão seu controle sobre os instrumentos de produção e obterão um direito preferencial na distribuição dos produtos, não diretamente, como indivíduos, mas pelo controle do Estado, que será proprietário dos instrumentos de produção. O Estado, isto é, as instituições que o compõem, será, caso se possa dizer, "a propriedade" dos diretores. Não será preciso muito mais para fazer deles a classe dirigente.

Vemos assim que a tese da nova classe, se ela era válida em sua aplicação universal, nos Estados Unidos quanto na URSS, anunciaria um futuro que seria o de uma burocracia dominando

---

23. DJILAS, M. *La nouvelle classe dirigeante*. Paris: Plon, 1957.

24. BURNHAM, J. *L'ère des organisateurs*. Paris: Plon, 1947 [Prefácio de L. Blum].

pouco a pouco o mundo como um todo, um mundo progressivamente burocratizado.

Trotsky e o problema da burocracia definida como classe social

Trotsky, em sua análise crítica da URSS estalinista, parece às vezes à beira de uma definição da burocracia, e isso antes de Rizzi, como classe dominante. Mas recusa-se a ir até o fim dessa tese porque distingue rigorosamente a raiz econômica, que determina a existência de uma classe social, e as *técnicas* políticas características de sua dominação. As características da camada burocrática soviética "referem-se em sua essência à técnica política da dominação de classe. A presença da burocracia, com todas as diferenças de suas formas e de seu peso específico, caracteriza todo o regime de classe. Sua força é um reflexo. A burocracia, indissoluvelmente ligada à classe economicamente dominante, é alimentada pelas raízes desta, se mantém e cai com ela"[25].

Essa é a tese. No essencial, Trotsky não voltará atrás em relação a essa posição. De onde sua resposta a Rizzi: sem dúvida, a burocracia "engole, dissipa e dilapida uma parte importante do bem nacional. Sua direção torna-se extraordinariamente cara ao proletariado... Contudo os maiores apartamentos, os bifes mais suculentos e mesmo os Rolls-Royce ainda não fazem da burocracia uma classe dominante importante... Quando a *burocracia*, para falar de forma simples, rouba o povo (e é o que, sob formas variadas, qualquer burocracia faz), estamos lidando não com *uma exploração de classe*, no sentido científico da palavra, mas com *um parasitismo social*, ainda que em uma escala muito grande. *O clero da Idade Média era uma classe*, ou um 'Estado social', na medida em que sua dominação apoiava-se em um *sistema determinado de propriedade agrária e de servidão*. A Igreja atual não é uma classe exploradora, mas uma corporação parasita. É por isso que, mesmo consumindo improdutivamente uma parte enorme da renda nacional, a burocracia soviética, por sua própria função, está ao mesmo tempo interessada no desenvolvimento econômico e cultural do país; quanto mais elevada

---

25. TROTSKY, L. *La quatrième internationale et l'URSS*, 1938.

145

for a renda nacional, maior será o montante de seus privilégios. Contudo, no fundamento social do Estado soviético, o desenvolvimento econômico e cultural deve minar as próprias bases da dominação burocrática".

Como vimos, um dos argumentos de Rizzi era a descoberta de traços comuns entre burocracia estalinista e burocracias fascistas; Trotsky já havia, em 1937, admitido a existência de traços semelhantes. Mas não deixava de limitar o alcance dessa analogia:

> Jamais afirmei que a burocracia soviética fosse igual à burocracia da monarquia absoluta ou à do capitalismo liberal. A economia estatizada criou para a burocracia uma situação bem nova e abriu possibilidades novas – de progresso como de degenerescência. A analogia é muito maior entre a burocracia soviética e a do Estado fascista. A burocracia fascista também trata o Estado como sua propriedade. Impõe restrições sérias ao capital privado e provoca muitas vezes suas reclamações. Podemos dizer, como argumento lógico: se a burocracia fascista conseguisse impor cada vez mais sua disciplina e suas restrições aos capitalistas, sem resistência efetiva por parte deles, ela pouco a pouco poderia se transformar em uma nova "classe" dominante, absolutamente análoga à burocracia soviética. Contudo, *o Estado fascista pertence à burocracia apenas de certa forma.* Eis as três palavrinhas que o camarada R. esquece voluntariamente. Mas elas têm sua importância. E são mesmo decisivas. Se Hitler tentar se apropriar do Estado, e por seu intermédio da propriedade privada, "totalmente" e não apenas de "certa forma", vai se chocar com a oposição violenta dos capitalistas [...].

Vemos a partir do que precede como Trotsky, enfim, podia opor aos argumentos de B. Rizzi, outros argumentos:

> Bruno Rizzo coloca no mesmo saco a economia planificada da URSS, o fascismo, o nacional-socialismo e o *new-deal* de Roosevelt. Todos esses regimes possuem, sem dúvida, alguns traços comuns que são, em última análise, determinados pelas tendências coletivistas da economia moderna. Antes da Revolução de Outu-

bro, Lênin já formulava, portanto, as particularidades essenciais do capitalismo imperialista: concentração gigantesca das forças produtivas, fusão acentuada do capitalismo de monopólios com o Estado, tendência orgânica à pura ditadura como efeito dessa fusão. Os aspectos de centralização e de coletivização determinam a um só tempo a política da revolução e a da contrarrevolução; mas isso não significa de forma alguma que seja possível identificar revolução, Termidor, fascismo e "reformismo" americano.

G. Lukacs: a reificação e o problema da burocracia

Por volta de 1920, o problema do marxismo é essencialmente o da revolução da economia e da luta de classes. É o que Marx diz sobre isso que preocupa os continuadores, Lênin, Trotsky, Rosa Luxemburgo. Entre eles, o jovem Lukács acaba desempenhando o papel de franco-atirador. Ele aborda Marx em outro nível, em outro horizonte. Não mais o Marx pensador *político* no sentido habitual do termo (teoria do Estado, da luta de classes, da tomada do poder), mas o Marx pensador da *alienação*, da *reificação* universal do mundo capitalista moderno. É possível ver essa mudança de perspectiva em uma "nota"[26] adicionada, como por um escrúpulo repentino, ao texto sobre a reificação no livro *História e consciência de classe*: "Se nesse contexto, escreve Lukács, não conseguimos destacar o caráter de classe do Estado etc., é porque nossa intenção é perceber a reificação como fenômeno fundamental, geral e estrutural, de toda sociedade burguesa. Ou então o ponto de vista de classe já deveria ter intervindo durante o estudo da máquina [...]". Com efeito, a descrição do trabalho operário nas páginas consagradas à organização industrial no mesmo ensaio – voltaremos a ele logo mais – abre um horizonte bem diferente no pensamento marxista.

O conceito fundamental de Lukács, em 1920-1922, é o da reificação, isto é, aquilo que transforma os seres e as coisas em *res*[27], ontológica, humana e praticamente vazios de qualquer es-

---

26. LUKÁCS, G. *Histoire et conscience de classe*, nota p. 127.

27. *Res:* "coisa" em latim [nota de R.H.].

sência, de qualquer sentido vivificante. A reificação metamorfoseia a atividade humana, totalidade engendrada pela produção humana, e todos os fenômenos aos quais estamos relacionados tornam-se hostis, estranhos. O que Hegel tinha percebido como devir da alienação e que Marx analisou, ora como fenômeno da alienação, ora como fetichismo da mercadoria, torna-se em Lukács a reificação. Uma ilustração particularmente esclarecedora é, aqui, toda a obra de Kafka.

Acabamos de evocar Kafka, romancista da reificação (*O castelo* é a burocracia, mas o conjunto da obra é a descrição de um universo reificado e burocrático), a obra de Kafka é contemporânea dos escritos de Lukács. São igualmente contemporâneas outras tentativas de desreificação cultural: o surrealismo, cujo primeiro Manifesto é de 1924, o psicodrama inventado por Moreno, em 1923. Na Europa, e principalmente na Europa Central do pós-guerra, por volta dos anos 1920, o problema da reificação na cultura (o romance, a filosofia, a poesia, o teatro e o *jazz*) torna-se um problema fundamental da vida social. Vemos agora como Lukács conseguiu, nesse contexto, inaugurar uma forma original de retorno a Marx, que logo foi, no entanto, condenada: seu livro de 1923 torna-se o livro maldito. É, na verdade, um livro particularmente moderno, atual e que permite abordar o problema da reificação como um problema geral da sociedade contemporânea.

Lukács compreende por burocracia o corpo dos funcionários: não mais apenas, como em Marx, dos funcionários do Estado; mas dos empregados de escritório em qualquer lugar: nas empresas industriais, e de forma mais geral ali onde há organização (da produção, da distribuição, da formação...). *O problema da burocracia torna-se um problema das organizações*; é a perspectiva aberta por Max Weber situada e compreendida na perspectiva da reificação analisada por Marx em *O capital*. Lukács se diz marxista, nesse próprio Ensaio. Leiamos então as primeiras linhas: "Não é de forma alguma por acaso que as duas grandes obras da maturidade de Marx, aquelas que descrevem o conjunto da sociedade capitalista e mostram seu caráter fundamental, comecem por uma análise da mercadoria... O problema da mercadoria não aparece apenas como um problema particular, nem mesmo como o problema central da economia percebida como uma ciência particular, mas como o problema central, estrutural, da sociedade capitalista em todas as suas manifestações vitais" (p. 109). Uma primeira ilustração desse processo nos é proposta, antes do exemplo da burocracia: é o trabalho operário no mundo industrial moderno, com o taylorismo.

Em seguida vem a análise da burocracia: "A burocracia implica uma adaptação do modo de vida e de trabalho e, paralelamente também, da consciência, aos pressupostos econômicos e sociais gerais da economia capitalista, assim como o constatamos para o operário na empresa privada. A racionalização formal do Direito, do Estado, da Administração etc., implica, objetiva e realmente, uma semelhante decomposição de todas as funções sociais em seus elementos, uma semelhante busca por leis racionais e formais que regem esses sistemas parciais muito bem separados uns dos outros, e implica, em consequência, subjetivamente, na consciência das repercussões semelhantes devidas à separação do trabalho e da capacidades e necessidades individuais daquele que o realiza, implica portanto uma semelhante divisão do trabalho racional e desumano, assim como encontramos na empresa, quanto à técnica e ao maquinário" (p. 127).

Na análise do trabalho industrial, Marx já havia mostrado a redução da qualidade à quantidade – por exemplo, do "tempo vivido", como diria Bérgson, ao tempo dos relógios: "a quantidade decide tudo: hora por hora, dia após dia" – escrevia Marx no *Miséria da filosofia*. Lukács transpõe essa análise para a descrição da burocracia, onde encontramos "um crescente desprezo pela essência qualitativa material das 'coisas' às quais se relaciona a maneira burocrática de tratá-las" (p. 128).

Lukács lembra ainda "a submissão necessária e total do burocrata individual a um sistema de relações entre coisas, sua ideia de que precisamente a "honra" e o "sentido da responsabilidade" exigem dele essa mesma total submissão" (p. 128); em resumo, a própria ética do burocrata não passa de uma moral da reificação, uma moral da submissão completa ao mundo reificado da burocracia. Mais uma vez, a melhor ilustração encontra-se com certeza em Kafka, em seu livro *Colônia penitenciária*.

Lukács propõe, com a reificação, uma teoria das origens da burocracia moderna, teoria derivada da análise, feita por Marx, do fetichismo da mercadoria. Para Lukács, a burocracia é a organização, a instituição, reificada, congelada. Poderíamos, deveríamos vincular a essa reificação burocrática seu complemento, que os marxistas nomeiam de a "falsa consciência". Na obra que consagrou a desmontar seus mecanismos, primeiro no nível das sociedades políticas, e em seguida no nível da patologia individual, J. Gabel mostra claramente como um poder totalitário e burocrático é acompanhado de ideologias reificadas, fundadas em falsas identificações (os "amálgamas"), antidialéticos e de certa forma engessados no tempo. A falsa consciência é, poderíamos dizer, a "burocratização" da consciência. Em um artigo que destaca a dimensão psicossociológica do problema, o mesmo autor mostrou as relações entre marxismo e dinâmica de grupo, e como as técnicas de grupo, em um determinado contexto histórico, tornaram-se técnicas da desreificação.

Paul Cardan[28]

As análises que recentemente Paul Cardan consagrou às formas atuais da burocracia vieram da corrente marxista. Serão, portanto, examinadas aqui, mas sem esquecer que ele também recorre aos dados das ciências sociais.

Cardan dá uma definição da burocratização: "Entendemos com isso uma estrutura social na qual a direção das atividades coletivas está entre as mãos de um aparelho impessoal organizado hierarquicamente, que supostamente deve agir segundo critérios e métodos 'racionais', privilegiado economicamente e recrutado segundo regras que, na verdade, ele próprio edita e aplica"[29]. Reconhecemos nessa definição tanto a lembrança de Max Weber e de Trotsky quanto a marca de uma orientação mais próxima daqueles que definem a burocracia como a nova classe dominante. Percebe-se a inspiração weberiana nos traços relacionados com a organização hierárquica e a "racionalidade" dos métodos, mas acrescentamos à "racionalidade" as aspas que

---

28. Paul Cardan é um pseudônimo de Cornélius Castoriadis [R.H.].

29. CARDAN, P. "Le mouvement révolutionnaire sous le capitalisme moderne". *Socialisme ou Barbarie*, 32, p. 99 [Designamos pela sigla "S. ou B." a série de artigos publicados sob este mesmo título nos números 31, 32 e 33 da revista].

Max Weber não utilizava. E a influência de Trotsky fica visível se nos lembrarmos da fórmula do "Novo curso": "o burocratismo é um fenômeno social como sistema determinado de administração dos homens e das coisas". Mas vimos que para ele, a burocracia representa uma "camada parasitária", mais do que um verdadeiro privilégio econômico. Além do mais, Trotsky retoma a fórmula de Marx e de Lênin que definem a burocracia em termos de "parasitismo social". O privilégio econômico, ao contrário, já é a exploração, a apropriação de uma mais-valia, é o que define uma classe social dominante, essa é a noção teórica de Cardan.

Ele define em seguida três fontes do burocratismo. A primeira surge na produção: "A concentração e a 'racionalização' da produção provoca o aparecimento de um aparelho econômico no interior da empresa capitalista, cuja função é a gestão da produção e as relações da empresa com o resto da economia. Em particular, a direção do processo do trabalho – definição das tarefas, dos ritmos e dos métodos, controle da qualidade e da quantidade da produção, vigilância, planejamento do processo de produção, gestão dos homens e de sua 'integração' à empresa... implica a existência de um aparelho específico e importante"[30].

A segunda fonte encontra-se no Estado: "A modificação profunda do papel do Estado, tornado agora instrumento de controle e mesmo de gestão de um número crescente de setores da vida econômica e social, acompanha um inchamento extraordinário do pessoal e das funções daquilo que sempre foi o aparelho burocrático por excelência"[31].

A terceira fonte, enfim, está situada nas organizações políticas e sindicais. Esse ponto já foi examinado no capítulo consagrado às burocracias políticas.

Mas a contribuição essencial de Cardan consiste em mostrar como essa burocratização tende a se generalizar em todos os setores da vida social: "A partir de um certo momento, a buro-

---

30. Ibid., p. 100.

31. Ibid. Encontraremos precisões estatísticas sobre esse "inchamento" do pessoal das administrações do Estado, na França, em SAUVY, A. La bureaucratie. Paris: PUF, 1956 [Col. Que Sais-je?].

cratização, a gestão das atividades pelos aparelhos hierárquicos, torna-se a *própria lógica dessa sociedade*, sua resposta a tudo.

Na etapa atual, a burocratização superou há muito tempo as esferas da produção, da economia do Estado e da política. O consumo está indubitavelmente burocratizado, pois nem seu volume nem sua composição são mais deixados aos mecanismos espontâneos da economia e da psicologia [...], mas formam o objeto de uma atividade de manipulação sempre crescente dos aparelhos especializados correspondentes (serviços de venda, publicidade e estudos de mercado etc.) O próprio lazer se burocratiza. Há um aumento da burocratização da cultura, inevitável no contexto atual, pois ainda que o mesmo não ocorra com a 'produção', ao menos a difusão dessa cultura tornou-se uma imensa atividade coletiva e organizada (imprensa, editora, rádio, cinema, televisão etc.). A própria pesquisa científica se burocratiza [...]"[32].

Por fim, Cardan elabora uma espécie de "modelo" descritivo desse "pesadelo climatizado"[33] que seria uma sociedade global e não mais apenas uma organização burocratizada. Portanto, uma sociedade burocrática é, principalmente, uma sociedade:

> 1) Que conseguiu transformar a enorme maioria da população em população assalariada.

> 2) Onde a população está integrada às grandes unidades de produção impessoais (cuja propriedade pode pertencer a um indivíduo, uma sociedade anônima ou o Estado) e está disposta segundo uma estrutura hierárquica piramidal.

> 3) Onde o trabalho perdeu qualquer significação em si mesmo [...].

> 4) Onde o "pleno emprego" existe quase que de forma permanente. Os trabalhadores assalariados, manuais

---

32. Ibid., p. 101.

33. Ibid., p. 111. Essa expressão de tom romântico e outras expressões de Cardan dariam razão quanto ao *seu estilo* à observação de Michel Crozier sobre "a grande corrente pessimista revolucionária que teve uma influência tão grande sobre o pensamento social e político ocidental do século XX [e que vai] de Rosa Luxemburgo e de Léon Trotsky a Bruno Rizzi, a Simone Weil, a C. Wright Mills e ao *Socialisme ou Barbarie*".

ou intelectuais, vivem em uma segurança do emprego praticamente completa se eles "se conformam".

5) "As 'necessidades', no sentido econômico, ou melhor, comercial e publicitário do termo, aumentam regularmente com o poder de compra" e são o objeto de uma manipulação crescente dos consumidores.

6) Onde a "evolução do urbanismo e do habitat [...] tende a anular a localidade como âmbito de socialização e suporte material de uma coletividade orgânica"[34].

7) Onde a vida social em seu conjunto mantém "aparências democráticas" com partidos e sindicatos etc., mas tanto essas organizações quanto o Estado, a política e a vida pública em geral são profundamente burocratizadas.

8) Onde, por consequência, a participação ativa dos indivíduos na "política" [...] não tem objetivamente falando nenhum sentido.

9) Onde "consequentemente *a irresponsabilidade social* torna-se um traço essencial do comportamento humano"

10) Onde, por fim, "a filosofia da sociedade é o consumo pelo consumo na vida privada e a organização pela organização na vida coletiva[35].

2) A Abordagem administrativa

A formulação do problema da burocracia em termos políticos leva a definir o essencial: a burocracia acaba aparecendo como uma classe que detém a propriedade privada

---

34. Cf. p. ex., MUMFORD, L. *Les cités à travers l'histoire*.

35. CARDAN. Op. cit., p. 109, 110 e 111.

da organização. Mas, como veremos, a abordagem técnica e científica do mesmo problema resulta no enriquecimento do conteúdo do conceito.

A primeira tentativa moderna de organização da produção foi aquela efetuada, no começo deste século, por F.W. Taylor[36]. Este quer resolver os problemas do trabalho industrial racionalizando o trabalho operário. Ele começa, portanto, diferenciando, nas relações de produção, as *funções de direção* e as *funções de execução*. Como a *execução* das diretrizes pode se tornar o mais racional possível? Como eliminar, nessa passagem da ordem à aplicação dessa ordem, todas as desordens e todos os gastos inúteis de gestos, de energia? Como um bom executante poderia alcançar uma "perfeição" comparável à da máquina construída segundo cálculos que implicam na economia mais avançada das ações necessárias?

Para esse engenheiro, portanto, o modelo ideal é a máquina. Mas a fábrica também precisa dos homens trabalhando nessas máquinas, é preciso que esses trabalhadores não sejam *diferentes* da máquina que devem servir. Além disso, o funcionamento da empresa como um todo também pode ser comparado ou até mesmo identificado ao de uma máquina e é nesse *todo mecanizado* que se deve situar um trabalho operário capaz de um rendimento perfeito.

No outro nível, o da direção, a mecanização não poderia tomar a mesma forma senão na definição dos executantes. Contudo, aqui também, tendemos a eliminar os fatores de desajuste como a subjetividade, as irregularidades do comportamento humano. No ideal, o chefe racional é, ao contrário, objetivo e, portanto, impessoal, se quiser manter corretamente seu lugar nesse grande relógio que a fábrica seria.

Por fim, entre esses dirigentes (chefes) e executantes (operários), as ligações, o aparelho de controle, os contramestres serão funcionais, e as *funções* serão coordenadas pelos *chefes hierárquicos* que têm um papel centralizador.

---

36. TAYLOR, F.W. *Principes d'organisation scientifique des usines*. Paris: Dunod [s.d.]. • *La direction des ateliers*. Paris: Dunod [s.d.].

March e Simon[37] lembram que a teoria da departamentalização pode ser encontrada em Aristóteles (*Política*, IV, 15). Mas, sob sua forma moderna, ela aparece com Luther Gulick, Haldane (1923), Fayol (1930), Urwick etc., que são os teóricos da gestão administrativa. O problema que aparece agora, no nível da organização, está ligado ao crescimento do tamanho das empresas e à diversificação das atividades. É preciso, portanto, reorganizar o trabalho de direção, estabelecer uma técnica do comando não apenas na cúpula, mas em todos os setores ("departamentos") da empresa.

Em vista disto, as produções semelhantes serão reunidas em departamentos especializados. Isso supõe uma especialização por objetivos (a outra possibilidade sendo a especialização por tarefas). E também supõe uma escolha baseada em um cálculo de rentabilidade que permite determinar o que é aqui preferível: a departamentalização em função das tarefas, ou em função dos objetivos (dos produtos), que são dois critérios de especialização. Podemos então definir, como faz Fayol, seis funções na empresa moderna: desde a função de administração e de direção, no topo, até as funções de execução, na base da empresa.

March e Simon resumem assim essa escola da departamentalização:

> Em uma organização que possui a habitual estrutura piramidal, cada tarefa deve compreender apenas atividades pertencentes a um único departamento, aquele ao qual pertence o empregado que executa essa tarefa (p. 23).

Gulick ressalta as vantagens da *organização por objetivos*: "primeiramente, ela torna mais efetiva a execução de qualquer

---

37. MARCH, J.-G. & SIMON, H.A. Op. cit. Lembremos que esta obra distingue três fases nas teorias das organizações e da burocracia: a) Ao longo da primeira fase, elabora-se a teoria "clássica" da organização, junto com F.W. Taylor e sua "Teoria Fisiológica da Organização", bem como as teorias da departamentalização (Fayol, Gulick, Urwick etc.). Aqui o homem no trabalho é "uma mão". b) A fase que poderíamos nomear "psicossociológica" e que acentua os aspectos afetivos (motivações, relações humanas); os autores colocam aqui as teorias da burocracia de Merton, Selznick, Gouldner. Ao longo desse período, considera-se que o trabalhador também tem um "coração". c) O terceiro período é o do neorracionalismo, com novas teorias da inovação, e com a consideração de que o homem também é "um cérebro".

155

objetivo ou programa dado não importando a extensão ao colocar toda a operação sob o comando de um único diretor que possui o controle direto de todos os especialistas, escritórios, ou serviços, que devem intervir na execução do trabalho. Ninguém pode interferir. O diretor não espera pelos outros diretores, não tem de negociar o apoio deles ou sua cooperação, nem recorrer ao escalão superior para resolver um conflito. Ele pode consagrar toda sua energia na execução de sua missão [...]". E um pouco mais adiante: "Os departamentos dotados de um objetivo devem estar coordenados de maneira a não entrar em conflito, mas a trabalhar de mãos dadas"[38].

Podemos considerar que a terceira etapa, na elaboração da teoria clássica da organização, coincide com um novo crescimento, nos Estados Unidos, das empresas industriais, que se tornam organizações gigantes. Por isso, o problema da direção do trabalho na empresa será colocado de forma ainda mais nítida.

Portanto, como bem observa A. Lévy[39] "o centro de interesse das teorias de organização deslocou-se da organização do trabalho operário para o dos grandes diretores. Isso é uma consequência natural do fato que todos os problemas tinham sido supostamente resolvidos apenas pela existência do chefe". Lévy acrescenta ainda que ao longo desse período "os principais problemas estudados são aqueles da formação, da motivação dos executivos, da definição dos objetivos e das comunicações".

Um autor mais recente dessa escola dos "organizadores", e também consultor, é Peter Drucker. Para ele, "o problema do desenvolvimento da empresa é principalmente um problema de atitudes e de comportamento do dirigente". Drucker distingue as organizações verticais e as organizações horizontais[40]:

• Nas organizações verticais, o controle estende-se ao máximo a seis ou sete subordinados.

---

38. GULICK, L.H. & URWICK, L. *Papers on the science of administration.* Nova York, 1937.

39. LÉVY A. "Problèmes d'organisation et structure dans la perspective des théories classiques". *Hommes et Entreprises,* 17-18, ano 36, jan.-fev./1959.

40. DRUCKER P. *La pratique du commandement.* Paris: Éd. d'Organisation, 1957.

- As organizações horizontais são hierarquizadas de forma menos rígida.
- Constata-se, por exemplo, que as comunicações são melhores nas organizações horizontais do que nas verticais.

Drucker também estuda o grau de autonomia das unidades de produção em função do grau de controle sobre essas unidades e do grau de sua coordenação com outras unidades na empresa. Assim a análise estrutural da empresa torna-se mais complexa. Por outro lado, uma concepção pouco modificada do chefe, e do princípio de autoridade, subsiste ao longo desse terceiro período da "ciência das administrações". Sempre é o chefe que coordena e que permanece responsável. E, sobretudo, permanece uma ideia fundamental, expressa com toda clareza por Fayol: existem homens que são "por natureza" dirigentes; e outros são apenas aptos para executar. A ordem burocrática é uma ordem "natural".

Para concluir esse rápido olhar sobre a elaboração das teorias clássicas da organização, citemos A. Lévy: "Se essas teorias sofreram variações foi sobretudo sob o efeito da urgência de alguns problemas que, alternadamente, foram colocados aos chefes de empresa: especialização e racionalização do trabalho operário, organização administrativa e atribuição das tarefas e, finalmente, organização da função de direção"[41].

A primeira teoria da organização nasceu dos projetos de racionalização do trabalho e de sua gestão. A primeira forma "burocrática" moderna das relações de produção está inscrita no taylorismo. Taylor acentua a divisão das tarefas no comportamento do homem no trabalho e sistematiza a distinção entre os "dirigentes" que elaboram a tarefa, definem as normas, e os "executantes" que aplicam a instrução e aos quais não se pede para pensar. A forma moderna contemporânea da burocratização começa assim com a nova "organização científica do trabalho".

Depois vem uma dupla reação: a dos trabalhadores organizados, e a dos novos psicólogos e sociólogos da empresa, que

---

41. LÉVY, A. Op. cit., p. 9.

descobrem o *fator* humano na alienação criada pelo maquinismo industrial. A crítica psicológica da frase precedente é dupla: ela diz respeito, por um lado, ao trabalho (com seu caráter parcelar, sua monotonia, sua perda de significação) e, por outro lado, a organização da empresa; eis o momento da sociometria, das relações humanas. A crítica sociológica, elaborada essencialmente *em resposta* a Max Weber, desenvolve-se na mesma direção, mas também, muitas vezes, no esquecimento da dimensão política. Devemos agora, antes de propor uma teoria nova, proceder ao exame crítico dessas contribuições.

3) A crítica psicossociológica

1) A primeira etapa: o formal, ou o organograma, e o informal (E. Mayo, J. Moreno)

O primeiro momento da crítica das teorias "clássicas" da organização é marcado pelas célebres experiências de Elton Mayo na Western Eletric Company. Mayo revela a existência de um sistema "informal" de relações que de fato desempenha um papel essencial, ainda que desconhecido, na produção. Quase na mesma época, a sociometria também descobre nas coletividades humanas organizadas sistemas de relações humanas bem diferentes daqueles que estão oficializados pelo organograma da instituição. Sem que a palavra seja pronunciada, é uma nova teoria da burocracia que está nascendo, ou mais exatamente, da oposição à burocracia. A coexistência e o conflito desses dois *sistemas*, o sistema oficial e o sistema sociométrico, é a coexistência e a oposição da ordem formal, oficial e burocrática, e de uma ordem informal, clandestina e antiburocrática. Nessas *redes*, os trabalhadores reconstituem uma sociedade igualitária e de cooperação, ainda que, como é ocaso para os estudos sociométricos, essas *redes* não criem um aparelho que se oporia ao aparelho de produção. Simplesmente, o *espontâneo* se opõe aqui ao reificado, a cooperação à hierarquia, a humanidade das relações à desumanidade da máquina administrativa. Encontramos assim, nessas primeiras pesquisas sobre as relações humanas, uma teoria invertida da burocracia, compreendida a partir daquilo que ela não é, daquilo que se opõe a ela.

2) A segunda etapa: a dinâmica de grupo

Em seguida vem o movimento chamado dinâmica de grupo. Mais uma vez, a noção de *burocracia* não é explicitamente manipulada; os psicossociólogos deixam-na para os sociólogos. No entanto, a imagem que se retira dos estudos dos pequenos grupos, bem como o ideal *democrático* buscado por Kurt Lewin e seus alunos se opõem diretamente ao funcionamento burocratizado. O ideal do grupo, para essa escola, é realmente sua autorregulação com a plasticidade dos papéis, o *leadership* democrático, a supressão dos obstáculos à comunicação. É o que destaca E. Enriquez[42]. No capítulo anterior, já desenvolvemos o exame da conduta psicossociológica. Já mostramos que a função efetiva, mas ambígua, da psicossociologia era modernizar a burocracia. Veremos que a crítica sociológica conduz de fato ao mesmo resultado.

4) A abordagem sociológica

Max Weber

A primeira fonte do pensamento teórico de Max Weber é a história política, a sociologia da burocracia de Estado, inaugurada por Marx, e a análise marxista da economia. Max Weber situa-se assim ma junção das correntes que exploram o futuro da sociedade moderna.

A ideia de uma sociologia da organização, ou das organizações, encontra aqui seu início. Esse mesmo caminho, aliás, apresenta-se na elaboração contemporânea de uma ciência dos grupos. Os grupos humanos foram primeiramente o objeto de preocupações práticas, de ordem industrial (Elton Mayo), terapêutica (Moreno), política (correntes do socialismo utópico). A partir dessas práticas, elabora-se lentamente uma dinâmica dos grupos cuja hipótese fundamental, necessária à constituição de uma ciência universal, é que *todo grupo*, qualquer que seja seu objetivo (produção, terapia, formação...), deve em princípio obedecer às mesmas *leis de funcionamento* e cabe ao trabalho científico descobrir essas leis.

---

42. ENRIQUEZ, E. *L'Adaptation* [obra coletiva].

O mesmo vale para a dinâmica das organizações: chega o momento em que se percebe que devem haver características comuns ao conjunto das organizações sociais, isto é, desses grandes grupos estruturados, ou desses grupos de grupos que perseguem objetivos diversos. O que aparecerá como "formalismo" é, nesse sentido, uma necessidade da pesquisa científica.

Max Weber chama burocracia o sistema de administração ou de organização que tende à racionalidade integral. Ele define a organização burocrática recorrendo a um determinado número de traços característicos. Citemos essencialmente:

1) "Em primeiro lugar, o princípio das competências da autoridade ordenado geralmente por regras fixas", que determinam as atribuições dos funcionários com as "funções oficiais" e preveem meios de coerção.

Aqui, Max Weber indica a universalidade que ele atribui a seu modelo da burocracia – "em todo governo legal, esses três elementos constituem a *autoridade burocrática*", e no âmbito da vida econômica privada, eles constituem a *direção burocrática*. Em outros termos: o primeiro caráter essencial da burocracia deveria ser encontrado em todas as formas sociais da organização, em todos os setores organizados de nossa sociedade, do Estado à empresa. Voltaremos a esse ponto. Mas examinemos antes as outras características.

2) A burocracia é hierarquizada. Aqui, mais uma vez, é um princípio universal: "O princípio da autoridade hierarquizada encontra-se em todas as estruturas estatais e eclesiásticas, bem como nos grandes partidos políticos e nas empresas privadas. O caráter burocrático não depende em nada do fato de que sua autoridade seja chamada *privada* ou *pública*".

3) Terceira característica: a importância dos documentos escritos nas comunicações intraburocráticas. "A gestão da organização moderna baseia-se em documentos escritos (dossiês ou arquivos) que são conservados em sua forma original. De onde o exército de funcionários subalternos e dos amanuenses de toda espécie. O corpo dos funcionários ativos da administração pública mais o aparelho do material e dos dossiês for-

mam um escritório." Ressalta-se assim, a importância do *documento escrito*, com destino interno, mas também externo. Basta, ainda para ilustrar, relembrar a abundância extravagante das *notas de serviço* e das *circulares* de toda espécie que podem ocupar verdadeiros batalhões de chefes de serviços, secretários e datilógrafos.

4) Quarta característica: a função burocrática "pressupõe normalmente uma formação profissional avançada". Em sua *Crítica da filosofia do direito de Hegel*, Marx já destacava, aliás, a importância dos exames no recrutamento dos funcionários e em sua carreira.

5) O funcionário dedica-se "em tempo integral" à sua administração. Seu trabalho é, em sua vida, uma atividade principal.

6) O acesso à função e seu exercício supõem conhecimentos técnicos: aprendizagem jurídica, técnicas de gestão etc.

Max Weber também ressalta as características da personalidade burocrática: "A burocratização separa radicalmente a atividade oficial do campo da vida privada. Os fundos e o equipamento público são nitidamente separados do patrimônio particular do funcionário... O princípio é extensivo até mesmo ao chefe da empresa: a vida profissional é separada da vida doméstica, a correspondência administrativa da correspondência privada, os interesses de negócio da fortuna pessoal".

Essa administração burocrática "sucede à administração pelos notáveis". Vemos aqui a diferença com outros tipos históricos de gestão e, por exemplo, o da sociedade feudal em que "o soberano manda executar as medidas mais importantes por intermédio de sua *truste* pessoal, de seus companheiros de mesa e dos fiéis de sua corte".

Max Weber ressaltou o que ele chama as "vantagens técnicas da organização burocrática" no contexto da sociedade industrial e capitalista:

Uma execução dos negócios se possível acelerada e, contudo, exata, clara e contínua, é hoje exigida da administração pela economia capitalista de mercado. Primeiramente, a burocratização oferece o máximo de possibilidades pela divisão do trabalho na administração em função de pontos de vista puramente objetivos, ao repartir as diferentes tarefas entre funcionários especialmente formados que a elas se adaptam cada vez mais pelo exercício contínuo. Neste caso, a execução objetiva significa execução de acordo com as "regras calculáveis", sem relação com os indivíduos.

Esse é, portanto, o modelo da organização burocrática para Max Weber: descrição tipológica, esquema ideal que mostra a estrutura da organização. Mas encontramos nesse mesmo autor uma segunda dimensão, que não pode ser separada da primeira, e que a prolonga. Max Weber evocou que, nas condições de um poder burocrático supremo, toda a massa da população está reduzida nivela posição de "governados", que veem se erguer diante deles "um grupo dirigente burocraticamente estratificado" que pode ocupar "uma situação absolutamente autocrática". Ofereceu a esse respeito alguns exemplos emprestados dos impérios burocráticos da antiguidade chinesa, principalmente. E, enfim, apoiando-se no passado histórico, descrevendo o presente, e refletindo desde 1917 sobre a experiência russa, ele se propôs situar o futuro da burocracia.

Indiquemos aqui mais uma vez, antes de esclarecer como ele vê este futuro, o parentesco evidente de sua reflexão com a de Hegel. Para os dois autores, vivemos de certa maneira o "fim da história". Não no sentido de que a história pararia definitivamente, como um trem na garagem. Mas no sentido de que a história ocidental, com seu curso singular, suas lutas históricas, suas mudanças na estrutura das classes, pode chegar ao fim com a era dos organizadores, com uma espécie de organização internacional e burocrática em escala planetária. Essa organização pode se aperfeiçoar constantemente, funcionar sem terror e sem violência, substituir a coerção forçada pela televisão, proporcionar – já nos dizem isso em um relatório prospectivo e planificador consagrado ao ano 1985 –, a felicidade da população. O fim da história (Hegel), o futuro da burocratização (Max Weber) é isso: a era da organização e o homem da organização.

Max Weber aplica, portanto, a expressão: "sistema de transmissão", não à burocracia, mas simplesmente ao *aparelho burocrático*. Pois, ele diz, "a questão é sempre a mesma: Quem domina o aparelho burocrático existente"? Vê-se aqui a evolução sugerida: o poder de decisão torna-se totalmente interno ao aparelho burocrático quando a burocracia tornou-se a nova classe. A burocracia é *ligação*, aparelho de *transmissão* enquanto houver, na sociedade, uma classe dirigente que "domina" igualmente a burocracia: é dessa forma que ela aparece para Marx quando ele descobre no Estado, com sua burocracia, um instrumento à disposição da classe dominante. Max Weber, no entanto, percebeu e anunciou uma passagem histórica da burocracia como *aparelho* à burocracia como *nova classe dirigente* na sociedade: "É à burocratização que pertence o futuro" diz ele. E mais: "A burocracia de Estado dominaria sozinha, se o capitalismo desaparecesse".

Max Weber escreve isso em 1917, no mesmo ano em que Lênin constata que o "monopólio, em geral, evoluiu para monopólio de Estado". Encontramos assim, em Max Weber, a dupla teoria da burocracia que encontramos sempre nessa pesquisa: a burocracia como tipo de organização dos grupos sociais na sociedade, e a burocracia como poder central da sociedade – como classe dominante. Voltaremos a esse ponto em um capítulo posterior.

J.G. March e H.A. Simon observaram corretamente que as análises que Max Weber consagra à burocracia têm mais afinidades com as teorias "mecanicistas" da organização (teorias de Urwick e de Gulick) do que com aquelas surgidas ao longo do período psicossociológico. Na verdade, Max Weber quis mostrar "até que ponto a organização burocrática é uma solução racional à complexidade dos problemas modernos"[43]. Contudo, "Weber vai de maneira significativa além da representação 'mecanicista'. Ele analisou em particular a relação existente entre um funcionário e seu emprego. Mas de maneira geral, ele percebe a burocracia como um dispositivo adaptado à utilização

---

43. MARCH, J.G. & SIMON, H.A. Op. cit.

das capacidades especializadas [...]"[44]. Diremos principalmente que Weber parece pertencer ao primeiro período de elaboração de uma ciência das organizações na medida em que insiste, como Taylor ou Fayol, na possibilidade e na necessidade de racionalizar o trabalho. A diferença importante é que não é mais um prático – engenheiro ou administrador, que se preocupa em organizar. Weber é um sociólogo, e isso supõe um certo recuo em relação aos objetivos de produção. Mas não se pode negar que esse sociólogo é o teórico de uma racionalização burocrática que lhe parece historicamente necessária, talvez inteiramente aceitável: "as burocracias, escreve ele, têm uma eficácia maior (quanto aos objetivos perseguidos pela hierarquia formal) do que outras formas possíveis de organização".

Os sociólogos da burocracia, ainda que utilizem no início de suas análises o modelo weberiano, insistem, ao contrário, na "irracionalidade" burocrática ou, na linguagem de Merton, na disfunção das burocracias[45].

March e Simon destacaram o caráter comum às teorias de Merton (1940), de Selznick (1949) e de Gouldner (1954). Esses três autores "utilizam como principal variável independente uma determinada forma de organização, ou de procedimento organizacional, destinada a controlar as atividades dos membros na organização"[46]. Um esquema resume esse "dispositivo teórico" comum.

Este esquema ressalta o fato de que as teorias que agora serão examinadas separadamente pertencem mais "a uma única categoria de teorias"[47].

---

44. Ibid.

45. É preciso lembrar que o termo *burocracia* conheceu, no vocabulário da sociologia americana, uma verdadeira inflação, até se tornar o equivalente, ou quase, da noção de organização. Podemos nos convencer apenas olhando a lista bibliográfica (perto de mil trabalhos recenseados) fornecida por S.N. Eisenstadt em seu relatório "Bureaucratie et Bureaucratisation". *Currente Sociology*, 7 (2), 1958.

46. MARCH & SIMON. Op. cit.

47. Ibid.

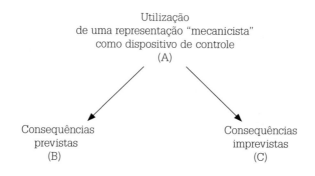

Figura 9

Merton

A teoria de Merton[48] ressalta o disfuncionamento no nível das aprendizagens entre os membros da organização burocrática. No início do *modelo* (A, na Figura 9), existe por parte da hierarquia dirigente, uma "exigência de controle" que "toma a forma de uma crescente insistência na fidelidade do comportamento"; isso significa que a hierarquia quer ter a capacidade de *prever* os comportamentos esperados a partir de um programa. É o esquema mecanicista da organização: um esquema teórico que, na realidade, vai provocar não apenas as consequências esperadas e *previsíveis* (B), mas ainda, e este é o elemento novo da teoria, consequências imprevisíveis e inesperadas (C). Assim, a insistência na fidelidade vai provocar a rigidez – inesperada – das condutas e, então, uma série de consequências igualmente "não desejadas". Um esquema, simplificado por March e Simon, oferece o essencial dos circuitos.

A rigidez do comportamento provoca, segundo Merton, três consequências essenciais. Primeiro, ela satisfaz a exigência de fidelidade e responde à necessidade de preservação do

---

48. MERTON, R.K. "The unanticipated conséquences of purposive social action". *Am. Sociol. Rev.*, 1, 1936, p. 894-904. • "Bureaucratie structure and personality". *Social Forces*, 18, 1940, p. 560-568.

sistema. Em seguida, aumenta as reações de defesa da atividade individual e, por último, a *soma das dificuldades encontradas com a clientela*. De fato, o desenvolvimento da rigidez no funcionário, da atitude ritualista, torna mais difícil a adaptação às tarefas; e ao mesmo tempo ela desenvolve um espírito de casta que cava um fosso entre a burocracia e seu público. Mas esses conflitos com os "clientes" reforçam em resposta a necessidade de controle que se encontra assim reforçada, apesar das suas consequências não desejadas (Figura 10).

Pode-se pensar, como M. Crozier, que para Merton "a disfunção aparece como a resistência do fator humano a um comportamento que se tenta obter mecanicamente"[49]. Essa é uma tradução de sua análise para a linguagem das "relações humanas", isto é, de uma corrente das ciências sociais caracterizada pela ênfase dada ao caráter mecânico, não humano, das teorias "clássicas" da organização[50]. O estudo de R.K. Merton é psicológico, e psicossociológico, por outro aspecto: ele descreve comportamentos individuais dentro do sistema burocrático; mostra a elaboração de uma personalidade rígida em um contexto institucional que tende a recusar a criatividade da inovação. Se Max Weber já elaborava uma tipologia do funcionário burocrata no nível dos estatutos e dos papéis, Merton vai mais longe nessa via quando ressalta as consequências psicológicas de *reificação*[51].

---

49. CROZIER, M. *Le phénomène bureaucratique*. Paris: Le Seuil, 1964.

50. Encontramos um excelente exemplo dessa crítica das teorias "clássicas" das organizações a partir das posições da psicossociologia dos grupos e das relações humanas no estudo já citado de A. Lévy: "Problèmes d'organisation et de structure dans la perspective des théories classiques". *Hommes et Entreprises*, 17-18, ano 31, jan.-fev./1959.

51. A reificação do sistema, para empregar a linguagem de G. Lukács, estimula uma reificação dos grupos e dos indivíduos que em resposta reforça a reificação do sistema. Cf. LUKÁCS, G. *Histoire et conscience de classe*. Paris, De Minuit [Col. Arguments], 1960.

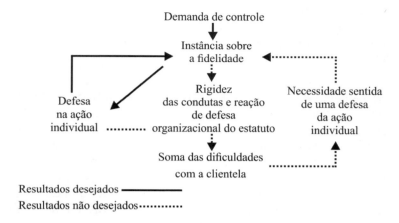

Figura 10

Merton deixa aberto um determinado número de problemas aos quais, como ressalta Crozier, ele não respondeu: "Por que as organizações permanecem ligadas ao modelo mecanicista uma vez que esse modelo não lhes traz os resultados desejados? E se elas o mantêm, por que não assistimos à deterioração da organização? Afinal, se realmente as consequências do emprego do modelo mecanicista deviam obrigar a utilização de um controle e de uma regulamentação sempre maiores, deveríamos encontrar cada vez mais disfunções. Merton não colocou esses problemas, pois não quis questionar a análise de Weber. Seu objetivo era apenas mostrar que o "tipo ideal" comportava uma parte considerável de ineficácia e compreender quais eram as razões dessa distância entre o modelo de Weber e a realidade"[52].

Selznick

Selznick situa no início de seu modelo (em A, para retomar o esquema resumindo os três modelos) a *delegação de autoridade*, técnica de controle que produz consequências inesperadas. A consequência esperada, pela hierarquia dirigente, dessa depar-

---

52. CROZIER, M. Op. cit.

tamentalização é a "soma do treinamento nas competências especializadas": aumenta-se a experiência do empregado em campos limitados e aperfeiçoam-se suas capacidades para tratá-las restringindo sua atenção a um número limitado de problemas. A consequência inesperada, não desejada, disfuncional, é que aumentam as divergências de interesse entre os subgrupos na organização. Esses subgrupos vão perseguir objetivos "subalternos" em relação ao objetivo global da organização em sua totalidade: haverá, portanto, divergência dos objetivos. De onde o aumento dos conflitos entre os grupos, que se repercute no conteúdo das decisões. É um universo do conflito: "Cada subgrupo procura se afirmar ao integrar sua política na doutrina oficial da grande organização para legitimar suas exigências"[53]. Mas, ao mesmo tempo, a organização torna-se um campo de operações táticas para os subgrupos, cujos membros interiorizam os objetivos ditos "subalternos" em detrimento dos objetivos da organização, que são ao mesmo tempo realizados e "deformados". Em resumo, as consequências da delegação de autoridade, ou da departamentalização, não são tão racionais quanto se poderia crer: a hierarquia dirigente deve contar com a divergência dos objetivos e "o espírito de bairrismo", ou "de grupo" entre os executantes, como mostra o esquema a seguir (Figura 11).

O comentário de Crozier destaca as implicações essenciais desta análise:

    1) "Para ele a pressão burocrática é evidente, e o problema que quer abordar é o do valor dos esforços feitos para evitá-la.

    2) A organização burocrática especializa e fragmenta os papéis para tornar o especialista mais neutro e mais independente, mas tende a criar assim um espírito de casta e tentações de aliança com os interesses que se cristalizam em torno desses papéis; a disfunção que se desenvolve será combatida naturalmente por um reforço da especialização".

---

53. MARCH & SIMON. Op. cit.

3) Selznick "levanta um novo problema, o da participação e do poder. Ele o considera apenas, é verdade, em relação à solução que deve ser dada às dificuldades encontradas e não como a própria fonte dessas dificuldades, o que significaria questionar o quadro weberiano com o qual ele continua oficialmente concordando"[54].

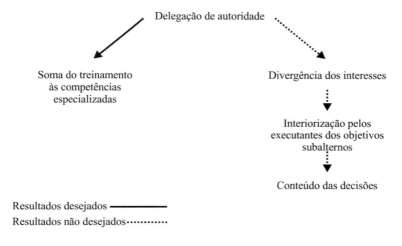

Figura 11

Gouldner

Gouldner, como Merton e Selznick, "tenta mostrar como uma técnica de controle destinada a garantir o equilíbrio de um sistema subalterno perturba o sistema superior, com retroação sobre o sistema subalterno"[55]. Depois de ter diferenciado a *burocracia-especialista* e a *burocracia punitiva*, ele aborda essencialmente o estudo da segunda para mostrar o círculo vicioso que ali se estabelece.

---

54. CROZIER, M. Op. cit.

55. MARCH & SIMON. Op. cit.

Os estudos funcionalistas da organização, na Escola americana, constituem uma importante contribuição teórica.

Elas mostram os impasses nos quais se engajam as primeiras teorias da organização, em razão de seu mecanismo implícito. O ser vivente já não se deixa reduzir à mecanização: a vida às suas normas. Isso significa que seria necessário substituir o modelo "mecânico", o das teorias clássicas, por um modelo de tipo orgânico e vitalista, aquele sugerido, por exemplo, por Cannon[56] quando da *sabedoria do corpo* ele deduz uma sabedoria possível do corpo social, uma homeostase social? Nesse sentido, a organização seria um *organismo*. Mas as *desordens* do organismo e os *conflitos* do corpo social são do mesmo tipo? As classes sociais em luta podem cooperar nesse grupo como fazem as glândulas endócrinas na "organização" do corpo humano?

É neste ponto que a noção mertoniana e pós-mertoniana da *disfunção*, noção de inspiração *biológica*, revela toda sua ambiguidade. É uma noção de tipo *organísmico*, na medida em que tende a considerar uma organização social, uma empresa, uma administração, como uma totalidade acabada, com sua finalidade interna, e situada simplesmente em um *meio social* (a "clientela" da organização, diria Merton, é esse meio) como o organismo vivo está situado em seu meio de vida e responde às suas solicitações, ataca, defende-se, alimenta-se... Uma burocracia funcional seria aquela que, por seu equilíbrio interno, poderia igualmente responder à demanda circundante dos clientes.

Mas será que esse modelo, implícito, de uma totalidade acabada e que poderia ser estabilizada (ela não é, e isso é a burocracia disfuncional) é realmente pertinente? Por outro lado, pode-se pensar que a unidade de um grupo ou de uma organização social está sempre em outro lugar, nas "totalidades" sociais mais vastas, e na história. Portanto, do ponto de vista econômico a empresa está ligada ao mercado nacional, supranacional, e mesmo mundial. Do ponto de vista social, ela é um lugar onde acontecem as lutas sociais, os conflitos que não estão na empresa... Em resumo, a organização não poderia ser o que talvez seja um organismo animal: *uma totalidade acaba-*

---

56. CANNON. *La sagesses du corps.*

da. Ela é sempre uma totalização em andamento, tomada nos conjuntos mais vastos.

Por último, será que o próprio problema da burocratização pode ser esgotado por uma exploração interna e por um diagnóstico do disfuncionamento? Esse tipo de diagnóstico, mais uma vez, pode ser válido para as disfunções de um organismo, de um ser que, certamente, está vivo, em um meio, agressivo ou acolhedor, mas que forma totalidade nesse meio heterogêneo. O "meio" da organização, pelo contrário, é um lugar de modelos onde as estruturas burocráticas existem em uma escala mais ampla do que a de uma *empresa* e pode-se levantar a hipótese, inversa daquela do funcionalismo, de uma penetração de modelos externos de burocratização, a empresa sendo, por um lado, burocratizada do *exterior*.

Em resumo, a análise funcionalista é uma *descrição* que pode fundar uma intervenção terapêutica; não é uma explicação, não é uma fonte do sentido. Podemos, como diz Crozier, admitir, em um tempo da pesquisa, uma sociologia funcional. Mas depois temos de levar essa pesquisa do sentido para outras direções. É o que propõe Michel Crozier.

Michel Crozier

Os trabalhos de pesquisa, formação e intervenção na empresa destacaram as frustrações do trabalhador, suas resistências à "racionalização" integral de seu trabalho. Esses trabalhos também ressaltam a dificuldade das organizações burocráticas tradicionais para responder as pressões do meio, para funcionar adaptando-se à mudança contínua da sociedade industrial moderna.

A contribuição dessas pesquisas e dessas técnicas é essencial. No entanto, pudemos constatar muito recentemente que essa energia dedicada para analisar e manejar a dimensão humana e afetiva das organizações possibilitou a subestimação dos problemas de poder nas relações sociais. A luta dos homens é uma luta pelo poder e, enquanto durar, ela dá origem às estratégias e às táticas que visam a conquista desse poder ou sua proteção, quando ele é obtido. Até mesmo um "equilíbrio burocrático" continua trabalhado pelas *lutas* e pelas *negociações*.

Michel Crozier baseou suas análises do sistema de organização burocrática nessa dimensão do poder[57]. Não podemos, diz ele, compreender o funcionamento de uma organização "sem levar em conta os problemas de governo", e emprega aqui o termo governo "por analogia com o vocabulário da ciência política"[58]. Toda teoria política implica uma definição geral da organização social, portanto um (ou vários) axioma de partida. Para Crozier, este axioma é que "toda ação cooperativa coordenada exige que cada participante possa contar com um grau de regularidade suficiente por parte dos outros participantes. Isso significa, em outros termos, que toda organização, qualquer que seja sua estrutura, quaisquer que sejam seus objetivos e sua importância, exige de seus membros um montante variável, mas sempre importante, de conformidade"[59].

Até o início do século XX, a conformidade geralmente é obtida pela violência e o terror. O exemplo é a ordem militar. As empresas industriais, no século XIX, adotam esse modelo militar: os analistas dessa sociedade, assim como A. Comte e Marx, sublinham então a analogia dos dois tipos de organização. A fábrica funciona como a caserna. No início do século XX, o mesmo modelo militar é atacado, no nível da organização industrial, por Taylor, mas é mantido pela organização revolucionária: Lênin, no início desse século, se inspira nas estruturas do exército para definir uma estrutura do partido, onde a rígida disciplina é também de "praxe". Por fim, as ordens religiosas interiorizaram os objetivos e o terror para manter a coesão do grupo: a ordem dos jesuítas é sua melhor ilustração[60].

---

57. CROZIER, M. *Le phénomène bureaucratique*. Paris: Le Seuil, 1963.

58. Ibid., p. 242. A elaboração teórica de M. Crozier desenvolve-se, sobretudo, na terceira parte de sua obra intitulada: "Le phénomène bureaucratique du point de vue de la théorie des organisations"; e ainda mais precisamente em seu sétimo capítulo "Le système d'organisation bureaucratique", ao qual tomamos emprestado, no essencial, os elementos de análise e de constituição do "modelo" da organização burocratizada.

59. Ibid.

60. Cf. Michel Crozier: erramos ao negligenciar, em sociologia histórica, "os documentos que possuímos sobre o funcionamento das primeiras grandes organizações comerciais, dos primeiros exércitos permanentes e das ordens religiosas. A teoria das organizações poderia ser auxiliada pela renovação de tais estudos em um espírito – mais sociológico.

As organizações modernas continuam utilizando, permanentemente, a coação; mas suas formas externas são progressivamente amenizadas. De toda forma, elas lidam agora com funcionários mais educados em relação à conformidade: "O cidadão e o produtor adquiriram, com efeito, ao longo de uma aprendizagem bastante longa da vida social uma capacidade geral de se adaptar e se 'conformar' às regras que a participação nas 'organizações' impõem"[61]. Whyte descreveu[62] longamente essa formação do *homem da organização*. Riesman mostrou[63] como o condicionamento externo dos homens tornou-se um elemento essencial da civilização moderna. Além do mais, esses autores insistiram no papel dos métodos de formação para a preparação da "personalidade burocrática" para sua entrada na organização, de forma a manter condutas necessárias à nova disciplina[64]. Por fim, surgiram *técnicas de previsão* tais que as organizações modernas podem muito mais facilmente tolerar o desvio e os engajamentos parciais[65].

Valeria a pena estudar em particular as analogias do ponto de vista das formas de organização entre as ordens religiosas... e as primeiras grandes organizações comerciais como as dos mercadores hanseáticos".

61. Ibid.

62. WHYTE, F. *L'homme de l'organisation*. Paris: Plon, 1959.

63. RIESMAN, D. *La foule solitaire*. Paris: Arthaud, 1964.

64. Esta é, aliás, uma interpretação unilateral. Se for verdade que as técnicas de grupo podem ser um instrumento de aprendizagem e de difusão de condutas conformistas, também é verdade que elas são um instrumento de tomada de consciência, e mesmo de contestação. E isso não é um acidente ou um benefício secundário. Esses métodos nasceram da necessidade, percebida pelos dirigentes da produção, de suscitar, pelo menos nos executivos, uma *iniciativa ajustada* aos objetivos que a organização persegue. Não se trata, portanto, de um condicionamento absoluto, de uma mecanização mais sutil do homem e de uma simples manipulação como afirmam certos críticos. Os seminários de formação visam despertar uma criatividade compatível com as estruturas atuais das empresas. E aí está, por outro lado, como veremos mais adiante, a ambiguidade e os limites verdadeiros de uma formação em *relações* humanas. Pois a organização não é feita apenas de relações, não é redutível às fórmulas *psicológicas*. Não ignoramos mais atualmente a dimensão precisamente *psicológica* da produção. Resta a dimensão organizacional, *institucional*, ou como diz M. Crozier, *política*. A formação até aqui desconheceu essa dimensão política, e foi apenas recentemente, com D. Cartwright, que a dinâmica de grupo orientou suas pesquisas para os problemas do *poder social* e das relações de poder.

65. CROZIER, M. Op. cit.

A consequência não é um enfraquecimento da burocracia, provocado por um declínio de formas autocráticas do comando. Mas a burocracia atual é um tecido complexo de mecanismos e de relações que cada sociólogo das organizações se esforça para analisar, classificar, vincular, enfim, na sistematização de um modelo. Crozier distingue primeiramente quatro traços essenciais: a "extensão do desenvolvimento das regras impessoais, a centralização das decisões, o isolamento de cada estrato ou categoria hierárquica e o crescimento concomitante da pressão do grupo sobre o indivíduo, o desenvolvimento de relações de poder paralelas em torno das zonas de incerteza que subsistem"[66]. Examinemos essas quatro características da burocracia.

1ª) *O desenvolvimento de regras impessoais* na organização burocrática era também um dos traços revelados por Max Weber. Essas regras burocráticas são particularmente visíveis na função pública e nas empresas do Estado, que constituem, além disso, o campo de pesquisa de Crozier. Esse universo das regras é primeiramente o sistema de concursos que são os exames de passagem e de ascensão nas categorias (os "estratos" hierárquicos). Antes de Max Weber, Karl Marx já revelava essa importância "ritualista" do concurso na burocracia do Estado.

Outra regulamentação que visa despersonalizar a carreira do funcionário é o princípio da antiguidade: ele regulamenta a repartição dos postos, as passagens de um posto ao outro, as mudanças nos índices de tratamento[67]. Essas regras protegem,

---

66. Ibid.

67. Em nossa educação nacional, portanto, as próprias notas de inspeção são calculadas de acordo com a antiguidade do professor. As promoções são muito mais feitas de acordo com a "antiguidade" do que com a "escolha". E nas comissões paritárias, os sindicatos asseguram a aplicação dessas regras, mesmo conservando margens de negociação com a administração. Apesar disso, poderíamos mostrar que o jogo das margens também faz parte, nesse exemplo, do funcionamento burocrático. Por fim, o desvio, mesmo quando pedagógico, pode ser controlado por um acordo tácito das partes: é melhor estar perto da aposentadoria do que ser iniciante quando se deseja inovar em pedagogia; a explicação racionalizada (no sentido freudiano do termo) desse traço invoca a experiência do professor mestre de sua sala de aula, experiência ligada à idade e à prática. A permissão para inovar chega a uma idade em que já se perdeu o gosto para isso. Essa resistência à novidade pedagógica é, além disso, um bom exemplo de resistência à mudança no universo burocrático.

portanto, do arbitrário e do favoritismo; mas, ao mesmo tempo, são um freio ao desenvolvimento da personalidade e da criatividade. A segurança acaba vencendo e o chefe está ali apenas para fazer com que as regras do jogo sejam aplicadas[68]. A regra protege: ela é, no sistema, uma defesa ao mesmo tempo contra os superiores e contra os subordinados[69]. Mas ao mesmo tempo, a regra isola: ela tende a eliminar o caráter pessoal das relações profissionais. De fato, essa ambição da regra nunca é integralmente atingida. Subsistem as margens nas quais os protagonistas podem se enfrentar e negociar. Os conflitos pelo poder persistem nesse universo regulado, e eles podem se manifestar e se propagar, mesmo por meio das regras fazendo-as servir ao desenvolvimento desses conflitos.

2ª) *A centralização das decisões* é o segundo traço do sistema de organização burocrática. Apesar da multiplicação das regras que permitem decidir em cada caso, às vezes é necessário decidir, ou mesmo criar outras regras. Por isso é necessário que esse poder legislativo não exista apenas na cúpula, isto é, ali onde as pressões pessoais têm menos chances de agir, de obter resultados imprevisíveis, de privilegiar o arbitrário. Mas essa atividade legislativa, ou de arbitragem na aplicação da regra, obriga a cuidar mais do funcionamento da organização do que da sua expansão no mundo. Evitam-se assim os riscos da iniciativa pessoal, quaisquer que sejam as consequências. Mas o

---

68. Para tomar novamente um exemplo pedagógico: o inspetor verifica *antes de qualquer outra coisa* se os programas estão sendo aplicados, os horários respeitados, o emprego do tempo está de acordo com as instruções ministeriais. Ele também controla a conformidade dos métodos e da ideologia: contaram-me a atitude de um inspetor-geral, no entanto considerado "liberal", felicitando um jovem professor por sua autoridade ao opor a rigidez de seu curso, de todo modo incompreensível para os alunos, à aventura de outro jovem professor que organiza entrevistas em sua sala de aula e manifesta assim um interesse ativo por métodos que questionam o curso *ex catedra*. Em outro lugar, e desta vez no ensino primário, o inspetor se queixa de não poder julgar um professor que pratica métodos ativos porque seu ensino e o clima de sua classe escapam às normas previstas pela Inspeção. Aqui as regras da tradição são o âmbito indispensável no qual se pode exercer o "julgamento".

69. Uma defesa: não nos esqueçamos de que o universo burocrático é um universo da suspeita, da vigilância e até mesmo, com frequência, da delação.

resultado é um crescimento da rigidez da organização – aqueles que decidem estão distantes dos problemas concretos e cotidianos da organização; e aqueles que, pelo contrário, estão próximos desses problemas podem apenas lhes aplicar as regras, mesmo quando elas paralisam as condutas de adaptação. Neste ponto, mais uma vez, como se pode ver, é a repartição do poder na organização que estabelece a criação e a aplicação das regras. A descrição desse traço conhecido da organização: a importância dada aos regulamentos, o respeito fetichista destes e sua constante invocação, tudo isso supõe um jogo oculto ou visível do *poder* na organização, desse poder que está na origem da regra, bem como de sua aplicação.

3ª) *O isolamento de cada categoria hierárquica* é o terceiro traço do funcionamento burocratizado. Entre essas categorias, esses "estratos", são estabelecidas barreiras protetoras, que impedem, além do mais, o desenvolvimento de redes informais, ou sociométricas, de relações que podem superar a separação dos estratos: o espírito de casta atua contra o espírito de clã.

No interior da casta, que é um "grupo de pares", as pressões de grupo se exercem sobre o indivíduo para conformá-lo à moral do grupo e para provocar sua adesão aos seus próprios objetivos[70]. Nesses grupos vão atuar as normas que definem e protegem a categoria profissional e o indivíduo membro da casta deve aderir a essas normas e defendê-las em caso de necessidade. Michel Crozier introduz aqui uma hipótese interessante quando mostra que esses "estratos" têm um papel essencial na gênese do mecanismo burocrático chamado "deslocamento dos objetivos". Trata-se aqui, como se sabe, de um aspecto essencial do funcionamento burocrático: o objetivo original da

---

70. Esse mecanismo atua mesmo nas organizações sindicais e políticas que reconheceram e instituíram um *direito de tendência*, isto é, o direito de desvio em relação, eventualmente, à maioria. Mas esse desvio, nesse sistema, deve ao menos ser compartilhado por um determinado número de participantes para ser reconhecido e oficializado como "tendência". Em seguida, na tendência que se *organiza*, as pressões tendo em vista a conformidade se exercem pelo menos tão fortemente quanto no conjunto da organização. O direito de tendência na atua mais no interior das tendências onde o problema vai ser novamente encontrado, até o esfacelamento das frações, consequência do burocratismo na medida em que "a burocracia é uma das fontes fundamentais das frações".

organização não é a própria organização e sua sobrevivência, mas a tarefa para a qual foi criada. Esse objetivo é deslocado quando o meio, isto é, a organização, torna-se um fim em si mesmo. Mas os subgrupos hierárquicos continuam defendendo suas próprias vantagens na organização e esse novo objetivo tende a ser mais importante do que os objetivos da organização como um todo, e isso apesar da afirmação da coincidência entre os objetivos do grupo e os da organização.

4ª) O *último traço* do funcionamento *burocrático* descrito por Michel Crozier é o desenvolvimento de relações de poder paralelas. Apesar da rigidez do sistema burocrático, de seu conservadorismo e do esforço para tornar previsível e calculável qualquer mudança, sempre sobram zonas de incerteza nas quais vão atuar as "relações de poder paralelas" ou, em outros termos, *informais*[71]. Este último termo quer significar que Crozier encontra para as *relações de poder* aquilo que Elton Mayo havia revelado a propósito das relações humanas na empresa: a existência de um duplo sistema de relações sociais, um oficial e o outro informal, na linguagem da psicossociologia. Além do mais, essa descoberta só tem sentido

---

71. "Informal" não é o termo empregado por Crozier. Mas toda sua descrição das relações de poder tende a apresentar essas relações e seu sistema complexo como um conjunto quase clandestino em relação à estrutura oficial da organização. É uma guerra permanente no interior da burocracia, mas essa guerra tem suas próprias leis que não são codificadas. Além do mais, esse jogo de poder assemelha-se muito àquele descrito por Roger Vaillant no *La loi*, ainda que Crozier, que previu a analogia, declare a respeito da dominação dos operários de manutenção do "Monopole" que estes *não fazem a lei em seu ateliê*. Essa estratégia característica das relações de poder não é, de todo modo, observável apenas no funcionamento das organizações; é encontrada como dimensão constante *das relações humanas*, relações de trabalho, relações terapêuticas, relações amorosas com suas estratégias. Outro exemplo literário: As *ligações perigosas* são o romance do amor analisado sob o ponto de vista das relações de poder e todo romance de amor leva em consideração esse aspecto da vida amorosa. Em campos um pouco diferentes, como o da cura psicanalítica ou da conduta dos grupos de formação poderíamos igualmente levar em consideração esse tipo de relações. Contudo, o problema que Crozier não coloca, e que é, no entanto, imediatamente perceptível: Por que essas lutas pelo poder? E qual poder: O de se sujeitar ao outro, de dominar por dominar? Ou é preciso, ao contrário, procurar compreender esse tipo de relação como uma característica de um certo tipo de cultura e de organização social, aquele precisamente da sociedade burocrática? Se for necessário agir assim, a relação de poder não é mais a causa, como tende a sugerir Crozier, mas o sintoma de uma forma de relações humanas alienadas, surgindo como sugere, aliás, Vaillant no mundo da penúria ou da escassez.

e interesse quando se inscreve em uma relação dinâmica: o peso da ordem oficial dá origem à ordem informal como ordem de oposição e defesa[72]. Uma determina a outra: "é em um sistema de organização muito 'burocrático' onde a hierarquia é clara e a definição das tarefas precisa, que os poderes paralelos terão mais importância"[73].

O conjunto das quatro características assim definidas converge para "a característica essencial": esses quatro traços fundamentais "tendem finalmente a desenvolver novas pressões que reforçam o clima de impessoalidade e de centralização que lhes deu origem. Em outros termos, um sistema de organização burocrática é um sistema de organização cujo equilíbrio apoia-se na existência de uma série de círculos viciosos relativamente estáveis, que se desenvolvem a partir do clima de impessoalidade e de centralização"[74]. Outros sociólogos da burocracia, principalmente Merton, também revelaram esses círculos viciosos; mas Crozier assumiu a tarefa de esclarecê-los por meio de um esquema de interpretação que "não se baseia mais nas relações passivas do 'fator humano', mas no reconhecimento da natureza ativa do agente humano que busca de toda maneira e em todas as circunstâncias tirar o melhor partido possível de todos os meios à sua disposição"[75]. E dessa forma se afirma mais uma vez o essencial desse revisionismo que consiste em passar de uma explicação pelas "relações humanas", no sentido afetivo do termo, a uma explicação pelas "relações de poder" compreendidas

---

72. Em toda parte é a mesma lei que dá origem às redes "informais" e clandestinas da resistência contra a autoridade oficial na medida em que esta não expressa a vontade geral dos participantes. Dessa forma, na escola autoritária, *as gangues* são a expressão da luta lateral contra a autoridade mal-aceita. E da mesma forma, as relações de poder no sentido que Crozier dá a esse termo são uma resposta, são de fato a resposta à ordem oficial e imposta das relações hierárquicas de autoridade, de poder. Resta saber se a luta é pelo poder ou pela supressão do poder. Para Crozier, a organização hierárquica é um dado inelutável e deve simplesmente ser organizada. Esse postulado, fundamental em sua obra, determina de fato toda sua análise. Mas o enuncia apenas de maneira quase alusiva e só o exemplifica com algumas alusões às "utopias" políticas que cita sem discuti-las, essa discussão sendo exterior a seu propósito funcionalista.

73. CROZIER, M. Op. cit.

74. Ibid.

75. Ibid.

segundo as perspectivas do neorracionalismo característico das novas teorias da organização[76].

As análises de Michel Crozier contribuem para o avanço da compreensão da burocracia de tipo tradicional. Mas falta aqui, como em todas as teorias anteriores, uma perspectiva histórica. A burocracia é "naturalizada" em sua essência. Antes de examinar de mais perto esse postulado comum a *todas* as doutrinas, precisamos retomar outras descrições.

5) Uma síntese

Em uma análise recente, E. Enriquez examina a passagem da espontaneidade à ordem e, de alguma forma, à burocracia[77]. Bergson já opunha a sociedade fechada e a sociedade aberta: a sociedade fechada é mecânica, e é um modelo encontrado tanto nos primitivos quanto nas sociedades contemporâneas. A sociedade aberta é, para ele, a sociedade inacabada, com sua criatividade, com sua possibilidade de invenção. E. Enriquez, inspirando-se explicitamente em Bergson propõe um esquema análogo: aos "modelos de ordem" se oporiam os "modelos de equilíbrio".

No modelo da ordem, "os diferentes membros da sociedade têm funções e lugares determinados", esses lugares são atribuídos em função de critérios explícitos, e válidos também para definir as mudanças de atribuição. Esses critérios, E. Enriquez acrescenta, "são racionais e, por isso, praticamente intangíveis"; além do mais, "funções e papéis estão bem-definidos: cada um sabe o que deve fazer e como fazê-lo, as comunicações no grupo são reguladas, bem como os comportamentos"; por fim, "os vínculos afetivos praticamente inexistem, os conflitos não são tolerados, ou se o são, existem regras que permitem resolvê-los em todos os casos".

Enriquez afirma, de acordo com Bergson, que esse modelo de ordem existe em toda sociedade e que corresponde ao sonho

---

76. Trata-se das teorias desenvolvidas principalmente por March e Simon.

77. G. Lapassade não remete aqui a nenhum texto preciso. Assinalemos que E. Enriquez desenvolveu depois sua análise em *De la borde à l'État*. Paris: Gallimard [Col. "Connaissance de l'Inconscient", n. 48 [R.H.].

de um mundo *sem problemas*. Em seguida, ele propõe duas imagens: a sociedade arcaica e a sociedade burocrática.

A sociedade arcaica ritualiza os momentos essenciais da vida social. Por isso os ritos de "iniciação" ou de "passagem" determinam e celebram as mudanças que marcam tanto o curso das estações quanto o da vida humana. Enriquez lembra a existência dos ritos da puberdade, ao longo dos quais o adolescente passa da infância à vida adulta. Invoca também as estruturas do parentesco, que determinam os casamentos pela predeterminação dos cônjuges permitidos ou proibidos e pelas regras da troca econômica.

A sociedade moderna conhece regulamentações que poderiam igualmente se aparentar ao modelo de ordem. É o sistema burocrático, a noção de burocracia sendo definida aqui de acordo comum sentido bastante próximo do modelo weberiano. Enriquez propõe o exemplo do cargo na empresa industrial. Esse cargo é estritamente definido em função de regras precisas que determinam as tarefas, planificam as operações, circunscrevem as margens de iniciativa. Para aceder ao cargo, é preciso superar as provas de seleção (de "passagem") que permitem escolhas efetuadas, não em função da personalidade, isto é, das necessidades, dos desejos, mas de critérios de competência tais que os ocupantes desse cargo são "intercambiáveis". A competência é muitas vezes ratificada pelo diploma, cuja principal função é evitar o arbitrário, o jogo das "relações". A progressão na carreira, a promoção, obedece igualmente os critérios e as regras impessoais, bem como a remuneração.

Esse modelo de ordem burocrática implica um certo estilo de relações humanas. Essas relações são formalizadas e hierarquizadas. Evita-se a oposição e mesmo a expressão da contestação, dos conflitos, das oposições. É o mundo do conformismo. Deve-se evitar a singularidade, ainda que ela seja criativa: "não se dedique tanto". Em resumo, encontramos aqui o retrato do "homem da organização".

Por fim, mesmo fora da empresa, a vida social se burocratiza, como se pode observar no desenvolvimento do lazer, na criação das aposentadorias, da seguridade social, no sucesso dos seguros que expressam a "busca da segurança".

A esse modelo de ordem, E. Enriquez opõe o *modelo de equilíbrio* que "admite a história, os conflitos, os debates e ainda se alimenta de contradições". O modelo de equilíbrio admite ainda *"a ideia de uma ordem que sai da desordem*, de uma ordem relativa que também será questionada e dará origem a uma nova ordem, e assim indefinidamente". Por fim, "tal modelo impede que se admita um fim da história, uma interrupção das tensões humanas, um progresso contínuo" (p. 73). Ele implica o inacabamento.

Estas são as características essenciais do "modelo": as atividades dos homens são interdependentes na busca em comum dos objetivos; os critérios de atribuição dos lugares e funções definem as competências reais e, principalmente, a aptidão para trabalhar em grupo; recorre-se à criatividade e "cada um pode dar prova de inovação", a tal ponto que mesmo as ideias aberrantes são discutidas. Encontramos essa valorização essencial da espontaneidade e da flexibilidade nas regras do comportamento, das comunicações com o outro, na expressão autorizada dos sentimentos e dos conflitos, na criação pelo grupo de novas normas que definem novos estados ainda considerados como relativos e suscetíveis de evolução. Portanto levantamos aqui a hipótese, conclui E. Enriquez, de que "todo grupo é suscetível de autorregulação", ao passo que os grupos que funcionam de acordo com o modelo de ordem "obedecem à regulação externa".

Esse modelo psicossociológico proposto por Enriquez leva ao limite o postulado comum a todas as análises atuais da burocracia, ou seja, que este último conceito só pode designar a estabilidade rígida, a progressão hierarquizada (e, por isso, a gerontocracia), o temor da mudança. Pensamos, ao contrário, que à burocracia "fechada" pode se opor e se opõe efetivamente, hoje, o aparecimento de uma burocracia "aberta", mais flexível, estimulada pelos jovens e não mais pelos velhos, capazes de administrar a mudança.

6) Organização e burocracia nas empresas industriais

Geralmente, a sociologia industrial adota o modelo weberiano como um *ponto de partida* de análise ainda que, como é muitas vezes o caso, seja para mostrar o disfuncionamento efetivo da burocracia. Alain Touraine, por sua vez, resume claramente as características que acabamos de enunciar quando define a burocracia como "um sistema de organização em que os estatutos e os papéis, os direitos e os deveres, as condições de acesso a um cargo, os controles e as sanções são definidos de uma maneira fixa, impessoal, e no qual os diferentes empregos são definidos pela sua situação em uma linha hierárquica e, portanto, por uma certa delegação de autoridade. Essas duas características supõem uma terceira: as decisões fundamentais não são tomadas no interior da organização burocrática, que não passa de um sistema de transmissão e de execução"[78].

A ambição daquele que elabora um "modelo" do funcionamento burocrático ou, como diz Max Weber, um "tipo ideal", é, como vimos, fazer de forma que esse modelo funcione sempre, com desvios, sem dúvida, mas como uma perspectiva, em toda parte onde é posto à prova na vida social. Portanto, a validade de um modelo da burocracia deveria aumentar quando aumentasse a burocratização do mundo, quando toda instituição social tendesse a funcionar como uma organização burocrática. A burocracia se tornaria então *a essência* da civilização um pouco como, segundo Ruth Benedict, distinguem-se civilizações dionisíacas e civilizações apolíneas[79], esses dois tipos sendo *patterns*, configurações de dois *tipos* de cultura.

Como iremos mostrar, a partir dessa tipologia, que, observemos, ainda não revela o funcionamento, mas situa simplesmente um ser social, como o faz Touraine, os desvios da realidade em relação à norma. Assim, Touraine declara: "Um ministério é uma organização burocrática. Uma empresa industrial só o é de forma muito parcial. Nela, dos três elementos, observa-se apenas o primeiro". Antes de abordar a demonstração dessa proposição, observemos que ela implica o seguinte ponto: o modelo weberiano (e pós-weberiano) da burocracia, elaborado a partir de uma

---

78. TOURAINE, A. "Situation du mouvement ouvrier". *Arguments*, 12-13.

79. RUTH, R. *Patterns of culture* [Trad. de *Échantillons de civilization*. Paris: Gallimard, [s.d.]]. O termo *échantillons* (modelos), escolhido pelo tradutor, não expressa evidentemente a ideia de modelo ou de tipo ideal que encontramos na noção de *pattern*. *Échantillons* é, portanto, uma tradução incorreta.

sociologia política (os ministérios) seria inteiramente aplicável apenas ao terreno sociológico do qual se originou; e isso sem dúvida apesar da insistência de Max Weber, como já destacamos, na homogeneidade do fenômeno tanto no campo privado como no campo público.

Mas voltemos à análise de Alain Touraine, que oferece a vantagem de nos fazer reencontrar, precisamente, a empresa industrial pela qual nossa análise começou. Por que ela é apenas parcialmente conforme à burocracia definida em termos weberianos? Porque a "grande maioria dos operários não possui nenhuma delegação de autoridade: a atividade deles é fabricação, não de comunicação. Por outro lado, a direção da empresa é um organismo de decisão. Se é certo que, em um serviço ou oficina, a participação dos executivos e do controle nas decisões que afetam o trabalho é mínima, seria contudo perigoso acreditar que a organização de uma empresa possa ser compreendida abstraindo-se as decisões tomadas na cúpula".

Alain Touraine afirma em seguida que existe uma autonomia da burocracia, do poder burocrático, assim como o antigo sistema socioeconômico, baseado na propriedade privada dos meios de produção, seria alcançada: "Em uma organização burocrática, a autonomia dos *problemas de organização* em relação aos *problemas de propriedade* é tão grande que a noção de consciência de classe tem apenas um valor muito limitado".

Antes de tratar dessa *burocratização do trabalho*, Alain Touraine havia evocado a evolução na organização do trabalho, desde a autonomia profissional até o trabalho em cadeia de hoje.

Mas em relação aos problemas da burocracia, talvez seja quando define a situação de trabalho e a perda de autonomia profissional que Touraine vá ainda mais longe.

A burocratização do trabalho é efetiva quando a direção desse trabalho penetra no coração do comportamento produtivo (p. ex., com a cronometragem e a "racionalização" das normas). Essa burocratização não significa, portanto, apenas a existência de um aparelho de controle e de vigilância: nos inícios da era industrial, o supervisor reparte o trabalho sem decidir necessariamente a escolha dos procedimentos e dos instrumentos de fabricação. Assim sendo, permanece uma certa autonomia profissional enquanto o trabalho não é mecanizado, cronometrado, padronizado, enquanto não há penetração quase integral do controle no interior de cada gesto produtivo. Essa passagem da fase de autonomia profissional (fase A, como diria Touraine) à fase de mecanização e de "racionalização" (a fase B) determina, segundo Serge Mallet, uma evolução análoga na vida das organizações sindicais.

• Na fase A (ou fase da autonomia) os sindicatos ainda são corporações profissionais onde se reúnem e militam os trabalhadores altamente qualificados, uma minoria consciente de seu valor e de sua dignidade: é o movimento operário no século XIX.

• Na fase B (a partir da Primeira Guerra Mundial) as grandes empresas se desenvolvem com o trabalho em cadeia, e seus trabalhadores não qualificados, mais profundamente alienados na medida em que são privados de qualquer iniciativa em seu comportamento produtivo e que se colocam nas mãos das burocracias sindicais (e políticas) para defendê-los. Observaremos, além disso, que é então que aparece a obra de Robert Michels, a primeira consagrada ao estudo aprofundado da burocracia nas organizações políticas.

Ainda que as fases da técnica e da organização do trabalho sejam determinantes quanto à gênese da burocratização, é preciso se orientar para uma interpretação diferente da de Touraine, mas que pode reter certos elementos de sua análise. Talvez, diríamos, ele esteja mais próximo da explicação do fenômeno burocrático quando descreve, no nível do trabalho, a passagem da fase A à fase B.

Ao contrário, quando ele afirma que *a fábrica é apenas parcialmente burocrática*, é porque retém uma definição da burocracia elaborada *no campo das administrações públicas*.

Encontramos aqui um problema teórico essencial: ou bem, com efeito, a burocracia será definida como um sistema de administração, de ligação, de "escritórios" e então, com efeito, é o corpo dos funcionários de Estado, é a burocracia de Estado que será, por definição, a burocracia, os outros setores da sociedade civil sendo marcados apenas indiretamente. Ou, pelo contrário, o conceito evoluiu e estimamos que ele deva evoluir até definir aquilo que é e, sobretudo, aquilo que se torna uma sociedade de organização. Então, por exemplo, a burocratização do trabalho não é o aparelho dos escritórios na empresa com seu sistema interno e suas dificuldades próprias. A burocratização do trabalho começa com a cronometragem, com o momento em que a divisão do trabalho chegou a um ponto que todos os gestos produtivos do operário são decididos e controlados do exterior.

O que produz a organização tayloriana do trabalho operário seria então uma das fontes essenciais da burocratização do mundo moderno, que poderíamos assim compreender a partir da organização da produção. Isso tem consequências importantes, mesmo para a compreensão da história moderna: por isso é possível pensar que a burocratização da URSS começou no instante em que Lênin optou pela introdução nas empresas do novo estado soviético dos métodos de controle e de organização desenvolvidos na sociedade capitalista[80].

Outras objeções, outras críticas à descrição de Touraine foram propostas[81].

O ataque mais violento é sem dúvida o de Jean Delvaux, no n. 27 da *Socialisme ou Barbarie*. Primeiro, Touraine é incapaz de ver que a organização burocrática do trabalho nas empresas do

---

80. Cf. *Socialisme ou Barbarie*, 35 ["A. Kollontai e a oposição operária"]. "O problema exigiria naturalmente um desenvolvimento. Evidentemente não queremos significar que existe uma ciência burguesa e uma ciência proletária." Mas será que as técnicas de organização de trabalho são ciências? Lênin recusa Einstein e a Teoria da Relatividade e adota Taylor para os métodos de organização da produção. Contra a oposição operária, ele orienta a gestão das empresas não em direção ao poder operário dos Conselhos, mas em direção à fórmula autoritária com diretores nomeados pelo novo Estado. A burocracia de Estado vai se tornar assim toda poderosa e mergulhar suas raízes até as profundezas do processo de produção, em cada gesto do operário produtor.

81. O estudo de Alain Touraine, *Situation du mouvement ouvrier*, fazia parte de um debate de conjunto publicado pela *Arguments* sob o título geral: *La classe ouvrière – Mythes et réalités*. Essa publicação teve, por volta de 1959-1960, um eco considerável pela parte do debate em relação às mudanças ocorridas na classe operária francesa. Por outro lado, e isso é significativo, as teses relativas à burocracia (contidas nesse mesmo número e nos mesmos artigos que tratavam do movimento operário) não tiveram praticamente nenhum eco. É preciso dizer, fazendo aqui apenas uma sugestão, que a influência desse número efetuou-se precisamente por meio das *organizações* e que um fenômeno de seleção ideológica assim se produziu.

capitalismo moderno deixa intacta, em seu fundo, a situação do trabalhador e o conflito que o opõe ao sistema social. Essa tese é longamente desenvolvida. A conclusão de Touraine parecia ser de uma diminuição da noção de propriedade, no sentido formal e jurídico, à supressão da consciência de classe. Jean Delvaux rejeita essa dedução: "O que conta é que o poder efetivo sobre os meios de produção, sobre o trabalho das pessoas e seus produtos pertence a uma categoria particular da sociedade". Esse poder pode muito bem passar das mãos dos "proprietários privados" para a dos burocratas sem que a situação do operário tenha mudado.

Alain Touraine é então criticado por não ter tratado, de fato, da "burocratização do trabalho", termo que ele emprega, como já vimos, para anunciar principalmente a análise daquilo que se passa apenas no nível do sistema administrativo da empresa e de sua direção: "As posições de Touraine só teriam sentido se ele pudesse mostrar que aquilo que chama, incorretamente, 'burocratização do trabalho', isto é, burocratização da empresa capitalista, tinha efetivamente como resultado alterar a situação fundamental do trabalhador assalariado, se ela fizesse desaparecer o que se considera, depois de Marx, como sua determinação principal, ou seja, a alienação no processo produtivo, no próprio trabalho...". Além do mais, a mesma alienação *no trabalho* atinge igualmente os trabalhadores dos escritórios "submetidos a uma divisão do trabalho ainda mais avançada, restrita às tarefas repetitivas, controladas e padronizadas, mergulhadas na mecanização".

Nas grandes administrações, o empregado torna-se, como o operário, um assalariado executante "parcelar". Esses trabalhadores de escritórios não são evidentemente – como já havíamos ressaltado – os "burocratas". Ao contrário, assim como os trabalhadores da fábrica, eles têm "seus" burocratas[82] e seus trabalhadores são tanto quanto "burocratizados".

Abordamos agora o ponto teórico fundamental: a definição, proposta por Alain Touraine, da burocracia. Como vimos, essa definição a apresentava como "um sistema de transmissão e de execução", o que supõe evidentemente que as decisões funda-

---

82. O que nos obriga a redefinir o conteúdo de um termo cuja significação *deslizou, deslocou-se*.

mentais não são tomadas no interior da organização burocrática. Enquanto para Delvaux, a burocracia tende a se tornar cada vez mais um *meio de poder* no qual já aparece a base daquilo que, para Bruno Rizzi, Burnham e Djilas, se tornará mais tarde a nova classe. A esse respeito, Jean Delvaux lembra que essa análise já está presente em Max Weber, cujo "modelo", como vimos, deve ser compreendido em uma totalidade sociológica e histórica.

Em resumo: a crítica das análises de A. Touraine feita por J. Delvaux consiste em mostrar que o sociólogo do trabalho tomaria a parte pelo todo, a teoria weberiana do *aparelho burocrático* pelo *conjunto* da análise weberiana da burocracia. Separado de suas raízes históricas, o "modelo" do aparelho burocrático permanece formal e abstrato e não permite *totalizar* a experiência e o conhecimento da burocracia moderna. Isso na cúpula do "aparelho" e no nível de comando da sociedade. Na "base", mesma limitação do setor burocrático que, na verdade, mergulha raízes até nas gestões elementares, e mecanizadas, do trabalhador moderno, que ele seja operário ou empregado. Em resumo, a definição do universo burocrático deve ultrapassar os limites herdados de uma situação e de uma definição talvez já superada, em todo caso em vias de superação se entramos na era burocrática – e se a burocratização do mundo significa a um só tempo que esse poder pertence agora à burocracia, e que ele penetra em todos os poros da existência social, do trabalho, mas também, como veremos, do lazer, da existência profissional, bem como da existência privada.

Mas, não antecipamos aqui uma etapa ulterior de nossa análise apenas para esclarecer uma das críticas feitas ao modelo da burocracia industrial proposta por Alain Touraine.

Claude Lefort[83] fez uma outra crítica das mesmas teses, confrontando-as com sua própria imagem da burocracia industrial. Tomando igualmente como ponto de partida a definição de Touraine, Lefort, assim como Delvaux, pergunta em primeiro lugar "se a burocracia é apenas um órgão de transmissão e de execução". Com efeito, "uma vez reconhecido que uma *empresa industrial não é jamais autônoma,* que sua marcha deve levar em conta

---

83. LEFORT, C. "Qu'est-ce que la bureaucratie?" *Arguments*, (17, 1º trim./1960.

interesses do capital financeiro do qual depende ou diretivas de um ministério, caso se trate de uma sociedade nacionalizada, a verdade é que a direção propriamente dita tem um poder considerável de decisão". Hoje, essa *direção* não pode, no entanto, se reduzir apenas ao *diretor* da empresa: decisões são tomadas em diferentes níveis do aparelho – "o poder de decisão é necessariamente repartido entre serviços diferentes". A definição de Touraine é, portanto, rejeitada; ou pelo menos, "perguntar-se para saber se a direção ou não é distinta da burocracia significa colocar um falso problema".

Claude Lefort propõe então uma definição da burocracia de empresa

> A burocracia é, portanto, um contexto que ultrapassa o núcleo ativo dos burocratas. Este é constituído pelos executivos médios e superiores vinculados às tarefas de administração e de exploração, hierarquia que mergulha suas raízes até no setor produtivo, onde os chefes de oficinas e contramestres vigiam e controlam o trabalho dos operários. Esses executivos detêm uma autonomia efetiva; a função deles os leva a participar do poder de direção e os engaja a se identificar com a empresa como tal [...] sua própria função é percebida por eles como algo diferente de uma fonte de remuneração ou de um contexto de atividade profissional, como a armadura de um sistema que precisa de sua ajuda para subsistir e se estender[84].

Quem, portanto, na empresa, faz parte da burocracia? Os técnicos? Mas primeiramente é preciso não confundir, como nos diz Lefort, os serviços *técnicos* de um lado, e do outro, os serviços *administrativos*[85]: "Ambos obedecem, sem dúvida, a certas

---

84. Encontramos aqui elementos essenciais para uma *psicologia* e uma psicossociologia do quadro burocrático. A identificação do burocrata com a empresa, ou com o Estado do qual ele é "servidor" é coisa conhecida: o subchefe do escritório diz: "o ministério", ou "a academia"... não diz "eu". Da mesma forma o juiz diz "o tribunal..." Esse é um segundo traço: o da *impessoalidade dos papéis burocráticos*; segundo traço que encontra o primeiro: *a identificação*.

85. Veremos em seguida que Michel Crozier situa no conjunto estrutural que constitui "*o fenômeno burocrático*" tanto o controle técnico quanto o administrativo. Na "parte" que ocorre na cúpula da empresa (que ele compara a um jogo de cartas a quatro pessoas)

normas comuns de organização[86], mas nem por isso as relações sociais são aqui e ali diferentes em razão do trabalho efetuado [...].

Nos serviços técnicos, os engenheiros e os técnicos, os próprios desenhistas têm, por causa de seu conhecimento profissional, uma relativa autonomia. O controle do trabalho só pode ser eficaz com a condição de que o chefe tenha uma competência técnica ao menos igual à de seus subordinados, isto é, que seu controle seja uma operação técnica superior. O controle social pode ser praticamente inexistente, as exigências do trabalho, no contexto de uma duração fixada, bastam para estabelecer um ritmo normal de rendimento". Não é simplesmente o controle que entra nas características da burocracia: é, na empresa, um *controle social* que é preciso diferenciar de um *controle técnico*, assim como podemos separar a *divisão técnica* e a *divisão social do trabalho*.

Depois do setor técnico, eis o setor administrativo: "Em contrapartida, o funcionamento dos serviços administrativos oferece uma outra imagem. Aqui, na parte inferior da escala, encontramos empregados sem qualificação verdadeira, cuja formação profissional é rudimentar quando não inexistente. Entre estes e a direção geral da empresa, a hierarquia dos empregos é uma hierarquia de poder. Os laços de dependência tornam-se determinantes e ocupar uma função significa então se definir, em cada nível, diante de uma instância superior, que ela seja de um chefe de seção, de um chefe de serviço ou de um diretor. Nesse contexto reaparece portanto a natureza dupla do emprego: ao mesmo tempo ele responde a uma atividade profissional e se constitui como a expressão de uma ordem social estabelecida... De fato, do alto até o baixo da escala as relações são tais que sempre servem para confirmar a estrutura autoritária da Administração".

Contudo, nessa "escala" administrativa, nessa hierarquia há, no nível mais inferior, empregados, secretárias, executantes. Onde podemos classificá-los? Na burocracia? Mas qual é o po-

---

o engenheiro chefe é parte interessada. Aliás, isso confirma o que já sabíamos: a dificuldade de produzir uma definição da burocracia levando em conta todos os *conteúdos divergentes* que são dados, há mais de um século, a essa noção.

86. Para Lefort, como vemos, as normas de organização não bastam para determinar o fenômeno burocrático: organização industrial e burocracia não se confundem. É preciso outros elementos para que a burocracia exista.

der deles? Lefort lhes dá um estatuto diferente do dos técnicos e dos operários: "Eles não são estranhos à burocracia; são os dependentes. Na maioria das vezes, entram na empresa apenas com referências que testemunham seu 'bom espírito'; não podem pretender um avanço senão dando prova de sua aptidão em obedecer e comandar... A situação do empregado é, portanto, ambígua. Ele não está integrado ao sistema burocrático, aceita-o, mas tudo tende a fazer com que se alie a ele"[87].

O empregado tem como ideal "burocrático" sua promoção, sua ascensão progressiva no sistema como contrapartida de suas provas de conformidade à ordem. E essa ordem à qual se alia não é, mais uma vez, uma "ordem técnica"; é uma ordem social, é a *organização social da empresa*. Podemos estimar, todavia, que o estatuto do empregado mude com a modernização das administrações e sua racionalização: o empregado tende a se tornar, nos bancos, por exemplo, ou nos centros do correio, e em outros lugares, um executante mecanizado cuja situação no sistema difere cada vez menos daquela dos operários.

As críticas opostas à primeira definição da burocracia por Alain Touraine perdem, pelo menos parcialmente, sua significação após a publicação, pelo mesmo autor, de um ensaio sobre a *alienação burocrática*[88]. Nesse *ensaio*, Touraine evoca primeiramente a pluralidade das significações: "A linguagem designa com a mesma palavra, *burocracia*, três realidades distintas: 1º) um tipo de organização definido como sistema preciso e hierarquizado de funções e não de indivíduos...; 2º) um tipo de funcionamento das organizações marcado por um vínculo excessivo à letra dos regulamentos e por uma rotina que resiste à transformação desses regulamentos; 3º) o poder exercido pelos dirigentes das grandes organizações e, sobretudo, das organizações voluntárias". Como suprimir essa dificuldade? Não poderíamos, por exemplo, "usar três palavras em vez de apenas uma e falar então de *racionalização, burocratismo* e *dominação do aparelho*"? Esta solução seria um evitamento da dificuldade mais do que uma verdadeira superação. É preciso antes explorar as significações diferentes do mesmo termo.

---

87. LEFORT, C. Op. cit.

88. TOURAINE, A. "L'aliénation bureaucratique". *Arguments*, 17, 1960.

Como vimos, a primeira concepção é a de Weber. Como constata Touraine, ela é "bastante ampla para acolher diretamente as diversas formas de racionalização e de formalização das funções que se desenvolveram nos mais diversos contextos institucionais: econômico, político, militar, universitário etc." Mas o essencial do modelo weberiano está em sua hipótese de base: "A afirmação apresentada pelo conceito de burocracia tomado nesse sentido é que existem regras que permitem organizar uma empresa de maneira ao mesmo tempo racional e eficaz". Mas a eficácia e a racionalidade não se confundem: a primeira diz respeito às finalidades da empresa, e a segunda aos meios. E estes meios são, como foram antes, de ordem técnica: a "organização do trabalho foi no início, com efeito, puramente técnica".

Essa concepção tecnicista foi em seguida contestada pelas ciências humanas e pela reflexão econômica. Por isso a "substituição da organização do trabalho pela organização das empresas". Touraine interpreta assim o aperfeiçoamento das relações humanas: é "uma formalização do informal, uma introdução dos problemas da organização social do trabalho no processo de burocratização que era, em uma primeira etapa, apenas técnica".

Aqui fica clara a noção da *organização*. Após ter significado um *ato* que consiste em ordenar e racionalizar o sistema social, ele significa uma realidade social. As organizações são, como ressaltam March e Simon, *instituições sociais*. Nesse ponto da análise, Touraine poderia mostrar o papel desempenhado nessa evolução pela dinâmica dos grupos. Sua pesquisa não trata apenas dos pequenos grupos, mas também das empresas, esses "grupos de grupos" como escreve Max Pagès. A dinâmica dos grupos é também uma dinâmica das organizações que leva a "considerar a empresa como um sistema de relações sociais, um todo cujo funcionamento responde a princípios tão definidos quanto aqueles que a biologia descreve". E, com efeito, essa tendência da pesquisa e da intervenção pode conduzir, e conduziu, a assimilar a organização ao organismo.

Touraine recusa essa ideologia da organização que, para ele, "é apenas uma das faces de uma *instituição*. É apenas a estrutura do sistema de meios pelos quais uma intenção social se esforça para chegar aos seus fins. No caso da indústria, ela é apenas o conjunto dos meios pelos quais uma intenção econômica se traduz em operações técnicas". Aqui a "racionalidade" e a "racionalização" da organização sempre se referem aos meios, mais do que aos fins. Além do mais, no próprio nível dos meios, as contradições já podem aparecer. D. Mothé mostrou, com base no exemplo de uma oficina de ferramentas, que a fabricação, a vida de uma oficina podem obedecer a outras leis que aquelas da organização do trabalho. De fato, Mothé mostra ao mesmo tempo em que o operário pode inventar soluções de fabricação mais eficazes do que aquelas previstas pelos especialistas da racionalização das tarefas. No nível da fabricação, os cálculos do organizador e a experiência dos trabalhadores não coincidem.

Mas voltemos à imagem da organização industrial apresentada como uma totalidade fechada. Como escreve Touraine, o empresário "pode criticar a justo título a imagem do chefe de empresa demasiado difundida que o representa colocado no centro de uma rede complexa de comunicações, recebendo e emitindo, transmitindo e organizando, como se seu único papel fosse o de garantir um movimento correto das coisas, dos homens e das informações no interior da empresa, como se não existissem fornecedores e clientes, Bolsa, concorrentes, sindicatos, um Estado em função dos quais ele deve adaptar suas decisões". Aqui, é a psicologia das empresas que é, mais uma vez, visada. Um psicossociólogo responderia que ele não separa, de fato, o funcionamento e os objetivos, que analisar um grupo significa buscar como ele se organiza precisamente em função de objetivos, que essa noção de *objetivos* é essencial, mas que nem por isso ele deve substituir os economistas que trabalham no nível desses objetivos. Ainda assim, a psicossociologia é percorrida por uma orientação *funcionalista* e é nesse nível que se situa o verdadeiro debate.

A esse respeito, Touraine cita dos trabalhos de Merton sobre a *burocracia* definida como disfunção da organização. Nela, ele vê, mais uma vez, um fechamento da organização sobre si mesma e a vontade de considerá-la como uma totalidade *acabada* que conhece sem dúvida alguns *problemas*, mas problemas cuja solução poderia estar na escala do funcionamento da empresa.

Para os funcionalistas, a burocratização é uma doença de administração e de gestão; os socioterapeutas deveriam poder curá-la.

Parece que para Touraine a fonte dessas doenças esteja, ao contrário, no conjunto do corpo social, na sociedade econômica e política na qual a empresa está situada[89]. Há em todo esse debate, uma dimensão que não pode mais ser ignorada: atualmente, precisamos descobrir tanto a importância quanto a relativa autonomia dos grupos, organizações, empresas e instituições sociais e, ao mesmo tempo, descobrir que esses conjuntos ainda estão inacabados e que, além disso, sua finalidade também está inscrita na sociedade global e na história.

7) Organização e burocratização da vida política

Uma das principais dificuldades encontradas pela sociologia das organizações e pela análise das burocracias vem da heterogeneidade, muitas vezes ressaltada, entre as organizações cuja burocracia é "nomeada" e aquelas em que ela é "eleita". Apesar da decisão, que começa com Max Weber, de elaborar um modelo polivalente, e que permitiria tratar da mesma forma uma empresa industrial e um sindicato, as diferenças permanecem. Por quê?

Em uma empresa industrial, o fato de que a burocracia seja nomeada significa que um poder de nomeação existe em algum lugar, e mais precisamente entre aqueles que possuem a empresa ou, em termos marxistas, no nível de uma classe que se define por sua posse dos meios de produção. Se for uma empresa do Estado, é o "Estado-patrão" que nomeia os funcionários; neste caso permanece a distinção entre poder político e ligações administrativas, em contrapartida, um partido, um sindicato, uma associação profissional, o aparelho se confunde com o poder. O controle, pelo menos teórico, está na base, não na cúpula. Aqui a burocracia torna-se a parte dirigente da organização. Ela é o poder. Mais precisamente: os eleitos, cada vez mais, compartilham esse poder com os "gerentes" permanentes na organização.

---

89. Cf. O debate *Les ouvriers peuvent-ils gérer l'économie?*, publicado pelo centro de estudos socialistas. Esse debate revela duas tendências do socialismo: uns (S. Mallet, C. Lefort) destacam a empresa, outros (P. Naville) busca, ao contrário situar o problema no nível total do Estado e da economia.

Podemos ver como a dominação integral da burocracia só pode se produzir ali onde foi destruída uma classe que a utilizava. A destruição da classe dominante deixa vacante o lugar para um grupo dirigente. Em seu funcionamento, o partido burocratizado prenuncia, portanto, o aparecimento da burocracia como classe dirigente. A burocracia política tem apenas de se tornar burocracia gestionária, em nome do proletariado, para se tornar "a nova classe".

Isso não significa que a empresa representa, na história, um mal menor e que a burocratização dos partidos e dos sindicatos seja favorável à livre-empresa. Pelo contrário, a história do capitalismo caminha não apenas em direção a uma formação dos monopólios, mas também em direção ao reforço das burocracias de gestão. O marxismo clássico não pode aqui responder à questão que nem mesmo Marx conseguia fazer quando analisava a sociedade industrial e capitalista, e a função do Estado, com sua burocracia, nessa sociedade. O próprio problema da burocratização do movimento operário só podia surgir com as verdadeiras "organizações de massa" na fase B.

Ainda hoje, a burocracia não é uma estrutura social homogênea; o que explica a dificuldade de unificar os conteúdos da noção. Pode-se simplesmente destacar uma tendência à homogeneidade que coincide com a tendência à constituição de uma nova classe burocrática. As análises atuais da burocracia constituem, nesse sentido, não apenas um esforço para compreender o presente, mas ainda uma indicação daquilo que poderia ser o futuro.

A primeira análise sociológica e sistemática da burocratização nos partidos e nos sindicatos foi publicada em 1912 por Robert Michels, e traduzida para o francês em 1914[90]. Esse livro, que se tornou um clássico da sociologia política, procura revelar a "lei de bronze da *oligarquia*", utilizando um termo, oligarquia, que nós substituímos por burocracia, comumente utilizado desde que autores marxistas o introduziram no vocabulário político.

---

90. ROBERT, M. *Zur soziologie des Parteiwesens in der modernen Demokratie*, 1912 [*Les partis politiques* – Essai sur les tendances oligarchiques des démocraties. Paris: Flammarion, 1914].

Para Michels, "a organização é a fonte de onde nasce a dominação dos eleitos sobre os eleitores, dos mandatados sobre os mandatários, dos delegados sobre aqueles que os delegam". Ou, mais concisamente: "quem fala de organização, fala de oligarquia". É, portanto, por um processo interno que a organização *secreta* sua burocracia. Um dos fatores dessa burocratização deve ser procurado na psicologia dos dirigentes, psicologia que se modifica, aliás, com o exercício do poder.

Uma contribuição essencial de Michels é a lei dita do "*deslocamento dos objetivos*". Eis o enunciado: "Às instituições e às qualidades que, no debate, estavam destinadas simplesmente a garantir o funcionamento da máquina do partido, subordinação, cooperação harmoniosa dos membros individuais, relações hierárquicas, discrição, correção, acaba-se atribuindo mais importância do que ao grau de rendimento da máquina". Desta forma, por uma espécie de narcisismo do grupo, a organização, criada primeiramente como um meio para um fim externo (que no caso, estudado por Michels, é a democracia socialista do Partido Social-democrata), essa organização torna-se o "objetivo" dos "organizadores". Eles de alguma maneira deixam de lado o projeto inicial para trabalhar no desenvolvimento do próprio partido[91]. Tudo pelo partido: esta é agora a palavra de ordem. Por isso não medem esforços para recrutar membros, fazer alianças, reforçar a qualquer custo a organização.

Como Marx, mas contrariamente a Weber e a Hegel, Michels desenvolve assim uma visão pessimista da organização. Encontraremos algum pessimismo tardio em relação à burocratização em Lênin e Trotsky, mas esse pessimismo não é tão pronunciado, pois o partido é, para eles, o elemento fundamental na conquista do poder.

Os estudos monográficos e os ensaios críticos publicados hoje e que se referem à questão da burocracia não tratam apenas das organizações econômicas e das organizações políticas. No século dos *mass media* e do lazer popular, sociólogos e ensaístas

---

[91]. Para Gramsci, ao contrário, o partido devia preparar seu declínio e sua morte na sociedade socialista. O mesmo para Lênin: o partido é um meio transitório, e não um fim em si.

buscam extrair, nesses novos campos *organizados* da vida social, os traços essenciais da burocratização. Indiquemos aqui simplesmente alguns eixos das pesquisas feitas.

8) O lazer – a pesquisa

A burocratização do lazer começa segundo Henri Raymond[92] "quando a venda do lazer integrado abandona os serviços individuais vendidos aos Fenouillards, aos Perrichons, para oferecer prazeres um pouco mais padronizados às classes baixas da sociedade". Por *lazer integrado*, é preciso compreender aqui um "tempo de lazer vendido *em um pacote*, que este seja estadia, viagem, ou mesmo um jantar, um espetáculo [...]". O lazer tornou-se um produto de consumo de massa.

As burocracias do lazer (organizações de férias, de turismo cultural...) constroem-se e desenvolvem-se sobre a seguinte base: "apenas essa burocracia pode resolver o problema do transporte através do Atlântico dos milhões de turistas americanos que nos serão destinados nos próximos anos".

Quais são os traços essenciais do lazer burocratizado? Em primeiro lugar, é um produto "adaptado às condições de vida do assalariado, insere-se nos ritmos de vida dos assalariados e deve resolver problemas que na origem eram específicos da classe assalariada: proporcionar o máximo de lazer em um mínimo de tempo". Em seguida, os *mass media* intervêm, para encorajar o consumo do lazer – com os temas de evasão, de retorno à natureza, da descontração[93]. Por fim, "a burocratização do lazer reforça a tendência à coletivização do próprio lazer. O agente de viagem que vende várias viagens organizadas cria inocentemente coletividades migratórias...". Essas coletividades vão em seguida, por sua demanda, acentuar o desenvolvimento das organizações burocráticas do lazer integrado.

---

92. RAYMOND, H. "La burocratisation des loisirs". *Arguments*, 17, 1960 [Essa burocratização do lazer e da cultura foi também descrita por Daniel Mothé no "Les ouvriers et la culture". *Socialisme ou Barbarie*, 32]. Já apresentamos essa análise no *Entrada na vida* no capítulo consagrado à entrada na profissão.

93. Cf. EDGAR, M. *L'Esprit du temps*. Paris: Grasset, 1963. Cf. tb. LEFEBVRE, H. *Métaphilosophie*: "La bureaucratie... introduit l'étatique dans le quotidien".

A partir disso, é preciso tirar conclusões radicalmente pessimistas? Alguns sociólogos pensam que sim. Mas Henri Raymond parece pensar que a burocracia cava seu próprio túmulo, em vez de imobilizar a ideologia do lazer "no cemitério dos estereótipos. O movimento de contato de civilizações ou de grupos sociais diferentes produzirá movimentos, necessidades, aspirações que acabarão corroendo o próprio edifício burocrático".

*

A burocratização da pesquisa é brilhantemente descrita pela nova escola sociológica americana e, principalmente, por Wright Mills[94]. Ele descreve a pesquisa burocratizada na sociologia. A esse respeito, ele distingue dois tipos de pesquisadores: o professor acadêmico e o jovem recruta. O primeiro interessa-se, sobretudo, pelo prestígio, pelas relações sociais; o segundo preocupa-se com sua carreira e se vê obrigado, para garanti-la, a aplicar cegamente certos métodos. Essa situação é bem conhecida nos meios de pesquisa. Para ilustrar o conformismo necessário, às vezes é bom lembrar que, na França, os jovens historiadores desejosos de fazer carreira na universidade deviam, há algumas décadas, citar Bloch sem fazer nenhuma crítica, mas podiam criticar Pirenne, ao passo que na Bélgica o inverso era verdadeiro. Outro exemplo: alguns jovens assistentes de pesquisa em sociologia industrial ou em sociologia do trabalho fornecem aos seus patrões elaborações científicas e estatísticas de pesquisas das quais não têm a iniciativa, e publicam sob um pseudônimo, em revistas "engajadas", as ideias às quais dão realmente importância, ou os resultados de pesquisas que lhes parecem decisivas, mas que não poderiam mencionar "oficialmente" sem arriscar suas carreiras. Encontramos neste último exemplo, mas no nível individual, e às vezes também nos pequenos "grupos depares" constituídos por jovens pes-

---

94. MILLS, W. *Sociological imagination*. Citamos aqui os trechos, traduzidos e apresentados por Colette Garrigues, do capítulo "The bureaucratie ethos", em *Arguments*, 17 [Uma tradução francesa foi publicada pela Maspéro [R.H.]].

quisadores, a oposição entre o *oficial* e o *informal* revelada pela psicossociologia da empresa[95].

Seria necessário um estudo especial, uma pesquisa sobre a pesquisa, para mostrar aqui o papel integrado dos sindicalistas e dos supervisores de pesquisadores, às vezes conduzidos, por razões complexas, a defender de fato a ideologia oficial da pesquisa, a ortodoxia dos métodos, ou seja, a autoridade científica estabelecida, reservando assim sua "combatividade" para os problemas de critérios de tratamento e de equipamentos materiais. Nessas condições, não será uma surpresa ver secar lentamente, principalmente na França, as fontes da imaginação criativa coletiva. Os pesquisadores se multiplicam, mas são em menor número do que antes. Esta é de fato uma situação verdadeiramente alarmante, e que não são explicadas apenas pelas insuficiências de créditos e de equipamentos geralmente invocadas pelos oradores. O mesmo problema se coloca no nível da universidade.

Mas voltemos a Wright Mills. Depois de sua tipologia dos sociólogos "arrivistas" e dos sociólogos iniciantes, ele aborda o problema das "panelas acadêmicas" cujo funcionamento "baseia-se na recomendação, no nepotismo, na admiração mútua, na participação nos fundos de pesquisa". E nesse nível, "a situação substitui a competência".

Por fim, W. Mills mostra como a burocratização penetra não apenas a direção e o controle da pesquisa, mas também os processos de trabalho: "Em um esforço para padronizar e racionalizar cada fase da pesquisa social, até mesmo operações intelectuais do estilo 'empirismo abstrato' tornam-se burocráticas".

Para compreender o alcance desta última observação, devemos nos lembrar de que, segundo W. Mills, o *empirismo abstrato* é, em sociologia, o método fundado na estatística, nas entrevistas codificadas e nos cartões perfurados. Este é o método que

---

95. B. Mottez diz muito acertadamente, a propósito de Elton Mayo, que podemos "considerar a certidão de nascimento da sociologia industrial como uma espécie de manifesto antiburocrático". Da mesma forma, essas publicações "clandestinas" de jovens pesquisadores são um sinal evidente da burocratização da pesquisa. Dizer a verdade antes de uma certa idade significa correr riscos. Depois com a idade, o gosto pela verdade se perde...

prevalece, que fetichiza o manejo das cifras e que se apresenta como o único caminho sólido. É interessante observar como Wright Mills, sociólogo reconhecido, detecta nesse cientificismo militante os sintomas do burocratismo intelectual[96].

Mas ele vai mais longe e declara que "essas operações são concebidas para tornar o estudo do homem coletivo e sistemático: no contexto das instituições, escritórios e agências de pesquisa onde o empirismo abstrato está solidamente implantado constata-se, por motivos de eficácia ou mesmo por outros, que se desenvolvem rotinas tão racionalizadas quanto aquelas dos serviços contáveis de qualquer empresa importante.

Esses dois aspectos do desenvolvimento governam por sua vez a seleção e a formação de novas qualidades de espírito entre o pessoal dessa 'escola', qualidades tanto intelectuais quanto políticas"[97].

A conclusão destaca uma vez mais o caráter burocrático da ideologia própria à escola do empirismo abstrato: "Para o burocrata, o mundo é um universo de fatos que devem ser administrados de acordo com algumas regras rígidas. Para o teórico, o mundo é um universo de conceitos que devem ser manipulados, muitas vezes sem nenhuma regra aparente. A teoria serve, de múltiplas formas, para justificar ideologicamente a autoridade. Quando fornece informação utilizável pelos grandes planificadores autoritários, a pesquisa com fins burocráticos ajuda a tornar a autoridade mais manifesta e mais operante". Finalizemos usando a linguagem de Nizan: para C. Wright Mills, os "empíricos abstratos" tornaram-se, *na* e *pela* pesquisa, os "cães de guarda" da burocracia.

---

96. De certa maneira, os métodos ditos "clínicos", em psicologia e nas ciências sociais representam uma tentativa de desburocratização dos processos de pesquisa, já nesse sentido que elas lutam contra a reificação inerente às pesquisas sistematicamente quantificadas e padronizadas.

97. Observamos que os laboratórios de pesquisa que praticam o "empirismo abstrato" recrutam jovens pesquisadores segundo critérios profissionais implícitos que valorizam as qualidades de funcionários, e até mesmo de contábeis especializados no manejo da máquina de calcular.

9) Progresso técnico, burocracia e autogestão

Como vimos, na fase A, que é a da competência profissional (ainda próxima do artesanato) com seus operários altamente qualificados, os sindicatos operários são sindicatos de ofícios, governados essencialmente por uma aristocracia profissional. A essa fase corresponde a ideologia do anarcossindicalismo. Esses sindicatos de ofícios são pouco burocratizados e com um número restrito de militantes.

A fase B é aquela das grandes empresas e do trabalho em cadeia; com seus exércitos de trabalhadores. Atinge-se aqui o grau extremo da alienação no trabalho operário. Esses trabalhadores da fase que ainda domina as indústrias atuais são profundamente *passivizados* pelas condições técnicas de seu trabalho. Eles delegam, portanto, todo poder de luta pela sua libertação às burocracias sindicais e políticas que, para seu funcionamento interno, acabam adotando os modelos tradicionais de funcionamento das organizações burocratizadas.

Com a fase C, aquela das indústrias modernas e da automação, surge uma "nova classe operária" que reivindica a responsabilidade pela gestão, e dessa forma mostra que a autogestão operária é possível. Operários capazes de desencadear e de conduzir uma greve em uma fábrica automatizada, com todos os problemas técnicos e gestionários que isso comporta, descobrem que são capazes de assumir, nessa mesma empresa, um poder operário.

Algumas observações feitas por A. Meister sobre a autogestão iugoslava parecem caminhar nessa direção. Ele constata que ali onde a classe operária está tecnicamente mais avançada, mais bem-formada, e nas indústrias de ponta (petroquímica, eletrônica...), a autogestão operária tende a se tornar efetiva.

Mas para os trabalhadores recentemente vindos das regiões rurais, e que não dominam o processo de produção, essa autogestão não passa de um projeto[98].

Meister, no entanto, também mostra que a *burocratização da autogestão* encontra sua principal fonte na organização política da sociedade iugoslava, em suas estruturas e em sua "cultura".

---

98. MEISTER, A. *Socialisme et autogestion* – L'expérience youguslave. Paris: Le Seuil.

Um *projeto socialista* de estilo "totalitário", e é dessa forma que A. Meister o descreve, pois o descobre na ideologia oficial e nas decisões, só pode produzir uma despolitização e separar uma "autogestão" que não é mais do que *técnica* e uma heterogestão no nível das escolhas, das direções e do planejamento.

Este estudo situa o problema em seu contexto global. O progresso técnico é certamente uma condição essencial e indispensável para uma autogestão efetiva e uma desburocratização. Mas isso não é uma condição suficiente: a possibilidade de um declínio do poder burocrático permanece certamente subordinada às formas de organização do trabalho, da economia e da sociedade, isto é, à *divisão do trabalho social*. Parece que o problema da burocracia permanece ligado ao das classes sociais, ou melhor, que ele é uma maneira atual de novamente colocar a questão da sociedade sem classes. Contudo, se o Estado tornou-se o lugar absoluto do poder burocratizado, mesmo com as nuanças introduzidas aqui pelas decisões de descentralização econômica e política, se a centralização persiste com, por exemplo, as ligações administrativas e políticas do partido único, não se vê nitidamente como o domínio técnico e cultural de uma nova classe operária pode destruir na raiz o processo da burocratização.

Sem dúvida a burocracia está inscrita, como dissemos desde o início em relação a Taylor, nas condições técnicas do trabalho. Mas ela também se situa, e este era o nosso segundo momento de análise, no processo de organização. É preciso uma mudança total da organização social para que possamos conhecer o "enfraquecimento do Estado"que significa, de fato, o enfraquecimento da burocracia. O progresso técnico é uma condição necessária, mas não é suficiente.

De todo modo, atualmente, na empresa, partidos e sindicatos, lazer, pesquisa, e outros lugares – em toda parte há organização. Esta é a palavra-chave e não apenas para os jovens chefes de empresa[99]. É a realização do projeto tecnocrático de

---

99. *Le Figaro*, 17/11/1964:"L'autre jeunesse... celle qui travaille". No título está indicado: "Uma palavra-chave": "organizar". Observaremos, no entanto, como em A. Sauvy (*La bureaucratie*. Paris: PUF [Que Sais-je?]), de maneira significativa, o BIT (Bureau International du Travail) tornou-se OIT (Organização Internacional do Trabalho).

Saint-Simon; mas o projeto socialista de Marx, em sua verdadeira significação, permanece incerto[100].

10) Burocratização – burocratismo – burocracia – os traços essenciais da burocracia tradicional

Para concluir, vamos agora tentar reagrupar os conhecimentos depois de examinar as diversas teorias expostas e discutidas ao longo das páginas anteriores. Podemos reunir, na medida em que isso seja possível, o essencial dessas análises de acordo com três perspectivas complementares:

- A primeira trata das origens ("externas" e "internas") da burocracia.

- A segunda trata da descrição do burocratismo: é o nível dos "modelos", da "tipologia", do funcionamento.

- O terceiro e último problema é o do *sentido da história*, na medida em que somos capazes de prever seu curso: O futuro pertence aos "burocratas"? E, se esse for nosso destino, como serão os burocratas do futuro, da fase C?

A) A burocratização

Como se forma e se desenvolve uma burocracia? Entre os fatores da burocratização podemos destacar:

a) O subdesenvolvimento das forças produtivas (tecnológicas, econômicas etc.). É preciso um proletariado formado, uma camada rural avançada para que as condições antiburocráticas da autogestão social sejam reunidas (como vimos, esta é uma possibilidade da fase C).

---

100. O duplo aspecto da burocracia é que ela é, ao mesmo tempo, realidade (que evolui, estende-se e transforma-se) e problema. "As burocracias são instituições", escreve ainda A. Sauvy ao pensar nos aparelhos administrativos: e os sociólogos mostram que as instituições se burocratizam. Há nesse campo uma perpétua sobreposição e recorte das noções, conceitos, usos que se recobrem ou ao contrário que se opõem. É preciso tomar aqui seu partido de uma multiplicidade de sentidos em evolução, mas é preciso situar esses sentidos.

b) A composição social das organizações: é o tipo de análise que às vezes tentamos aplicar à burocratização dos partidos operários (p. ex.: Trotsky).

c) O sistema de distribuição do poder e, por exemplo, a centralização, ou ainda a hierarquização vertical. De modo geral, vemos se desenvolver, nas organizações que se burocratizam, tendências centralizadoras na "cúpula" e inversamente tendências descentralizadoras na "base" (tendências à autonomia): por exemplo, em uma fábrica no interior do quadro mais amplo da empresa, ou em um estabelecimento local colocado sob o controle de um organismo central. De onde os conflitos de poder que podem ou desencadear um processo de desburocratização, ou então acabar beneficiando o topo.

d) O *tamanho* ou a *dimensão* das organizações.

e) A especialização das tarefas. Por exemplo: assumir responsabilidades sindicais implica conhecimentos técnicos (jurídicos, econômicos) cuja posse e manejo tendem a acentuar a separação entre a base e os membros do aparelho.

f) O acesso às funções de gestão. Vemos se desenvolver a burocratização nos sindicatos que praticam a cogestão ou a autogestão, nos partidos que chegam ao poder.

Evocamos essas causas apenas como exemplos. Mesmo assim, as condições nas quais uma burocracia se forma e se desenvolve ainda são malconhecidas. Podemos, no entanto, levantar a hipótese de que a burocratização geral de nossa sociedade induz aquela das organizações sociais que a constituem. Essas são as condições externas em relação às organizações sociais. Elas estão ligadas aos processos internos de burocratização.

B) O burocratismo

Quais são as características essenciais do funcionamento burocratizado? Em sua maioria, as análises consagradas a esse problema convergem para estabelecer que:

1º) O burocratismo é um problema de poder

O funcionamento burocrático é um disfuncionamento: a noção de *doença de gestão*, utilizada na psicossociologia das empresas, caminha na mesma direção. Essa perspectiva médica não questiona verdadeiramente as *estruturas* e, mesmo supondo a possibilidade de uma terapêutica funcional, ela deixa essas estruturas inalteradas. O conflito só aparece como uma desordem na autorregulação do corpo social. A esta concepção se opõe aquela que vê primeiramente na burocracia não mais apenas a *doença* da gestão, mas ainda, e sobretudo, *a propriedade da organização*. O que supõe que o critério a partir do qual definimos o burocratismo não é mais estabelecido de acordo com o modelo das normas *biológicas* da saúde, mas segundo as normas *políticas* do poder.

2º) É um fenômeno de reificação

A usurpação do poder não basta, no entanto, para definir a degenerescência burocrática: um regime *autocrático*, fundado em um desvio análogo, não é necessariamente burocrático. Pois a autocracia supõe a personalidade do líder; já o universo burocrático, ao contrário, é impessoal. Max Weber ressaltou particularmente esse processo de despersonalização realizado pela "racionalização" do funcionamento e pela rígida delimitação dos papéis – uma vez que esses papéis definidos e distribuídos de maneira fixa e impessoal só adquirem uma significação em função da organização para a qual foram previstos. Em outros termos: *o burocratismo implica uma alienação das pessoas nos papéis e dos papéis no aparelho.*

3º) A decisão burocrática é obscura

O termo aparelho convém muito bem à situação assim descrita: o "poder dos escritórios" é realmente o de um sistema mecanizado. Por isso *o anonimato das tomadas de decisões*: em um sistema burocrático, é difícil saber onde, quando e como se decide. Este é, como se sabe, um dos traços essenciais do universo burocrático descrito por Kafka.

4º) As comunicações não funcionam mais

Na mesma perspectiva de uma psicossociologia dinâmica podemos dizer que em um sistema burocrático as comunicações circulam apenas em uma única direção, do alto da organização hierarquizada para a base. A cúpula não recebe de volta a informação das repercussões e recepções das "mensagens" (ordens, ensinamentos) que ela emitiu. Esta ausência de *feedback* constitui um dos traços essenciais do burocratismo. Esse processo foi descrito por Kafka: as comunicações telefônicas descem do Castelo ao Vilarejo: mas na direção inversa, as mensagens são "embaralhadas". Há o "porta-voz", mas a fala da sociedade, do grupo total, não é mais ouvida.

5º) O burocratismo apoia-se em uma pedagogia

A *diretividade burocrática* é outra forma desse sistema de comunicações.

a) As burocracias políticas elaboram e difundem uma ortodoxia ideológica cuja rigidez dogmática é o reflexo de seu sistema de poder. Este aspecto do burocratismo é bem conhecido. Todavia, nem sempre observamos com uma suficiente nitidez a forma pedagógica que acompanha a difusão dos dogmas. No Partido burocratizado os militantes tornam-se, segundo a expressão de Trotsky, *objetos de educação*: a proposta é elevar o nível garantindo que eles recebam "educação política". Por isso, principalmente, a manutenção da estrutura em dois níveis: no topo reinam aqueles que possuem o saber; na base, eles estão ainda na ignorância e se não participam das decisões é porque lhes falta uma maturidade *política* que só pode ser adquirida pela iniciação burocrática. Esses iniciadores são evidentemente aqueles que Rosa Luxemburgo chama os *mestres da escola do socialismo*.

b) Esquemas análogos foram encontrados em outros campos da vida social, por exemplo, na escola, em muitas concepções industriais da formação. O desenvolvimento dos métodos não diretivos de formação destacou esse aspecto: as técnicas diretivas não admitem que o saber, ou o *savoir-faire*, possa vir "de baixo": isto é contrário às normas de uma hierarquização vertical do poder e, portanto, do saber. O ensino tradicional, na escola, na universidade, é geralmente autoritário e diretivo, fundado na ordem burocrática. Por isso a crítica da pedagogia tradicional é uma crítica da burocracia.

c) Em um sindicato burocratizado às vezes é possível admitir que alguns responsáveis ou alguns militantes de base descubram intuitivamente e na ação a resposta justa a uma situação dada; mas conserva-se ao mesmo tempo a convicção de que a estratégia de conjunto da luta deva se basear em um saber mais amplo, elaborado no topo, e que deve ser transmitido. Por isso a crítica do *espontaneísmo* e, ao mesmo tempo, o clima escolar dos estágios de formação em que os quadros voltam à escola para aprender a linha da organização.

d) Hoje, contudo, algumas burocracias pedem aos psicossociólogos não diretivos que formem seus quadros. Mas este pedido permanece burocrático enquanto não enxergarem que o verdadeiro problema é o isolamento desses quadros e que o verdadeiro método não está na formação, mas na intervenção.

e) Forma-se assim o indivíduo heterônomo munido, segundo Riesmann, de um radar para se ajustar à sociedade burocratizada e se conduzir no campo social. Nessa sociedade, a criança deve primeiramente aprender a se comportar como um bom membro do grupo – "ela aprende na escola a ocupar seu lugar em uma sociedade na qual a preocupação do grupo diz menos respeito ao que ele produz do que às suas próprias relações internas de grupo, seu moral". Da mesma maneira na "formação dos quadros" há uma oposição entre aqueles que *sabem* e aqueles que *não sabem.*

6º) As técnicas burocráticas da formação colaboram para desenvolver o conformismo

Uma das consequências mais marcantes é a falta de iniciativa e, consequentemente, o reforço da separação em dois níveis, característica da organização burocratizada.

Na linguagem política esse conformismo é chamado carneirismo. Os comportamentos carneiristas de submissão aos líderes e às ideologias, suas motivações eventuais (fideísmo? carreirismo?) são alguns dos sintomas mais reveladores de um "clima" burocratizado. Esse carneirismo é um traço essencial do indivíduo heterônomo descrito por Riesmann, do "membro simpático" de um grupo social.

7º) A burocracia é a verdadeira fonte do desvio e dos "grupos fracionais" ou "grupos informais"

a) Nas organizações políticas

Para reprimir a oposição – é segundo um mesmo modelo dialético que Freud descreve a repressão dos instintos e Trotsky o "recalque" da crítica – os burocratas pretendem ser a consciência do grupo e estabelecem que os oposicionistas se excluam, assim como o criminoso, segundo Kant, exclui a si mesmo da comunidade. No final desse processo, a fração não é sequer uma fração do grupo: tornou-se um grupo exterior ou, pelo menos, um grupo clandestino.

b) Nas empresas

Em outros setores da vida social, fenômenos análogos se produzem: assim Moreno descreveu a oposição entre a ordem retratada pelo organograma e aquela retratada pelo sociograma. O organograma representa o aparelho institucional hierarquizado, a distribuição oficial das tarefas, os circuitos prescritos pelas comunicações que religam as regiões de um campo social: em suma, um conjunto de características que também pode servir para descrever um aparelho burocrático. O sociograma revela outras distribuições dos papéis, outras redes, outros grupos, informais, não reconhecidos – formados no interior da mesma organização social, de uma fábrica, por exemplo. Tecidos de relações mais reais, mais "espontâneas", e que podem preparar o terreno ao desvio, à oposição erguida contra uma ordem imposta. Uma vez mais, o que se passa no terreno da vida política pode ser compreendido como um caso particular e que depende de fato de uma análise mais geral, que implica a ação de modelos e de conceitos elaborados em outros terrenos.

c) Podemos, por fim, formular esses mesmos processos em outra linguagem: certos sociólogos descreveram, com efeito, a formação de *subunidades* na organização, isto é, subgrupos que acabam seguindo *objetivos particulares (sub goals)*.

8º) A organização não é mais um meio, mas um fim

Outro mecanismo característico é aquele que Michels chamou *o deslocamento dos objetivos*. Tomemos o exemplo das organizações políticas e sindicais. No início, o aparelho era como um meio para a realização de determinados fins: o socialismo, se o objetivo da organização era revolucionário. Esse principal objetivo foi sendo progressivamente substituído pelo de uma vitória política do Partido, que acaba mobilizando todo o trabalho da organização. Admitiu-se no início que a realização do socialismo supõe, primeiramente, a tomada de poder, e esse objetivo intermediário, tornado principal e mesmo único, acaba por determinar a ideologia e o conjunto das atividades do Partido.

Por outro lado, na consciência dos burocratas, a dedicação à organização – às suas estruturas, à vida interna, aos ritos – acaba tornando-se, além de um dever absoluto, uma fonte de valores e de satisfações. E, sobretudo, o sistema burocrático constitui um novo universo alienante: para o responsável nacional – este é ainda um traço pouco analisado do funcionamento burocrático – os organismos regionais e locais constituem o horizonte e o limite do universo cotidiano; a percepção do burocrata não ultrapassa o último nível do estágio burocrático. A base acaba por se lhe tornar a tal ponto distante que ele se esquece de sua existência nos períodos que separam as consultas eleitorais. Desenvolve-se, portanto, no interior da burocracia um conjunto de tradições, de modelos de comportamento, um vocabulário específico, todo um "saber" cuja posse em comum reforça os laços dos iniciados ao mesmo tempo em que acentua a fissura entre os dois andares.

9º) A burocracia recusa a mudança e a história

A resistência à mudança é uma das consequências do deslocamento dos objetivos. Como observa Max Weber, a burocracia "tende a perseverar em seu ser", isto é, a conservar suas estruturas – mesmo quando elas se tornam inadequadas às novas situações –, sua ideologia – mesmo que ela diga respeito apenas a um estado antigo –, seus quadros, mesmo quando não podem mais se ajustar à nova forma da sociedade. Em outros termos: *as condutas de assimilação*, isto é, de utilização de esquemas elaborados para responder às situações ultrapassadas preponderam sobre *condutas de acomodação* que supõem a elaboração de novos esquemas de ação, mais adequados para responder às novas situações.

Esse conservadorismo – essa recusa do tempo – conduz a *mecanismos de defesa* e, por exemplo, ao endurecimento ideológico, à recusa sistemática da novidade e à hostilidade em relação a qualquer crítica – que se tende a considerar como um sinal de oposição que põe a organização em perigo. E, do lado da base, desenvolve-se uma crescente indiferença.

Tanto na vida coletiva como na dinâmica da personalidade, no entanto, a *repressão* não é jamais uma *supressão*. A ordem burocrática supõe o reforço do aparelho, o desenvolvimento da vigilância – o que, definitivamente, acentua o isolamento desse aparelho. Esta é uma consequência extrema. Mesmo assim, toda burocracia supõe dispositivos de controle, *de supervisão*, de inspeção, cuja missão principal é garantir a observância das normas burocráticas, vigiar a iniciativa e a novidade.

10º) A burocratização desenvolve o carreirismo

O carreirismo é a concepção burocrática da profissão.

a) Na linguagem política e tradicional, o termo serve para designar e condenar – o "arrivismo" do político profissional, do membro do aparelho cuja preocupação essencial é "subir" a todo custo, fazendo todas as concessões necessárias, praticando o *carneirismo* em relação ao líder enquanto este estiver em uma "boa posição". Tudo isso é conhecido. Trata-se, também aqui, não mais de servir aos objetivos que a organização persegue, mas de servir a organização, e de servir-se dela. Passa-se assim da função à carreira como da organização à burocracia: o mesmo mecanismo do deslocamento dos objetivos é o traço comum dessas duas transferências.

b) Mas esse traço, mais uma vez, não é específico das organizações políticas. A noção de *carreira*, como ressaltado por R. Treaton, assume uma crescente importância em nossa sociedade burocratizada, nas empresas e no conjunto das organizações sociais modernas.

C) Por uma nova definição

Ao final desta análise, podemos identificar algumas linhas que convergem para uma definição da burocracia.

1) Subsiste a ambiguidade entre as definições da burocracia considerada como um sistema de *ligações*, de transmissão, e a burocracia definida em termos de poder. Mas devemos considerar como essencial no burocratismo a fissura da sociedade em dois andares antagonistas e divididos; a burocracia é a organização da separação.

2) O problema da burocracia é um problema organizacional, o que não significa que devemos confundir em uma mesma definição as *organizações* e as *burocracias* – mesmo que, mais uma vez, uma certa ambiguidade subsista no vocabulário. Nunca é demais insistir: a burocracia é a organização no poder.

3) Por fim, nas pesquisas mais recentes, vemos esboçar uma corrente que tende a designar pela ideia de uma "burocratização do mundo" as novas formas que o controle social adquire no conjunto da civilização industrial. Mas é aqui que o problema da burocracia volta a ser, de alguma forma, um problema filosófico: as normas que orientam nossa definição da burocracia são determinadas por nossa concepção da história. Segundo nossas escolhas, as burocracias serão consideradas ou como a *face* sombria de um progresso histórico ou, ao contrário, como um crescente agravamento do funcionamento social em seu conjunto, uma consequência quase inelutável da sociedade industrial e de massa. Para Hegel, a organização é a Razão; para Marx, ao contrário, ela é a desrazão.

Mas quem tem "razão", Hegel ou Marx? Vimos que Hegel conclui seu sistema pela política, sua *Filosofia do direito* é o último livro que publica. Ele termina assim: a "oposição desapareceu como um desenho maltraçado; o presente suprimiu sua barbárie e sua injusta arbitrariedade, e a verdade aboliu seu além e a contingência de seu poder; tornando-se assim objetiva a reconciliação que desenvolve o Estado, em imagem e em realidade da razão. A consciência de si encontra no Estado a realidade efetiva de seu saber e de sua vontade substanciais...". O Estado hegeliano "totaliza" o mundo da existência. Ele não é, sem dúvida, "*a sociedade civil*", isto é, o mundo da produção, das massas humanas, da vida social concreta e cotidiana, mas é o meio pelo qual essa sociedade civil se organiza, toma uma significação tal que o homem privado torna-se ao mesmo tempo um "cidadão", um membro da cidade.

A política, no sentido original do termo, nasceu, com os gregos, dessa determinação do homem público e ela era, ao mesmo tempo, técnica de organização e de governo. É mais tarde que vem a determinação da política como jogo dos partidos e dos grupos de pressão. Mas no início, a ideia de política se confunde com a da sociedade inteira, de seu nascimento, de seu fundamento e de sua racionalidade.

Mas Hegel introduz aqui um elemento novo. Em seu sistema, a ordem racional, que vem do Estado *apodera-se* da sociedade civil pela mediação de uma ordem que é, segundo sua expressão, *o espírito do Estado*. A dignidade da administração de Estado, dos funcionários, está nessa missão que o filósofo lhe destina. Para ele, no mundo moderno, tudo se torna a função primeira dos administradores, que é substituir as disparidades, as diferenças e as contradições que marcavam a velha sociedade por uma ordem universal, a ordem da burocracia.

Um século mais tarde, Max Weber recupera a inspiração de Hegel ao desenvolver essa tese, que pode parecer um paradoxo: a burocracia é a racionalização do mundo. Mas, desta vez, não se trata mais apenas da burocracia de Estado. E, como já entramos na civilização industrial, Max Weber é contemporâneo de Taylor e dos teóricos da "racionalização" da produção, ele leva, portanto, mais longe a tese hegeliana, talvez com um pouco mais de recuo crítico.

A crítica decisiva a Hegel, no entanto, encontra-se em uma obra de juventude de Marx que ainda não fora publicada no momento em que outros pontos de vista vão se expressar, a favor ou contra Max Weber. Em sua *Crítica da filosofia do direito de Hegel*, Marx mostra as contradições tanto da tese como da realidade. É preciso olhar um pouco mais de perto, diz ele em substância, para ver que os conflitos permanecem, conflitos entre essa "burocracia acabada", descrita por Hegel, e as "burocracias inacabadas" das corporações; conflitos entre a burocracia e o Estado, conflitos no próprio interior da burocracia. Nesse texto, feito essencialmente de notas de leituras críticas, Marx percebe, pela primeira vez, não o funcionamento ideal do aparelho burocrático, mas sim seu *disfuncionamento* real, como se diria hoje.

E, assim como Marx levanta-se contra Hegel, em meados do século XIX, da mesma forma, um século mais tarde, manifesta-se a mesma oposição. Na esteira do pensamento de Max Weber, sociólogos, essencialmente da escola americana, principalmente Merton, Selznick, Gouldner, mostram as imperfeições dos sistemas burocráticos. Ao mesmo tempo, a tradição marxista desenvolve-se – embora os setores ainda não se encontrem.

Esse desenvolvimento toma duas direções. A primeira, e a menos explorada por razões ligadas, precisamente, ao problema do burocratismo – é aquela na qual G. Lukács havia se engajado inicialmente. Em seu *Ensaio sobre a reificação*, ele mostra, a partir das análises de Max Weber nas quais se apoia, que a burocracia é a introdução da inércia na vida social, ossificação das relações humanas e das organizações. Poderíamos transpor aqui uma fórmula célebre de Bergson e dizer que, para Lukács, a burocracia é "o mecânico aplicado ao que é vivo". O universo da burocracia tal como apresentado por Lukács é, afinal de contas, o universo de Kafka; é o "Castelo", e o "Processo", é a "Colônia penal". É também o mundo sartreano do prático-inerte.

A outra corrente do pensamento marxista, que também acabou sendo considerada como um desvio, é uma corrente centrada mais especificamente nos problemas de poder, de Estado e de partido: ela passa por Lênin, sobretudo, por Trotsky e Rosa Luxemburgo, para chegar a B. Rizzi e a Djilas. Progressivamente, um problema surge a partir da experiência da revolução russa: o Estado criado em 1917 não "enfraqueceu". Ao contrário, a burocracia prolifera; camada parasitária para Trotsky, ela é para Rizzi e Djilas uma "nova classe dirigente", que utiliza o Estado e o partido, para garantir sua dominação.

Essa análise evidentemente não é aceita pelo poder. O problema, no entanto, permanece, e ainda que a Iugoslávia não permita em seu interior a difusão das teses sobre a *Nova classe*, ela autoriza uma pesquisa – publicada recentemente por A. Meister – e, pelo que sabemos, é a única pesquisa realizada por um psicossociólogo que trata do conjunto do funcionamento econômico e político de um Estado que se considera como *o mais fiel* a Marx.

Marx, com efeito, opõe ao regime da burocracia o *self government* dos trabalhadores. Mas não desenvolve esse princípio da autogestão, na qual percebe simplesmente a solução do futuro, antecipada pela experiência da Comuna. Portanto, o problema permanece aberto: Que pode significar um sistema não burocrático? E como concebê-lo? Mas, para além desse problema, coloca-se outro que nos parece determinante: Para onde vai a História? No sentido indicado por Hegel – a burocratização progressiva e generalizada do mundo – ou no sentido anunciado por Marx? Qual o destino da civilização?

11) O futuro

A força da tese hegeliana, o que ela tem de provocante, é ver no advento da ordem burocrática a maturidade definitiva da história e seu acabamento. Hegel escreveu: o "acabamento do Estado em monarquia constitucional é obra do mundo moderno... a ideia substancial atingiu sua forma infinita"[101]. Portanto, a burocracia é a síntese que coroa esse acabamento, que o transmite ao conjunto da sociedade civil. Se a burocratização é o destino do mundo, Hegel tem razão: a história acabou e suas peripécias atuais não passam do cumprimento daquilo que já estava designado na *Filosofia do direito*. Simplesmente, a ligação mediadora torna-se o fundamento da *ordem* e a figura definitiva da estabilidade.

Mas essa ordem é em realidade uma desordem. Uma organização estabilizada do mundo só era viável em uma época em que

---

101. HEGEL. *Philosophie du droit*, p. 212.

a mudança não era o essencial da vida. Mas assim que a mudança se torna lei, a ordem freia, e a burocracia aparece então precisamente como aquilo que resiste à mudança. Com seus papéis definidos, suas hierarquias padronizadas, a burocracia parecia deter o tempo e vencer a novidade. Mas essa calma é corroída pelas crises, a vida lhe escapa, as "disfunções" das organizações expressam essa parte da vida coletiva que não quer de forma alguma se submeter à ordem geral e oficial, as lutas pelo poder continuam no aparelho burocrático.

É preciso, então, admitir que essa estabilidade é sempre relativa, que ela é periodicamente sacudida por crises, e que os modelos da estabilidade não convêm, ou não convêm mais, às exigências das sociedades. A burocracia era, para Max Weber, o espírito de sistema absoluto na organização. Para aqueles que deram continuidade à análise que ele começara, é evidente que o sistema só se sustenta pela reificação, pela negação da vida, da participação e da criatividade.

Os conjuntos sociais: grupos, organizações e instituições – sendo este último termo tomado em relação às estruturas da sociedade global – nunca são fechados sobre eles mesmos. Um grupo primário está sempre preso às determinações das organizações e instituições; uma organização social – escola, empresa, hospital, comunica-se necessariamente com outras organizações em conjuntos institucionais; além do mais, a organização nunca é totalmente homogênea: na empresa, as organizações se encontram, cooperam, entram em conflito. O sentido dos conjuntos é sempre ao mesmo tempo, aqui, agora, e em toda parte, e na história. Nenhum conjunto social pode constituir uma totalidade acabada.

Mas, a vontade burocrática é, fundamentalmente, vontade de acabar as totalidades parciais, ao mesmo tempo no espaço social e no tempo. No espaço social, a organização burocratizada não é mais ato coletivo perpetuamente criador; é uma entidade social cristalizada. No tempo, a burocracia tende a recusar a mudança; sua vontade é simplesmente, como dizia Max Weber, "perseverar em seu ser".

Esse acabamento é ilusão de acabamento. Em relação à burocracia, a estabilidade acabada não é possível, e o impulso revolucionário reflui, se não continuar avançando, se renunciar a fazer a história. Pois a história, como escreve Engels, "não pode encontrar um acabamento definitivo em um estado perfeito da humanidade"[102].

Essa é a alternativa fundamental. Essa é a questão que inquieta hoje aqueles que colocam com a maior acuidade os problemas do futuro de nossa sociedade. E mais: desde que descobrimos que em toda parte, nos países ditos socialistas, uma *nova classe dirigente* dominava a sociedade, e que em toda parte nos países ditos do "Terceiro Mundo" a dominação colonial dera lugar à dominação burocrática – desde essa época, portanto, descobrimos que o problema burocrático era o grande problema político, não resolvido, do século XX. A oposição já desenvolvida entre hegelianismo e marxismo constitui, assim, a mais rigorosa elaboração conceitual de um problema muito concreto, muito cotidiano, muito atual.

Seja como for, é preciso realmente ver que tal elaboração teórica é tanto necessária como insuficiente para quem quiser ter uma visão mais precisa das realidades do mundo de hoje. Assim, por exemplo, para o sociólogo, as características fundamentais da burocracia que acabo de enunciar junto com *todos* os autores, e para apresentar a síntese de suas análises, não são características eternas. A rigidez, a contração das comunicações, a brutal rejeição dos desviantes são características da burocracia nas fases A e B. Isso significa que se essas características desaparecessem, ou se modificassem profundamente, essas modificações não deveriam ser interpretadas como o fim da dominação burocrática.

A burocracia existe como sistema social enquanto existe a *propriedade privada da organização*. Isso significa que quando a propriedade privada dos meios de produção foi abolida isso não implica, necessariamente, que a dominação do homem pelo homem foi igualmente abolida.

O mesmo vale para a dominação colonial e para qualquer forma de submissão ao imperialismo das grandes potências. Ainda que essas formas de dominação cheguem ao fim, os povos

---

102. ENGELS, F. *Ludwig Feurbach et la fin de la philosophie classique allemande*.

libertados são muitas vezes submetidos à dominação interna da nova classe dirigente.

Essa nova classe dirigente nega permanentemente seu caráter de *classe dominante*. Pelo contrário, ela afirma, e esse é o próprio fundamento de sua ideologia, que se sacrifica para o bem comum, e que tem como missão liquidar as últimas bases históricas da dominação.

Quando, no século XVIII, a burguesia, "classe ascendente", desenvolveu sua luta pela transformação da sociedade sob sua direção, seus ideólogos difundiram na sociedade temas libertadores: liberdade, igualdade, fraternidade... A classe montante aderia a essas palavras de ordem e as assumia. Mas a liberdade "universal" que ela pedia era, na realidade, *sua* liberdade... Da mesma forma, hoje, o projeto socialista é levado adiante e proclamado pelos dirigentes mais esclarecidos das organizações de massa, ou de certos Estados que se dizem socialistas. Mas parece que, às vezes, aquilo que os burocratas mais modernistas reivindicam de *fato*, e principalmente entre os sindicalistas europeus, é seu próprio acesso à direção da nova sociedade. Por *autogestão*, é preciso compreender a gestão da sociedade por uma nova burocracia – a burocracia da fase C, com seus "gentis organizadores", como se diz no *Club Méditerranée*.

É evidente, ao mesmo tempo, como já observamos, que em sua *prática* esta nova burocracia se moderniza, denuncia a rigidez e as outras características da burocracia nas fases A e B. (Por isso, p. ex., os conflitos no interior de certos sindicatos, ou de certos Estados, entre burocratas de tipo tradicional e burocratas de tipo novo.) Por fim, a ascensão dessa nova burocracia coincide com o desenvolvimento mundial de uma "sociedade de consumo": as rádios difundem até mesmo no coração da África os modelos dessa sociedade, com seu novo conformismo. Surgem novas formas de alienação. Um poder mais sutil, mais maleável, instala-se lentamente, e é difícil dizer como será nosso futuro. Mas essa incerteza fundamental não impede de forma alguma de agir – como veremos agora.

4
AS INSTITUIÇÕES E A PRÁTICA INSTITUCIONAL

Definição das instituições

Compreendemos por instituições:

- grupos sociais oficiais: empresas, escola, sindicatos;
- sistema de regras que determinam a vida desses grupos.

Até aqui, o estudo das instituições dizia respeito principalmente aos sociólogos. No início do século XX, Fauconnet e Mauss, em consonância com Durkheim, definem a sociologia como uma ciência das instituições. Eles escrevem: "As instituições são um conjunto de atos ou ideias inteiramente instituído que os indivíduos encontram diante deles e que se impõe mais ou menos a eles. Não há razão alguma para destinar exclusivamente, como se faz normalmente, essa expressão aos arranjos sociais fundamentais. Compreendemos, portanto, por essa palavra tanto os usos e os modos, os preconceitos e as superstições, quanto as constituições políticas ou as organizações jurídicas essenciais; pois todos esses fenômenos são de mesma natureza e só diferem em grau. A instituição é, em suma, na ordem social aquilo que a função é na ordem biológica e, assim como a ciência da vida é a ciência das funções vitais, a ciência da sociedade é a ciência das instituições assim definidas"[1].

Por outro lado, G. Gurvitch, um sociólogo contemporâneo, esforça-se para eliminar o conceito de instituição do vocabulário sociológico: "Esse termo, diz ele, foi empregado na França, em sentidos bastante divergentes, pela escola durkheimiana e na obra de Maurice Hauriou. Atualmente, os sociólogos americanos

---

[1] FAUCONNET, P. & MAUSS, M. "Art – Sociologie". *Grande Encyclopédie*.

usam e abusam desse termo com uma surpreendente profusão e falta de clareza... É compreensível que a sociologia contemporânea tenha tudo a ganhar livrando-se do conceito de instituição; ainda mais que, nos Estados Unidos, começou-se recentemente a comprometer o conceito, em si mesmo muito útil, de 'estrutura social' ligando-o com o de instituição"[2].

O conceito de instituição é utilizado em setores mais ou menos próximos da pesquisa sociológica. E principalmente:

- Na *linguagem jurídica*: M. Hauriou propõe separar, no conceito de instituição, a instituição-grupo e a instituição-coisa[3]. Sartre estabelece uma distinção e uma unificação análogas entre a instituição-práxis e a instituição-coisa[4].

- No *vocabulário da antropologia* distinguem-se, assim como Kardiner, as instituições primárias e as instituições secundárias. As *instituições primárias* (modos de educação, formas de propriedade etc.) agem sobre a personalidade de base, formando-a. As *instituições secundárias* são criadas pela personalidade de base de uma sociedade. A passagem de uma a outra se realiza por mecanismos comparáveis ao mecanismo freudiano da *projeção*[5].

M. Dufrenne observa que "quando Kardiner define a instituição como "aquilo que os membros da sociedade sentem, pensam ou fazem"... não se sabe muito bem onde começa o social e onde acaba o psíquico. Parece-nos que seria necessário devolver à instituição seu peso de objetividade e sua especificidade e, consequentemente, distinguir de forma mais nítida entre a instituição como fato social e a instituição como prática vivida"[6].

---

2. GURVITCH, G. *La vocation actuelle de la sociologie*. Tomo I. Paris, p. 81-82, p. 427-430 [Critique de Parsons, p. 423-432].

3. HAURIOU, M. "La théorie de l'institution et de la fondation". *Cahiers de la Nouvelle Journée*, 1925.

4. SARTRE, J.-P. *Critique de la raison dialetique*. Paris: Gallimard.

5. KARDINER, A. *The individual and his society*. Nova York, 1939.

6. DUFRENNE, M. *La personalité de base* – Traité de sociologie. Tomo II. Paris: PUF, 1960 [Publicado sob a direção de G. Gurvitch].

A noção de instituição é igualmente utilizada pelo psicossociólogos, como mostra J. Stoetzel[7]: "As relações interpessoais não se produzem entre desconhecidos que se encontram no deserto; desenvolvem-se em contextos sociológicos, têm como âmbito instituições, e são até mesmo estreitamente dependentes da cultura particular em que aparecem. Um bom exemplo da maneira pela qual os estatutos e os papéis regem as relações interpessoais em situações sociais determinadas é fornecido pelo caso do doente e do médico assim como analisado por Parsons [...][8]. E mais, os próprios meios de troca são objeto de uma institucionalização. É o que mostraria o estudo das modalidades segundo as quais funciona a troca verbal".

Desde 1942, o conceito de instituição tomou um novo sentido com a terapêutica institucional: o movimento da psicoterapia institucional enfatizou a possibilidade de dar às "instituições" psiquiátricas uma função terapêutica, e não mais antiterapêutica. A institucionalização do meio pelos doentes (clubes etc.) tem função terapêutica[9].

A definição das instituições e a utilização deste conceito em campo *é de orientação sociologizante*. Sem renegar completamente essa orientação, somos conduzidos, em consequência das observações de psiquiatras e de análises que praticam a *terapêutica institucional*, a levar mais adiante a pesquisa e a levantar a hipótese de que *a instituição também existe no nível do inconsciente do grupo*.

Para que essa orientação seja mais clara, é preciso partir da ideia, desenvolvida principalmente por Lévi-Strauss[10], de que o inconsciente individual pertence à ordem institucional, essa ordem que estrutura o parentesco. Lévi-Strauss beneficiou-se de uma dupla herança: a descoberta etnográfica da proibição do in-

---

7. STOETZEL, J. *La psychologie des relations interpersonnelles* – Traité de sociologie. Tomo II. Paris: PUF, 1960.

8. PARSONS, F. *Éléments pour une sociologie de l'action.* Paris: Plon, 1955, p. 193-255.

9. TOSQUELLES, F. *Pédagogie et psychothérapie institutionnelle.* Paris, 1956.

10. LÉVI-STRAUSS, C. *Introduction à M. Mauss:* Sociologie et Anthropologie. Paris: PUF, [s.d.].

cesto e a descoberta freudiana do Complexo de Édipo foram mais ou menos contemporâneas. Freud traduz pelo mito do parricídio original e pelo princípio da repetição ontogenética da filogênese histórica essa ideia de que o inconsciente individual está ligado à ordem institucional, como se vê ainda na análise dos ritos de passagem e de entrada na vida.

Vamos deixar ainda mais claro: o complexo é uma estrutura de origem institucional que organiza o vivido e a história individual.

Da mesma forma, para Lévi-Strauss, as estruturas elementares e instituídas do parentesco organizam as relações sociais concretas de parentesco, estabelecem as trocas, determinam as prescrições e os interditos. *A universalidade do Complexo de Édipo significa que, no vivido individual, está presente a estrutura universal da instituição parentesco. Nosso inconsciente é instituído.*

Chegamos assim ao problema do grupo e da instituição no grupo, em seu inconsciente. "A experiência do grupo" é o vivido de uma ordem estruturante, institucional, que traduz, no grupo, a organização da sociedade e, principalmente, sua organização política, a da produção. No entanto, outros tipos de organização da vida social estão igualmente presentes nesse inconsciente de grupo do qual Freud aproximou certos mecanismos, *a identificação*, por exemplo. Qual é a gênese desse inconsciente social? Ela implica determinados recalques sociais como o da "censura burocrática" em relação à fala do grupo. Por exemplo: em uma classe experimental em autogestão, os alunos produzem um jornal; a direção censura um artigo. É possível então estudar na classe a experiência vivida dessa censura tanto em termos de consciente como inconsciente (expressão indireta da reação a essa repressão). A burocracia tem aqui um papel estrutural comparável ao superego.

Será mais fácil de compreender com isso as dificuldades encontradas para praticar no grupo, principalmente o T. Group, a análise institucional: dificuldades entre os *analisados* (os estagiários), *mas também entre os analistas* (monitores de grupos), e mesmo entre aqueles que aceitam hoje nossas hipóteses sobre a ordem institucional e se esforçam em praticá-las em suas experiências.

Inversamente, e de maneira complementar, a análise institucional também pode ser uma resistência. É evidente que não se pode aceitar tal qual, sem analisá-la, a vontade de estabelecer a análise na "dimensão institucional".

A prática psicossociológica trata das instituições, mas sempre por meio dos grupos que falam: nesses grupos, a fala da sociedade passa como fala reprimida, ideologizada, censurada pelas instituições, como linguagem do desconhecimento; a dimensão política mostra-se e dissimula-se nessa alienação da fala inacabada. Roland Barthes[11] observou uma oposição entre o acabamento da língua e o inacabamento da fala: "Na linguagem, há uma grande desproporção entre a língua, conjunto finito de regras, e as 'falas' que vêm alojar-se sob essas regras e são em número praticamente infinito". Roland Barthes também ressalta, como Saussure, o caráter institucional da língua e a relação da fala com essa instituição: "Diante da língua, instituição e sistema, a fala é essencialmente um ato individual de seleção e de atualização". Diríamos antes, em relação à fala, um ato interindividual, pois ele implica o Outro, a quem nos dirigimos.

Esse modelo encontra o de Saussure que diferencia a língua (instituição) e a fala (lugar da relação interindividual) provavelmente a partir de uma reflexão sobre o conflito entre Durkheim e Tardee, dessa forma, sobre a separação entre sociologia e psicossociologia.

Se mantenho aqui o par instituição-criação que reproduziria o par língua-fala é também por me lembrar de que esse par é, segundo Roland Barthes, o do sistema finito das estruturas e o do sistema infinito da fala. Traduziremos pela oposição entre acabado e inacabado.

*

Resumamos essa evolução:

O sentido do conceito de *instituição* modificou-se profundamente desde quase um século. No tempo de Marx, isto é, no

---

11. BARTHES, R. "Éléments de sémiologie". *Communications*, 4, 1964.

século XIX, entendia-se por *instituições*, essencialmente, os sistemas jurídicos, o direito, a lei. De forma que, para o marxismo, as "instituições" e as "ideologias" são as "superestruturas" de uma sociedade dada cujas "infraestruturas" são as forças produtivas e as relações de produção.

Depois, em uma segunda fase, o conceito toma uma importância central na sociologia com a escola francesa. No início do século XX, Durkheim e sua escola definem a sociologia como uma ciência das *instituições*.

Hoje, enfim, entramos, com o estruturalismo, em uma nova fase que conduz a um profundo remanejamento do conceito, em ligação com as *práticas institucionais* que se desenvolvem nos campos da *psiquiatria*, da *pedagogia* e da *psicossociologia*. Uma nova definição das instituições está sendo elaborada: P. Cardam constata esse fato[12].

As instituições escolares

A escola é uma *instituição* social regida por *normas* que dizem respeito à obrigação escolar, aos horários, ao emprego do tempo etc. Em consequência, a intervenção pedagógica de um professor (ou de um grupo de professores) sobre os alunos se situa sempre em um *quadro institucional*: a classe, a escola, o liceu, a faculdade, o estágio.

A pesquisa pedagógica deveria, portanto, expor claramente esse problema das instituições e de sua experiência vivida, como um todo, fazendo uma distinção entre as instituições externas à classe – aquelas com as quais a Sociologia da Educação já se ocupa –, e as instituições internas.

Na pedagogia tradicional, essas instituições, na classe, impõem-se como um sistema que não poderia ser questionado. Ele é o quadro necessário da formação, seu suporte julgado indispensável. Em oposição a essa concepção das "instituições", propomos nomear "pedagogia institucional" uma pedagogia na qual as instituições são os meios cuja estrutura podemos mudar.

---

12. CARDAN, P. "Marxisme et théorie révolucionnaire". *Socialisme ou Barbarie*, 39, 1965.

Na autogestão pedagógica, os alunos são instituintes das instituições internas.

Chamo *instituições pedagógicas internas*:

• a dimensão estrutural e regulada das trocas pedagógicas (com seus limites; p. ex., a hora de entrada e de saída da classe é um quadro externo à classe, regulado pelo conjunto do grupo escolar);

• o conjunto das técnicas institucionais[13] que podem ser utilizados na classe: o trabalho em equipes, o conselho etc.

Chamamos *instituições pedagógicas externas* as estruturas pedagógicas exteriores à classe, o grupo escolar do qual faz parte a classe, a academia, os inspetores, o diretor de escola. Em todo estágio de formação (formação de educadores, vendedores, psicossociólogos...), a instituição externa é a organização que instituiu o estágio (um estágio é "instituído" por uma empresa, o outro por uma organização de psicossociólogos, p. ex.). Os programas, as instruções, os regulamentos são igualmente instituições externas.

Esses programas, instruções e regulamentos são decididos pela cúpula da burocracia pedagógica. Em seguida, são difundidos, pela via hierárquica, até a base do sistema, até os professores e os alunos. O conhecimento do *sistema institucional externo* supõe, portanto, o conhecimento da organização burocrática da educação.

Chamo *burocracia pedagógica* uma estrutura social na qual:

a) As decisões fundamentais (programas, nomeações) são tomadas no sistema hierárquico, mas na cúpula (instruções e circulares ministeriais). Existe uma hierarquia das decisões, do ministro ao professor, sendo que este último dispõe de uma certa margem de decisão no quadro do sistema de normas. Do ponto de vista das decisões fundamentais, os diferentes graus da hierarquia garantem ou sua transmissão, ou sua execução. Os professores não participam do sistema de autoridade, que se interrompe no nível da administração.

---

13. Cf. FERNAD, O. "Mise en place d'institutions dans le groupe-classe". *Éducation et Techniques*, 5.

A atividade de ensino é formadora; ela "transforma" objetos de intervenção (as crianças). A atividade burocrática nada transforma; ela controla a transformação. O modelo weberiano não convém mais ao último nível.

b) No nível central, a burocracia exerce um *poder*. No nível intermediário, ela é um sistema de *ligações* (com delegação de alguns poderes).

c) Os estatutos e os papéis, as obrigações e as sanções, as condições de entrada na profissão pedagógica são definidos "de maneira fixa e impessoal" (Max Weber) por regras produzidas pela própria burocracia. Existem tabelas de progressão, códigos de avaliação, um anonimato dos exames.

d) Esses estatutos e papéis, por trás dos quais a pessoa desaparece, são estabelecidos de acordo com uma determinada linha hierarquizada (a "via hierárquica" com, de baixo para cima, os professores primários e os professores, o diretor, o inspetor primário, o inspetor de academia, o reitor, o ministro); de cima para baixo dessa hierarquia efetua-se uma certa delegação de autoridade. A hierarquia define, por outro lado, um sistema de supervisão, *de inspeção* e de controle.

e) O "universo burocrático" se expressa no nível do "vivido" e depende, dessa forma, da análise psicológica (ansiedade dos professores, p. ex., durante as "visitas" do inspetor, visto muito mais como um controlador e como um juiz do que como um conselheiro pedagógico). A burocracia é percebida como fonte de julgamento e de sanção (Kafka deu uma descrição literária dessa dimensão, pouco estudada pelos psicólogos).

Entre os níveis da burocracia pedagógica, devemos distinguir:

a) Um nível exterior à escola: burocracia de Estado (direções ministeriais, inspetores gerais) e ligações burocráticas (reitorias, inspeções acadêmicas, inspeções do ensino primário).

b) Um nível interior à escola: diretor, diretor de liceu ou diretor de colégio, conselheiros, inspetores.

Na linguagem corrente, a burocracia é chamada "administração". O vocabulário sociológico rigoroso, desde Max Weber, prefere o conceito de burocracia definido como um termo neutro, mas que implica os traços de *racionalização* e de despersonalização que já descrevemos. Esta racionalidade é perturbada pela existência de subgrupos (clãs, "feudos").

Esse é, portanto, o modelo que deveria permitir a análise do sistema de ensino francês nos termos da psicossociologia da organização. Michel Crozier esboçou uma análise desse sistema[14]. E nós também[15]. Por fim, o mesmo problema foi retomado por Michel Lobrot em um *Manifesto* inédito cujas passagens essenciais citaremos agora:

Por uma pedagogia institucional

O fenômeno burocrático:

É preciso insistir na especificidade do fenômeno burocrático, que hoje se desenvolve a uma grande velocidade em uma escala gigantesca, que invade estados imensos de cima para baixo, que modela as relações humanas, que introduz um novo sistema de valores.

Alguns não veem nele senão um avatar do capitalismo: a concentração das relações de produção capitalistas promoveria uma hierarquização cada vez mais profunda das funções e das responsabilidades, a criação e a dominação de uma tecnocracia intermediária que se aproveita dos benefícios capitalistas sem reivindicá-los diretamente para si mesma, uma definição mais estrita dos estatutos, dos papéis, dos direitos e das obrigações. É evidente que esse fenômeno existe e não deve ser negligenciado. Contudo, ele é apenas a manifestação, mais ou menos deformada, de um fenômeno muito mais geral, que não é de essência capitalista, ainda que tenha um parentesco com ele, que só pode ser explicado – se não quisermos nos contentar apenas em descrevê-lo – pelas análises psicossociológicas. Atualmente, esse

---

14. CROZIER, M. *Le phénomène bureaucratique*. Op. cit.

15. Em nossa tese complementar; no artigo "Psychologie et politique" (*Recherches Universitaires*, 4-5, 1963) e na brochura "La dialectique des groupes" (*Bulletin de Psychologie*, 50 p. Paris, 1961 [mimeografadas] [anexos]).

fenômeno também se introduz nas estruturas capitalistas e traz com ele um espírito novo e tendências novas ao velho sistema da economia liberal clássica, mas é bem possível que ele se dissocie do capitalismo e constitua um novo modo de dominação no qual alguns gostam de identificar o espírito do antigo capitalismo, sobre cuja originalidade, contudo, é preciso insistir. Essa dissociação se produz nos países do Leste, por exemplo.

Talvez se possa dizer que o que há de novo no modo de produção e de dominação burocrático seja seu "altruísmo", do ponto de vista moral, ou ainda seu caráter "social", ou melhor ainda, seu caráter "democrático". O capitalismo é um processo de apropriação dos recursos naturais, ou melhor, dos bens do outro, dos frutos do trabalho do outro, da propriedade do outro etc., é uma forma de parasitismo. O capitalista pode muito bem não trabalhar e viver de suas rendas, revelando-se bem mais na sua realidade profunda, com sua inutilidade, sua superfluidade, seu caráter antissocial.

A burocracia, ao contrário, não apenas se apresenta como servindo a coletividade, mas a serve efetiva e realmente. O burocrata não é essa espécie de parasita ladrão e malfeitor que o capitalista constitui, ele trabalha, se sacrifica, administra, dirige e orienta, planifica, "serve". Criticá-lo dizendo que recebe um alto salário não é honesto: muitas vezes o salário de um burocrata muito bem colocado não equivale nem mesmo ao salário de um pequeno comerciante, de um salsicheiro, por exemplo. Toda crítica que procura assimilar o burocrata a uma *espécie* de capitalistas, uma vez que ele não tem nem suas vantagens nem seu estatuto (ainda que os sirva) não resulta em nada, a não ser a se fazer ridicularizar, e a passar ao lado de um fenômeno importante.

O que se deve recriminar à burocracia e aos burocratas é, antes de mais nada, alienar fundamentalmente os seres humanos, ao lhes retirar o poder de decisão, a iniciativa, a responsabilidade de seus atos, a comunicação; *ou seja, privá-los de sua atividade propriamente humana*. Esse roubo no plano psicológico, essa apropriação das faculdades humanas do outro, essa negligência em relação aos grupos sociais reais são muito mais nocivos do que tudo aquilo que o capitalismo pôde fazer e de tudo aquilo que ele jamais fez. A consequência sobre a qual frequentemente se insiste: desvio dos recursos coletivos para "assalariar" a categoria dirigente, empobrecimento da coletividade. O fato de que as pessoas não estejam mais "interessadas" pelo trabalho que fazem e não trabalhem mais verdadeiramente, a rigidez dos processos econômicos, são também uma consequência. Deve-se ver qual é sua origem: a mais total servidão jamais concebida, pois é a servidão do homem como homem.

Poder-se-ia perguntar como foi possível chegar a isso, qual razão levou os homens a conceberem esse modo hipócrita de dominação que é ao mesmo tempo útil e invisível, que justifica sua nocividade por meio de sua utilidade. É neste ponto que seria preciso fazer uma análise psicossociológica.

A burocracia nasceu – e nasce provavelmente em toda sociedade – do desenvolvimento dos instrumentos de relações humanas, da dependência de todos em relação a todos, da mobilidade maior. O que é, por assim dizer, sua base infraestrutural, que não é naturalmente senão uma condição. Desde o instante em que não recebo mais diretamente meus recursos, meus objetos de consumo, minha segurança diretamente da natureza e de mim mesmo, mas dos "outros", evidentemente surge uma angústia difusa em relação a esses outros que têm tanto poder sobre mim, que detêm minha vida entre suas mãos. A prova de que são perigosos é que me exploram, e não é por acaso que, precisamente, a burocracia desenvolveu-se, sobretudo, nos países preocupados em suprimir os modos clássicos de exploração. O explorador é um perigo da mesma forma que um exército estrangeiro, um país vizinho demasiado expansionista, ou ainda o banditismo sob todas suas formas.

A única maneira de se proteger contra a relação humana é suprimi-la, o outro não deve continuar sendo a *origem* de uma relação, deve ser apenas o *término*.

O burocrata sabe perfeitamente que a verdadeira riqueza, aquela que me traz segurança, conforto, prosperidade, independência, não é – ou não é mais como antigamente – a fortuna em dinheiro que coloco no banco, os bens mobiliários ou imobiliários, o "capital", mas o trabalho da coletividade, as competências dos outros, os instrumentos coletivos de produção. O problema está em se apoderar desse conjunto, controlá-lo, dirigi-lo, fazendo-o servir em proveito próprio. Como isso pode ser feito? Não, evidentemente, acumulando esse objeto de troca que é o dinheiro, cujo valor, possibilidades de circulação, modos de transmissão dependem da coletividade – mesmo que tal acumulação ainda possa ser útil –, mas tornando-se a si mesmo a coletividade, estabelecendo seu poder sobre ela, organizando-se para que ela faça convergir para todos os frutos de seu trabalho. Estes não precisam mais ser "acumulados", basta que tomem certa direção, que sejam distribuídos de certa maneira. A riqueza real não consiste mais em um objeto reconhecível e localizável, que se pode guardar, retirar do circuito, tomar para si, mas em um "objeto virtual" que é a própria coletividade com seu trabalho, suas forças, seus recursos, sua massa etc. O problema é se apoderar da coletividade como tal e não como suscetível de produzir bens que se concretizam em mais valia, interesses, benefícios, propriedades etc.

Mas voltemos ao utilitarismo da burocracia de que falávamos há pouco. Esta se explica muito bem quando se considera que uma "coletividade possuída" não desperta nenhum interesse se não trabalhar, se não funcionar, se não investir, ou seja, se não realizar nela mesma uma certa riqueza e uma certa prosperidade. Pois, hoje, a exploração de alguns que acaba empobrecendo tanto os outros que os destrói, retirando-lhes materialmente o que possuem, "roubando-os" não mais se justifica. Empobrecer os outros significa empobrecer a coletividade que é justamente a riqueza sobre a qual se quer colocar a mão e se apropriar. Destruir sua própria riqueza é uma forma de suicídio.

Como procede, praticamente, o burocrata para estabelecer esse novo modo de dominação, essa apropriação da coletividade como coletividade? São vários os processos:

1) O primeiro problema é chegar ao poder. Mas não se trata de um poder de exploração no sentido tradicional, trata-se, ao contrário, de um poder que consiste em "fazer trabalhar", dirigir, orientar, utilizar informações, tomar decisões, planificar. Isso supõe que se seja aceito pela coletividade. Portanto, é preciso provar suas boas intenções, mostrar suas competências, afirmar

sua hostilidade em relação aos exploradores (estilo antigo). Isso pode ser feito graças a uma revolução que leva ao poder homens que se dizem apaixonados pela prosperidade e pela segurança coletivas (e como não seriam?). Na maioria das vezes, isso se faz de outra maneira: exibindo seus diplomas, mostrando seus conhecimentos (eles vêm da escola de engenharia) e, sobretudo, justificando uma formação que, precisamente, deve torná-los aptos às funções de direção.

2) O verdadeiro motor da dominação é a concepção, a formação e o estabelecimento de um estatuto aceito pela coletividade que garante de uma maneira definitiva, isto é, vitalícia, o direito aos indivíduos que administram de permanecer em seus postos e de receber todas as vantagens ligadas a eles. Essas vantagens, medidas em salário mensal ou anual, são pequenas. Mas são imensas as medidas em segurança efetiva, estabilidade do emprego, direitos de toda natureza, em recompensas, honras, consideração, respeito. De fato, são muito maiores do que aquelas resultantes, por exemplo, de uma fortuna pessoal ou familiar, sempre ameaçada pela coletividade, e utilizada em pequenas partes, o que sempre equivale a "comer seu capital". A dominação é, portanto, sustentada pela rigidez, pela força, pela estabilidade das instituições, pelas instituições administrativas, por exemplo.

3) A instituição policial justifica-se pelo fato de que os administrados sempre percebem, em um momento ou em outro, que são prejudicados em seu poder de decisão, colaboração, criação, invenção, comunicação, isto é, em sua liberdade real. A solidez do sistema permite àqueles que dele fazem parte continuar tomando as decisões no lugar dos outros, impô-las e fazê-las respeitar.

4) Uma das forças do sistema consiste em um argumento que parece irrefutável: "Vocês não são capazes de tomar decisões, pois são demasiados fracos, mal-informados, malcolocados etc." Isso é verdadeiro objetivamente: pessoas tratadas como crianças não podem desenvolver suas aptidões que lhes permitiriam ser outra coisa. Encontraremos esse argumento junto às verdadeiras

crianças, cuja natureza – no sentido sartreano – de criança permite justificar a autoridade que lhes é imposta.

5) Se nos colocarmos sob o ponto de vista do conteúdo das decisões da burocracia, é evidente que a ambição dessas decisões é permitir as trocas, garantir o funcionamento, programar, planificar, servir em princípio a coletividade. Contudo, o único objetivo ambicionado explicitamente é o crescimento material das riquezas (realizado ou não), e não o desenvolvimento psicológico dos indivíduos. Esse crescimento material, caso se realize – e realiza-se relativamente mal em tal sistema, se comparado com as possibilidades tecnológicas oferecidas – acaba de fato aumentando a massa dos bens, os quais retornam prioritariamente aos burocratas que, de certa maneira, possuem-nos não no sentido capitalista, mas em um novo sentido que ainda não foi definido. O diretor que diz "minha fábrica, minha escola etc.", mas na realidade não passa de um gestor, não diz algo desprovido de significação, quer indicar uma identificação real e estatuária de sua pessoa com a realidade, que ele gerencia, ele possui sua função, e esta, por sua vez, remete às realidades sobre as quais ela se exerce.

Por outro lado, o burocrata que ambiciona não apenas gerenciar, mas também aumentar os instrumentos de produção, provocar novos investimentos, prever planos de longo prazo, não apenas ambiciona aumentar as possibilidades de trabalho, mas, sobretudo, criar objetos novos sobre os quais se exercerá sua gestão; portanto ele aumenta, de fato, seu poder. Além da sua reputação, produz-se aqui um fenômeno de autocriação do poder muito comparável à autorreprodução do capital de que falaram os marxistas. Se, por exemplo, o burocrata promete "grandes obras", não apenas essa glória é sua como também estende a influência da burocracia, e esta será tanto mais forte quanto mais setores tiver para administrar.

O fenômeno burocrático não é, portanto, assimilável a nenhum outro; é uma forma de dominação *sui generis*. Ele não aparece como uma forma de parasitismo à maneira do capitalismo, mas sim como o motor, o núcleo central, o cérebro da sociedade, isto é, como a coisa mais útil, mais necessária, mais essencial. Ele quer o "Bem" de todos: e isso é notável. Quer o bem de vocês contra e apesar de vocês. Se necessário, ele os obrigará a realizá-lo, ele sabe mais do que vocês o que querem. Ele é a vontade, o conhecimento, a personalidade de todos vocês. Dele, vocês têm a vida e o ser. Ele é "O Pai", a potência paterna. Não diziam que Stalin era o "Pai dos povos"?

A pedagogia burocrática

"Ao evocar esse aspecto "religioso" da burocracia, caímos sem querer no problema pedagógico. O burocrata-soberano é o Pai, não apenas porque age como um Pai, o que seria até mesmo positivo, mas sobretudo porque o Pai é com frequência um burocrata. O modelo de dominação pedagógica anuncia e contém o modelo de dominação burocrática, ele é sua justificação profunda: se os indivíduos não tivessem experimentado, durante toda usa infância, o modo de dominação pedagógica, eles jamais aceitariam o modo de dominação burocrática, ela lhes apareceria como a pior das alienações.

O que há de comum entre os modos de dominação pedagógica e burocrática é que ambos pretendem "querer o bem" do sujeito dirigido ou administrado, contra ele mesmo, se for necessário, eles serão administrados enquanto for possível, sacrificados à causa comum. E é verdade que eles não têm nada de ladrões-parasitas, que não tomam dos outros aquilo que têm, que não fazem os outros trabalhar em seu lugar etc., que não são exploradores no sentido marxista.

Faz tempo que a sociedade renunciou a explorar as crianças, fazendo-as trabalhar, integrando-as muito cedo à produção, considerando-as como escravos. Desejamos que elas "aprendam", adquiram hábitos, conhecimentos, aptidões que lhes sejam úteis mais tarde, que lhes deem possibilidade de exercer uma profissão. O pai e o professor dizem: "Você vai me agradecer mais tarde, vai compreender os sacrifícios que foram feitos por você etc."

Contudo, essa vontade desmedida do bem do outro é acompanhada de uma vontade também desmedida de não levar em conta as decisões do outro, seus desejos, suas aspirações, suas tendências. Em pedagogia, tanto o pai como o professor têm em mente uma certa concepção dos objetivos desejáveis para uma criança. O problema é fazer com que a criança realize atos que correspondam a esses objetivos, que devem em princípio levar a esses objetivos. Por exemplo, eles pensam que é desejável que a criança tenha mais tarde um certo saber, e concluem, de uma maneira quase matemática, que é preciso lhe "impor" esse saber, ainda que ela não o deseje. É preciso fazê-la realizar um determinado número de ações que conduzirão, de acordo com eles, à interiorização desse saber. O único problema que se coloca é: como obrigar a criança a esse tipo de ações que ela não deseja fazer. Dispõe-se de uma gama bastante intensa de meios de pressão (punições, chantagem afetiva etc.).

Uma crítica possível a esse sistema é que ele é ineficaz e que justamente não consegue obter aquilo que ambiciona. Toda a psicologia contemporânea da aprendizagem e da formação mostra que o ser humano só assimila nos limites estritos do interesse que tem em assimilar. Um comportamento assimilado desaparece se não for "reforçado" e "confirmado". A criança que aprende a lição para recitá-la ou para fazer um exame esquecerá o conteúdo da lição e tudo o que aprendeu após o exame.

Se existem coisas que se adquirem nesse sistema real e definitivamente é porque o sistema comporta falhas; da mesma forma, a prosperidade econômica se introduz em um sistema burocrático porque se é realmente obrigado, em um momento ou em outro, a deixar que os indivíduos tomem decisões, que eles mesmos se organizem e procurem. Se não houvesse a recreação onde as crianças podem fazer coisas que lhes interessam, um certo não conformismo dos professores que buscam mais o contato humano do que o respeito ao programa, uma certa preocupação em despertar o interesse, provavelmente nada seria transmitido. Se alguma coisa é transmitida é porque o modo de dominação pedagógica não é absoluto e completamente lógico com ele mesmo. De todo modo, toda verdadeira aquisição se faz contra o modo de dominação pedagógica. Por isso o resultado natural é que a rentabilidade do sistema seja muito fraca.

Origem da pedagogia burocrática

O que se poderia objetar à nossa comparação entre dominação pedagógica e burocrática é o fato de não se ver o interesse que o pedagogo pode ter nesse tipo de dominação, mas se vê muito bem o interesse que o burocrata pode nele encontrar. O pedagogo, sobretudo se for apenas um pai, não tem um estatuto que lhe dê vantagens sociais diversas e apreciáveis, como no caso do burocrata.

Atingimos aqui o nó do problema. Por que o pedagogo deseja tanto ter uma criança erudita, "bem-educada", munida de inúmeras aptidões etc.? Por que, sobretudo, essa preocupação torna-se para ele uma obsessão, ao ponto de contaminar suas relações com a criança, enchê-la de inquietudes, criar tensões quase insustentáveis? Só há uma resposta para isso: o pedagogo identifica-se mais ou menos com a criança, seja presente, seja futura. O êxito da criança é seu êxito, o fracasso é seu fracasso. Por que ocorre essa identificação? Um dia a criança irá se separar dele, terá sua própria vida. É compreensível a identificação do burocrata com a coletividade trabalhadora: sua vida, suas vantagens, sua segurança dependem dela. Mas e o pedagogo? Colocar assim o problema significa responder: *essa identificação é nem mais nem menos uma identificação burocrática*. O caso é evidente para o professor: *ele só justifica seu lugar e garante sua carreira na hierarquia administrativa na medida em que faz esse gênero de trabalho e o faz bem, em que se submete aos programas, em que satisfaz o inspetor*. E não é por acaso que, depois do exército, a administração da educação nacional é hoje a mais hierarquizada.

Todas as relações de ensino são, na verdade, relações hierárquicas que se justificam hipocritamente pelas exigências da formação e da cultura.

Por exemplo, o exame é um dos motores do ensino moderno. Ele não é de forma alguma uma medida das aptidões adquiridas; isso foi bem demonstrado por H. Pieron[16]. Ele apenas mede a eficácia da preparação ao exame, isto é, mede os conhecimentos

---

16. PIERON, H. *Examen et sociologie*. Paris: PUF, 1963.

adquiridos para o exame, sem que se preocupe em saber se esses conhecimentos perduram depois e apesar do exame e também se trouxeram o gosto ou o desgosto pelo saber. Mas é preciso ir mais longe: o exame é, sobretudo, o ponto de referência, o critério, o sistema de medida do professor. Este[17], que é um burocrata, precisa conhecer as normas de seu trabalho, e estas não podem de nenhuma forma ser o desenvolvimento real dos sujeitos que lhe são confiados. As normas em questão devem ser materiais e materializadas, devem se expressar em relação à quantidade, aos conhecimentos oferecidos, em respeito ou não respeito de um programa, em porcentagem de êxitos nos exames. O burocrata professor deve ser capaz de dizer: eu "realizei" a totalidade de meu programa, obtive tanto sucesso nos exames. No fundo, pouco lhe importa os efeitos psicológicos reais de seu ensino. O que é necessário, sobretudo, é que ele "prove" ter desempenhado bem a função que lhe foi confiada, sobre a qual se apoia sua vida e sua segurança, bem como a de sua família. A obsessão do pai da criança da qual falávamos há pouco não é, portanto, senão uma aparência, ou melhor, não é senão o produto de uma identificação, pois o bem da criança é, em realidade, o bem do professor e o bem do adulto, assim como o bem da coletividade trabalhadora é, na realidade, o bem do burocrata.

O mesmo ocorre, de uma maneira mais móvel, no caso do pai. Claro, sua função paterna não é uma função administrativa no sentido estrito. Contudo, sua função de pai está ligada à sua situação sociológica e ao seu papel social, ele pertence a uma determinada camada social, não vamos dizer "classe", se não quisermos recair nas categorias marxistas, ainda que haja aí certamente um fenômeno de classe. Para ele, é muito importante continuar pertencendo a essa "camada social", e a ela pertence não apenas por si mesmo, mas por seus vínculos familiares, suas frequentações, sua reputação. Supondo que tenha um filho que seja "mal-educado", que não trabalhe, que não "tenha êxito", isso quer dizer inevitavelmente a queda dessa criança em uma camada social inferior, e isso levaria com ela, mais ou menos, todos que lhe são ligados: seu pai, sua mãe, seus irmãos etc. Essa queda social por pessoa interposta

---

17. Esta tese do professor burocrata não é a de C. Lefort. Cf. *Arguments*, n. 17, 1960.

é impensável para o pai que não pode aceitar a negação do seu estatuto e de sua função.

Mais uma vez, a identificação com a criança significa uma angústia do pai em relação a si próprio camuflada em angústia em relação ao filho.

Existe, portanto, uma comunicação íntima entre a dominação burocrática e a dominação pedagógica. Esta é definitivamente apenas uma forma de dominação burocrática, por outro lado, no entanto, ela a prepara e a permite ao moldar a criança a uma tal dominação.

No ponto de partida de uma e de outra existe, vamos repetir, a angústia em relação ao Outro e a vontade de se defender contra ele neutralizando-o e possuindo-o ao mesmo tempo; tal atitude não seria possível se o Outro fosse concebido como uma possibilidade de comunicação e de relação, em uma situação de total reciprocidade; se ele não é concebido dessa maneira é porque, precisamente, a dominação pedagógica impede que se faça com ele uma experiência humana autêntica.

Com essa afirmação, será que caímos em um modo de explicação puramente psicológico à maneira de Max Pagès, que, na ótica da psicologia americana, vê na vontade de poder um resultado da angústia no interior das relações interindividuais? Certamente muitas vezes isso existe na sede de poder ou nas reações diante do poder: um professor pode ter medo do inspetor que – como homem – pode ser despótico e incompreensivo. Na maioria das vezes, contudo, o medo do inspetor é, como já observamos, o medo da função, não importa quem a desempenhe. É uma função que objetivamente causa medo porque consiste em fiscalizar, anotar, e sua carreira depende dela.

O processo de formação da dominação burocrática ou pedagógica não se explica pelas relações interindividuais. O indivíduo que ao mesmo tempo tem medo da coletividade e dela quer se apropriar não reage diante de indivíduos isolados, mas diante de uma coletividade constituída, por ele concebida como tal. E é um erro tratá-lo fora das instituições das quais ele faz parte. A instituição não é um epifenômeno que ocultaria os mecanismos reais, ela é desejada como tal, com seus atributos e suas características próprias, ela é objeto para aquele que deseja o poder. A análise institucional é, portanto, indispensável para compreender os fenômenos de dominação pedagógica ou burocrática.

O espírito da pedagogia institucional

O movimento da pedagogia institucional que se desenvolve atualmente na França com a autogestão educativa representa uma contestação da dominação pedagógica. Especifiquemos esse modo de contestação.

Analisar o fenômeno pedagógico-burocrático como acabamos de fazer, mostrando suas engrenagens secretas não basta; esse é apenas o primeiro momento, é preciso ir mais adiante.

Tentar enfrentar a burocracia dominante por uma ação reivindicativa que almeje ou criticar os atos dessa burocracia ou obrigá-la a aceitar uma certa participação e uma certa colaboração com os administrados, não significa questioná-la radicalmente. A burocracia não é, como o capitalismo, algo que se destrói fisicamente: colocar o administrado no lugar do burocrata pode não mudar nada se, por sua vez, o administrado tornar-se um burocrata, mesmo no interior de uma hierarquia sindical. Da mesma forma, denunciar as insuficiências da burocracia, suas injustiças, sua ineficácia, é ainda reconhecer e aceitar seu poder. Ou seja, a ação política clássica, que era válida contra o capitalismo, não o é mais contra a burocracia.

Nada pode ser feito se não se destrói a relação hierárquica de forma efetiva em toda parte onde possa ser destruída, se não for substituída por uma nova relação. Essa substituição, quando pode ocorrer, tem a um só tempo valor de modelo e se propaga imediatamente. É por si só um ensinamento ou, se assim se preferir, uma forma de propaganda.

O movimento da pedagogia institucional retoma, de uma certa maneira, o velho sonho de Fourier, que consiste em querer criar uma microssociedade – tendo novas instituições; é preciso, com efeito, que haja outras instituições, quaisquer que sejam sua amplitude e sua importância. A ideologia não diretivista, nascida na América, infelizmente conseguiu apenas criar instituições passageiras e frágeis, que só têm valor em relação aos indivíduos que delas fazem parte, como, por exemplo, a do *Training-group*[18]; é preciso ir mais adiante, inventar instituições verdadeiras, isto é, que realmente interfiram com aquelas da sociedade total. As "instituições externas" (exteriores ao grupo) certamente continuam sendo burocráticas, mas são questionadas pelas "instituições internas" neste ou naquele grupo, que são como o bicho na fruta, um princípio novo no velho sistema.

O movimento da pedagogia institucional procura expandir no interior da escola real um novo modo de funcionamento e das relações humanas não burocráticas. A criança torna-se centro de decisão, ou melhor, o grupo toma suas próprias rédeas e avança para sua própria autogestão. O pedagogo, entronizado pela "instituição externa", mantém naturalmente essa entronização, mas cessa efetivamente de jogar o jogo correspondente à sua função. Nega-se a si mesmo como poder e como burocrata. Recusa-se a tomar as decisões no lugar do grupo. Isso não quer dizer que se coloque fora do grupo, como na pedagogia chamada anárquica por Lipitt e White[19]; muito pelo contrário, recebe um novo estatuto que lhe é conferido pelo grupo, e esse estatuto novo lhe permite realmente se comunicar, dizer o que sabe, revelar as informações que ele detém. Ele pode começar a entrar realmente em interação com os outros membros do grupo, o que antes não podia fazer, ele pode começar a dar uma formação.

É inútil ressaltar tudo o que essa pedagogia tem de revolucionário, tudo o que ela traz de novo mesmo em relação aos movimentos da "Escola ativa" ou da "Escola moderna". Ela é uma concepção totalmente nova e estruturada da pedagogia.

Naturalmente, fazem-se – mesmo nos movimentos mais próximos dessas concepções – objeções de fundo às quais devemos agora responder.

---

18. *Training-group* ou "grupo de formação": experiência de grupo em fusão dirigido por um monitor que faz uma análise do funcionamento, Escola de Bethel.

19. Cf. LEWIN, K. *Psychologie dynamique*. K. Lewin analisa e comenta a experiência crucial de Lipitt e White, que consiste em comparar os efeitos de diversos sistemas pedagógicos.

Em primeiro lugar, alega-se que tal ação não é realmente revolucionária, uma vez que não consegue destruir o sistema em sua totalidade e em seu princípio. Recrimina-se, por exemplo, que ela continue "instituindo" do exterior e autoritariamente o grupo com o qual, por outro lado, serão mantidas relações não diretivas. O grupo das crianças em uma classe não se constitui a si mesmo. As crianças não são livres de ir ou de não ir à escola etc. Isso é verdade, mas nem por isso a experiência deixa de ter valor de contestação. A objeção levantada procede de um certo romantismo. O que se deseja é que o professor pulverize com um só golpe e, por assim dizer, em um passe de mágica o conjunto das relações nas quais ele próprio está integrado, por exemplo, suas relações com seus superiores hierárquicos ou com a instituição externa. Isso não é possível. O professor do qual falamos faz o que pode e isso é, pelo menos no início, bastante limitado. Ele pode apenas reconhecer essa limitação. O movimento deve aceitar realizar alguns progressos "no tempo" e não pode se situar fora do tempo.

Também se diz que essa concepção nova, válida no máximo para os adultos, não o é mais para as crianças, que são, por definição, seres ignorantes e não formados que devem receber tudo de um outro que possui tudo o que elas não possuem. Insiste-se na diferença objetiva existente entre a criança e o adulto, na desigualdade de fato. Não se quer admitir que as crianças e os adultos encontram-se no mesmo grupo, em situação de total reciprocidade.

Mas essa insistência nas diferenças reais entre crianças e adultos só pode ter valor de objeção a partir do instante em que se pensa que a competência funda e justifica uma relação de dominação. Esse é um argumento clássico da burocracia. Ele acaba confundindo a diversidade técnica das competências, das aptidões e dos papéis com a hierarquização social. Na realidade, as diferenças objetivas e reais só podem entrar em relação, em colaboração, terminar em um trabalho em comum e até mesmo em uma transmissão do saber se houver reciprocidade das pessoas, isto é, não hierarquização. Se aquele que constitui o elemento fraco na relação de formação não está envolvido pela relação, se não se entra no circuito de seu querer e de sua busca, nada acontece, a não ser uma aplicação mecânica das decisões tomadas pelo mais forte. A riqueza daquele que tem essa riqueza não serve para mais nada, não é mais útil a ninguém, não traz mais benefícios ao grupo; o único efeito que ela tem é provocar uma submissão que mantém o fraco em sua fraqueza, a criança em sua infância. É possível então argumentar eternamente sobre a fraqueza do fraco e a força do forte para manter a relação hierárquica. Toda argumentação das pessoas de extrema direita contra a descolonização sempre consistiu em proclamar que os povos coloniais são povos infantis, incapazes de dirigirem-se a si mesmos, não formados. Esquecem apenas que é justamente dando-lhes a independência que se lhes oferecem a possibilidade de adquirir essa maturidade que não possuem.

Outra objeção, de natureza mais tecnológica, apresentada, por exemplo, por M. Mouillaud em *La Pensée*[20] consiste em apresentar a autogestão como uma fórmula longa, custosa, pouco rentável, na qual a informação se transmite dificilmente, ao passo que ela poderia ser transmitida rapidamente em um outro sistema. Insiste-se no fato de que o grupo deve, de uma certa maneira, redescobrir o saber que um outro possui e que este poderia lhes oferecer.

Essa objeção, sob sua aparência técnica, vai ao encontro da objeção precedente; é verdade que a passagem pela redescoberta constitui uma estrada longa e custosa que seria desejável "idealmente" encurtar. Mas isso infelizmente é apenas um ideal. Quando Pasteur, Claude Bernard, I. Curie faziam suas descobertas estavam profundamente motivados: buscavam alguma coisa, em uma certa ótica, em relação a alguns problemas colocados por sua época. A criança que deve assimilar suas conclusões pode naturalmente aprendê-la "de cor". Contudo, mesmo nesse caso, ela deve ainda gostar desse gênero de "recitação" para fazer uma aquisição duradoura. Caso se admita que ela deve "compreender", talvez se evite pensar que ela deve partir de um problema que se coloca para ela, que corresponde aos seus interesses e às suas preocupações, mesmo aprender as etapas de uma demonstração ainda não é compreender. A compreensão supõe um certo ponto de vista sobre a realidade, uma dúvida,

---

20. MOUILLAUD, M. "Enseignant et enseigné". *La Pensée*, 118, dez./1964.

uma surpresa, uma hipótese, uma busca de solução. A criança de seis anos que faz perguntas a torto e a direito parte de uma certa surpresa, de uma expectativa frustrada de hipóteses mais ou menos fantasiosas. Essas questões poderiam constituir a base de uma compreensão. Prefere-se não levar isso em conta.

Todas as objeções apresentadas anteriormente acabam reproduzindo a relação hierárquica de uma forma disfarçada, sem parecer fazê-lo, com argumentos de aparência tecnológica: é, aliás, característico que elas sejam apresentadas por pessoas que, mesmo estando em partidos revolucionários, aceitam integralmente uma concepção burocrática da sociedade. É o caso, por exemplo, de Althusser, que se opôs violentamente a qualquer introdução da autogestão[21] na universidade, na época em que a Unef fazia propostas nesse sentido.

As teses da pedagogia institucional

Tentemos esclarecer de forma mais concreta as teses apresentadas pelo movimento da pedagogia institucional.

Para compreender melhor, pode-se compará-las às dos movimentos mais antigos, que haviam avançado no mesmo sentido no início do século XX, por exemplo, as do Plano Dalton ou do método de Vinnetka.

O Plano Dalton é uma experiência generalizada de pedagogia nova empreendida por Miss Parkhust em Dalton, no Massachusetts, a partir do Método Montessori. O que há de original nesse método pode ser resumido em dois pontos:

1) O método do contrato: a criança aceita por contrato vincular-se à escola e aprender esta ou aquela matéria. Há, portanto, de sua parte uma escolha inicial, uma "decisão".

2) O ensino é individualizado ao máximo. O Plano Dalton, antecipando o sistema das "fichas de autocorreção" e do ensino programado, propõe dar à criança progressões escritas extremamente fixas que ela própria pode controlar, sendo

---

21. ALTHUSSER, L. "Les étudiants". *La Pensée*, n. esp., mar./1964.

auxiliada pelo professor. Ela pode trabalhar em seu ritmo, ela mesma se organizando em certa medida. Essa ideia de uma organização, mesmo restrita, assumida pelo aluno é nova.

No Plano Dalton, há ideias interessantes que permanecem, no entanto, em estado embrionário, malformuladas, acompanhadas de erros. Restringir a decisão da criança em um primeiro tempo em que ainda não conhece nada daquilo que deve aprender não significa grande coisa. Significa ainda restringir a decisão e torná-la praticamente ineficaz. A decisão deve ser estendida a tudo ou eliminada. Se ela é estendida ao conjunto das atividades, institui-se uma dialética interna na dinâmica da progressão. As decisões vêm depois das experiências que, por sua vez, são precedidas de decisões.

No entanto, o ensino muito individualizado do Plano Dalton, que permite uma auto-organização por parte do aluno, traz tantos limites a essa auto-organização que acaba suprimindo-a. De fato, não apenas a progressão é extremamente fixa, é também recortada em "atribuições mensais", "porções semanais" etc. A iniciativa do aluno intervém apenas para fixar um certo ritmo no interior da semana. Por outro lado, e sobretudo, essa concepção de alunos isolados e separados uns dos outros é um erro. Não diremos que o trabalho em equipe é uma panaceia, como já se afirmou algumas vezes. Contudo, a classe constituída é um "grupo", quer se queira ou não, no qual há interferências, apelos, rejeições, afinidades etc. Aceitar a autogestão é, necessariamente, aceitar a auto-organização da classe e não aquela do aluno, que ela culmina ou não na formação de equipes.

Sob determinados pontos de vista, o sistema de Winnetka, elaborado por C. Washburne em um bairro de Chicago, vai mais longe do que o Plano Dalton, na medida em que consiste na elaboração de um "plano mínimo" de conhecimentos, relativamente restrito, que o aluno deve necessariamente cumprir, mas fora do qual é livre para aprender o que quiser. Isso significa praticamente colocar entre as mãos do aluno a iniciativa da maior parte de suas aquisições. A decisão do aluno ocupa um lugar mais importante do que no Plano Dalton. Contudo, pode-se criticar esse sistema de cair em uma espécie de liberalismo vago, sem aceitar as exigências reais da aquisição e da elaboração do saber.

Não basta dizer que se coloca entre as mãos do aluno a iniciativa de sua aprendizagem, é preciso ainda que se aceite penetrar com ele em um certo tipo de relação sobre a qual é preciso ter alguma ideia.

Os movimentos pedagógicos que apareceram entre as duas guerras deram "um passo para trás" em relação aos movimentos pedagógicos precedentes, extremamente audaciosos. O Movimento Freinet é, na realidade, um prolongamento e um coroamento dos métodos ativos que nasceram no século XIX. A ideia principal é tornar a criança ativa, permitir que se expresse. Introduz-se o "texto livre", o "desenho livre", a "imprensa na escola", a "correspondência escolar" etc., atividades no interior das quais o aluno não é dirigido, mas nas quais é "livre", nas quais ao experimentar uma certa técnica ele ao mesmo tempo a adquire.

O aluno é livre para tomar iniciativas durante o conteúdo da atividade, mas a própria atividade não é livre, nem objeto da decisão do aluno. Isso não quer dizer que ela seja imposta pela obrigação, ou apenas proposta, ou qualquer outra coisa. Não, isso não está previsto; esse não é um problema que desperte um interesse. A classe não é concebida como um campo de decisões, mas como um lugar onde são feitas certas atividades privilegiadas que, por si mesmas, têm uma "virtude". O Movimento Freinet é, sobretudo, um movimento que propôs algumas técnicas.

Todos esses movimentos ignoravam fundamentalmente a dimensão psicossociológica do problema pedagógico, ou seja, o fato de que:

1º) Existe uma realidade chamada classe, que se distingue do "aluno" abstrato e anônimo situado fora de todo contexto sociológico. Esta classe é uma realidade institucional, ela é organizada do exterior por uma administração burocrática.

2º) Essa classe constitui, quer se queira ou não, um "grupo" que recebe habitualmente suas "instituições internas" de um "administrador" que é o professor, o qual decide por uma organização, uma progressão, leis, uma disciplina etc. Caso se queira, de todo modo, devolver aos alunos seu "poder de decisão", não se pode ignorar a existência de tal grupo e o fato de que, por um lado, produzem-se inúmeras interações entre os membros desse grupo, e de que, por outro lado, as decisões não podem ser tomadas (de fato) pelos indivíduos isolados considerados como liberdades independentes. Ou seja, há uma dimensão "social" de problema pedagógico. O professor é institucionalmente um "burocrata" em sua classe, pois está encarregado de tomar decisões e de impor sua concepção pedagógica. Se ele mesmo quiser mudar seu estatuto e se tornar não diretivo, deve tomar precauções, pois permanece institucionalmente (por causa da instituição externa) ligado a um outro estatuto. Não pode de forma inocente e repentinamente começar a agir "como se" o antigo estatuto não existisse. É preciso que ele mesmo destrua sua própria autoridade, que se negue a si mesmo como burocrata. Isso não é fácil, pois os próprios alunos ainda tendem a considerá-lo como tal e esperam que ele se comporte como tal (ainda que sofram com isso). Há, portanto, uma ação "negativa" necessária sobre a qual falaremos mais concretamente mais adiante.

Por outro lado, os próprios alunos têm relações "sociais". Deixar-lhes a iniciativa não significa pulverizar a classe em indivíduos separados que irão viver sua própria vida. Significa provocar novos fenômenos "sociais", bem conhecidos em psicossociologia (a tomada de poder, as frações, clãs, manipulações etc.). O professor deve saber como se comportar diante desses fenômenos. Não deve, sobretudo, esperar que decisões válidas sejam tomadas antes que um certo número de problemas tenha sido solucionado. Isso significa que é preciso aceitar que o grupo passe por um certo número de etapas etc.

Os problemas que colocamos aqui são imensos e resultam da decisão de desalienar os alunos e os futuros adultos. A tendência da pedagogia dita "moderna" era negligenciá-los e é por isso que resultou em um certo fracasso e provocou, como efeito indireto, respostas reacionárias na Europa e na América. Se tentarmos resumir esses problemas, diremos que eles colocam a questão das relações humanas na escola e não apenas aquela de vagas reorganizações ou de uma mudança das técnicas pedagógicas.

A técnica da autogestão

A prática pouco a pouco elaborada por alguns de nós, ao se confrontar à experiência, varia naturalmente em função dos indivíduos e do trabalho que eles têm para fazer. Existe, contudo, um determinado número de pontos sobre os quais pouco a pouco o acordo se elabora.

1) Há um problema de progressão: uma classe colocada em "autogestão" não pode ser entregue a ela mesma de forma brusca e sem precaução, deve-se em primeiro lugar lembrar à classe as exigências da instituição externa – que se espera um dia modificar, mas que atualmente ainda não está – isto é, programas, exames, hierarquia administrativa, notas etc. O grupo irá fazer o que desejar. A responsabilidade é dele. Por outro lado, seria desonesto não informá-lo sobre a natureza do método que se deseja empregar com ele e as razões pelas quais isso ocorre. O máximo de informação sobre a situação é sempre desejável. Por fim, o pedagogo encarregado da classe deve definir suas atitudes e os limites de sua intervenção. Ele espera que a própria classe se organize ela mesma, defina seus objetivos, sua maneira de trabalhar, seus sistemas de regulação. Contudo, ele aceita participar no trabalho na medida em que isso lhe é pedido. O princípio do "pedido" é essencial. Isso quer dizer praticamente que ele pode fazer proposições para organizar, fazer seminários, informar, guiar conforme for solicitado.

2) Será que o pedagogo pode intervir mesmo sem um pedido explícito por parte do grupo? Pode, por exemplo, fazer proposições de organização? Isso é perigoso, pois o grupo confrontado com problemas difíceis tem uma grande tendência a se remeter a alguém mais experiente para tomar as decisões em seu lugar, segundo um velho hábito ancorado no mais profundo da psicologia dos interessados. É indispensável, em nossa opinião, que o pedagogo se atenha estritamente ao princípio do pedido, isto é, que não intervenha antes de o grupo ter entrado em acordo para formular um pedido explícito. Isso cria uma angústia e um certo pânico entre os indivíduos. Mas estes sentimentos não são

necessariamente desfavoráveis. A psicanálise, como o monitor de *Training-group*, aceita-os e considera-os mesmo como uma etapa necessária.

3) O grupo passa, na realidade, de um estado absolutamente informal a uma estruturação que se aperfeiçoa progressivamente. Sobretudo nos primeiros tempos de sua vida, e mesmo depois, mas menos dramaticamente, ele se coloca problemas de funcionamento elementares (presidente etc.) e deve regrar conflitos interpessoais. O regulamento desses problemas está pressuposto na tomada coletiva de decisões, isto é, em um nível em que os indivíduos não se situam em relação aos outros indivíduos, mas em relação à coletividade considerada como tal e ao trabalho dessa coletividade. O pedagogo não pode realmente intervir nesse nível elementar. Pode apenas fazer um trabalho de facilitação que consiste, por exemplo, em fazer a reflexão rogeriana ou as análises como no *Training-group*, ou ainda propor que o próprio grupo se analise.

4) As proposições do pedagogo em relação à organização, se lhe são pedidas, devem ser realmente proposições. Devem consistir em propor escolhas, fórmulas de funcionamento possíveis. Devem-se evitar as proposições mais ou menos valorizadas ou apoiadas emocionalmente que, de forma automática, aparecerão como "ordens" ou ameaças.

5) A intervenção do pedagogo no "conteúdo", isto é, no trabalho do próprio ensino deve ser tão discreta, precisa, curta quanto possível. Muitas vezes é mais útil dar instrumentos de trabalho (seminário policopiado, referências bibliográficas, material, fichas para autocorreção) do que discursos orais improvisados. Estes, com efeito, correm o risco de tomar um lugar tal que acabam paralisando o trabalho do grupo. É preciso uma grande experiência da parte do pedagogo para saber quando deve interromper suas intervenções diretas e como deve fazê-las. Estágios de formação seriam necessários para permitir aos pedagogos experimentar as fórmulas de intervenção.

Todas essas práticas se inserem em uma dinâmica de grupo com uma certa evolução. As etapas pelas quais ela passa podem geralmente ser resumidas da seguinte maneira:

Em um primeiro momento, os alunos, surpresos pela novidade da experiência, permanecem imóveis, mudos, mais ou menos inertes, esperando que o pedagogo "tome as coisas em mão" ou, então, desejosos de chegar rapidamente a alguma coisa, lançam-se em qualquer tarefa, e os mais ativos agridem aqueles que não querem participar ou que participam muito pouco. De todo modo, o problema, nessa primeira etapa é o da não participação. Pessoas pouco habituadas a falar e a se comunicar sentem-se agredidas quando têm apenas de se expressar ou, então, aproveitam-se do "campo de palavra" que lhes é oferecido para liquidar com as tendências ocultas ou, ao contrário, não intervêm e se fecham no mutismo. Nessa etapa, a principal agressão vem do silêncio do pedagogo que se contenta em expressar o que se passa, facilitar a comunicação, sem intervir. Os passivos desejariam que ele tomasse decisões por eles, os demasiado ativos que se colocasse a serviço deles para obrigar os outros a participar.

Essa etapa pode durar muito tempo. É a mais difícil, pois se assiste ao nascimento e à morte de projetos impossíveis ou mal-formulados, às divergências de funções que parecem não poder ser vencidas, à expressão de angústias vagas em relação ao exame, à realização do programa etc. É preciso um certo tempo antes que os alunos considerem de forma calma e racional os modos de organizações válidos e que deixem ou de exigir o retorno ao sistema tradicional, ou de se lançar em uma organização qualquer que satisfaça sua necessidade de atividade e acalme sua angústia.

A segunda etapa vê surgir discussões sobre uma organização possível que pode contentar os desejos de todo mundo. A prática do voto, muito utilizada no início para apoiar as decisões de uma maioria, muitas vezes artificial, pouco a pouco se torna mais moderada, busca-se a unanimidade, isto é, não um modo de funcionamento que todos aceitem, mas um modo de funcionamento bastante diversificado para que todos tenham proveito. Somente então podem aparecer pedidos precisos ao pedagogo em relação a uma organização possível. Este, como um técnico da organização, responde de uma maneira curta e discreta.

A terceira etapa é aquela do trabalho propriamente dito, e que pode tomar formas extremamente diversas: em equipes especializadas e funcionais, em equipes homogêneas, sem equipes etc. Finalmente, o pedagogo encontra com os membros do grupo o diálogo que era impossível no sistema tradicional. Ele pode dizer o que tem a dizer, trazer informações úteis, comunicar seu saber e sua experiência, de tal forma que isso seja percebido e não permaneça uma palavra jogada ao vento, registrada mecanicamente por alunos que se contentam em "tomar notas". Todo o tempo aparentemente perdido nas etapas anteriores é rapidamente recuperado e o grupo faz progressos rápidos e espetaculares no plano das aquisições. Poderíamos dar aqui alguns exemplos. Vimos grupos vencerem um trabalho extraordinário que jamais teriam feito em outras circunstâncias. Coisas que eram ditas pelo pedagogo do antigo sistema e que nem mesmo eram ouvidas agora são compreendidas e assimiladas. É preciso observar também, sempre segundo nossa experiência, que a crítica das ideias ou das funções do pedagogo é muito mais frequente do que no antigo sistema. Aliás, ela deveria ocorrer com muito mais frequência.

Isso significa dizer que a intervenção do pedagogo estrutura-se em três níveis:

1) o do monitor de *Training-group* que se entrega às atividades de "reflexão" ou de análise;

2) o do técnico da organização;

3) o do erudito ou pesquisador que possui um saber e procura passá-lo.

Em cada um desses níveis, o pedagogo permite uma "formação" que era impossível no antigo sistema, por exemplo, uma formação nas relações sociais, no questionamento, na colaboração etc.

Em resumo, os objetivos perseguidos pelo pedagogo inspirado pela "pedagogia institucional" são:

1) Fazer um trabalho interessante "aqui e agora", apaixonante, não aborrecido, com os alunos. Lembremo-nos do tédio indizível que emanado ensino tradicional e que desperta no

professor saudades das férias (ainda mais forte do que a dos alunos, em nossa opinião). Há também nesse tipo de experiência um contato humano único que constitui uma verdadeira aventura.

2) Trazer uma formação cem vezes superior à do sistema tradicional, pois ela não é fortuita, mas sistemática. Ela é ao mesmo tempo mais rica, uma vez que também se situa no plano da personalidade e da vida social, em vez de permanecer no plano intelectual. Até mesmo o exame é melhor preparado nesse sistema do que em um outro, ainda que ele não seja explicitamente visado (pelo menos pelo pedagogo).

3) Preparar seus alunos a contestar o sistema social em que vivem, isto é, no sistema burocrático. Essa contestação muitas vezes ocorre no próprio momento em que se desenrola a experiência cuja significação profunda é percebida pelos alunos.

4) Criar, sem desejá-lo, um campo de contestação, pois a experiência é conhecida pela administração, pelos outros pedagogos, pelo público. Ele se torna, de certa forma, um agitador.

5) Criar "modelos" que serão válidos para outros planos em uma sociedade transformada. Os problemas com os quais ele se choca em sua ação são problemas políticos: vontade do grupo de "se alienar", tomada do poder por elementos do grupo que buscam trazer para o lado deles o poder constituído, correlativamente fraqueza de tal poder que não se apoia em uma hierarquia institucional, emergência e concepção de novas instituições internas ao grupo etc.

Esses objetivos serão realmente alcançados? É o que a experiência mostrará. De todo modo, o esforço da pedagogia institucional constitui a mais sistemática e a mais estruturada empreitada para questionar, no interior da escola, a dominação burocrática.

5
DIALÉTICA DOS GRUPOS, DAS ORGANIZAÇÕES E DAS INSTITUIÇÕES

Quando livre de seus modelos mecanicistas, a dinâmica de grupo conduz, de fato, a uma dialética dos grupos. O emprego do termo *dialética* justifica-se caso se pretenda designar por esse termo uma lógica do inacabamento, da ação "sempre recomeçada". O grupo, a organização será uma totalidade em andamento que nunca é totalidade atualizada. A dialética dos grupos exclui a ideia de uma maturidade dos grupos. A própria burocracia é trabalhada por um esforço perpétuo de unificação que jamais chega à unidade. Portanto, a dialética será simplesmente, para nós, o movimento *sempre inacabado* dos grupos. Essa dialética dos grupos tem sua origem na *Fenomenologia do espírito* de Hegel (no capítulo que é o comentário do *Contrato social* e da Revolução Francesa), bem como na *Crítica da razão dialética* de Sartre.

Ao movimento dialético nos grupos se opõe a antidialética. Existem grupos esclerosados, reificados. É a antidialética de um universo humano no qual os objetos fabricados, as coisas derivadas da "práxis" humana, transformam-se, diz Sartre, em ordem "prático-inerte". Na ordem dos agrupamentos humanos, o conceito fundamental utilizado por Sartre para descrever a reificação dos grupos é o da *série* (e a serialidade que dela deriva).

A *série* é uma forma de "coletivo" (i. é, um conjunto humano) *que recebe sua unidade do exterior*. A vida cotidiana nos propõe inúmeros exemplos de série: as filas de espera (p. ex.: a fila do ônibus) constituem um exemplo privilegiado, pois nelas se pode ver concretamente a ordem de seriação que extrai sua "razão" de uma causa externa a esse coletivo, a distribuição dos lugares (para o ônibus parisiense). Da *série*, passa-se ao conceito da *serialidade*. Este conceito é útil para designar todo conjunto humano sem unidade interna. Na realidade, trata-se de mostrar que logicamente, e em uma "gênese ideal" dos grupos, deve-se começar pela dispersão original dos homens, para em seguida deduzir o grupo a partir daquilo que ele não é: da *série*, isto é, da dispersão dos homens. A noção de série, e a noção conexa de serialidade, tendem hoje a passar para a linguagem comum das ciências humanas, como mostra, principalmente, o uso feito por Claude Lévi-Strauss (cf. *La sérialité des individus au sein de l'espèce*...). O grupo é o contrário da série. Esta oposição servirá de ponto de partida e de fio condutor: enquanto a série era dispersão dos homens, massificação, o grupo é, ao contrário, totalização, se não totalidade. A vida do grupo é feita, como veremos, de uma tensão permanente entre esses dois polos extremos: a serialização e a totalização. Esta tensão é o motor da dialética do grupo cujos diferentes momentos são episódios da luta contra um retorno, sempre possível, da serialidade. O grupo constitui-se contra a série; ele nasce na *fusão da serialidade*. Mas veremos que ele deve prestar juramento se quiser evitar, desde seu nascimento, o retorno à dispersão serial. O "corpo social" é sempre, mais ou menos, um corpo dividido; e não nos surpreenderemos ao saber, a esse respeito, que um dos elementos essenciais dos mistérios de Elêusis era o símbolo, de origem mítica, do corpo dividido, apresentado como para significar na reunião dos homens a precariedade de sua união.

O risco de um retorno à dispersão é superado quando os membros de um grupo se ligam por meio de um juramento; mas esse juramento é apenas um elemento inerte no grupo: não se luta contra a serialidade a não ser introduzindo-a na vida do grupo como primeira obrigação. Passa-se, depois, do juramento, da fé jurada, à organização e, então, à instituição. Antes de Sartre, Hegel já havia descrito esses momentos do grupo a partir da "liberdade absoluta" até o terror.

O grupo é, portanto, o inverso da serialidade. Ele se constitui *pela* e *na* fusão da dispersão que precede o grupo; mantém sua existência por meio de uma luta permanente contra um retorno, sempre possível, dessa dispersão. Esta luta é uma primeira característica do grupo. Uma segunda, igualmente *inacabada*, é a totalização que constitui o grupo sem que isso chegue à constituição de um ser-do-grupo que transcende os indivíduos agrupados. O grupo, com efeito, define-se não como um *ser*, mas como um *ato*. Este último é o ato do grupo sobre si mesmo:

o grupo *se* trabalha incessantemente; uma práxis comum, voltada para o exterior, só é *praxis* de um grupo se aqueles que a efetuam juntos estabelecem entre eles relações que constituem o grupo. Um grupo só é verdadeiramente assim se for fundado em permanência ao mesmo tempo na autogestão, ou autodeterminação, e na autocrítica, ou autoanálise. A heterogestão desfaz o grupo e provoca o retorno da serialidade. A dialética de grupo tem como objeto a exploração dessa alternativa.

Para Sartre, o caso mais puro de grupo é o "grupo em fusão". O grupo se forma *na* e *pela* fusão da serialidade: esta fusão é liquidação, desreificação, ou ainda descristalização, na linguagem, desta vez, de Kurt Lewin. Ela é degelo. Mas esse degelo, como se efetua? Em certas circunstâncias históricas, um movimento de multidão pode se produzir, o resultado é o nascimento do grupo: o que se produz é, primeiramente, uma brusca totalização da série, que cria uma espécie de "ser comum", que focaliza as ações.

O grupo é ainda passagem dialética da quantidade à qualidade. Em uma série, o décimo é uma expressão que designa um número de ordem: o meu, ou de um outro que vem se juntar à nossa fila de espera. Mas, no grupo, o décimo é ao mesmo tempo todo mundo e ninguém, pois cada um é necessário para que formemos um grupo de dez participantes. Esse grupo de dez não é a reunião inerte de dez pessoas: cada um dos dez membros, idealmente, assume as dez posições; ou, mais exatamente, o número de dez, feito essencialmente para designar uma ordem serial, convém mal para designar a estrutura interna do grupo. Vejo um grupo de dez participantes na medida em que me torno externo em relação a esse grupo, em que o constituo como *objeto* aos meus olhos.

Portanto, o grupo seria constituído, inicialmente, por essa síntese policêntrica que é a síntese de nossas sínteses. Pois, ainda que falemos de totalização a seu respeito, convém acrescentar logo que cada um, no grupo, é agente totalizador, que a totalização está ao mesmo tempo em toda parte e em lugar nenhum. Será preciso concluir que só compreendo o grupo como síntese em andamento, em ato, a partir de minha experiência pessoal do ato sintético? Em minha vida cotidiana efetuo constantemente "sínteses"; não posso viver, e agir, senão estabelecendo relações, senão totalizando constantemente minha experiência. Mas essas sínteses individuais são sustentadas por uma síntese primeira que é a do organismo: o indivíduo é uma totalidade.

Ora, Sartre mostra que não se poderia transpor esse modelo biológico do organismo à compreensão do grupo social. Neste ponto, é preciso se distanciar de uma certa tradição filosófica: principalmente a de Platão, que passa do indivíduo ao grupo, ao "corpo social" ao transpor o modelo do equilíbrio individual aos problemas da comunidade; e a de Kant que, em sua *Crítica do juízo*, utiliza para a sociedade o modelo do organismo vegetal. Ainda hoje, essa tendência organicista conserva seus adeptos entre os psicossociólogos, que consideram e descrevem muitas vezes os grupos como organismos, o que leva, principalmente, a desprezar, em psicologia dos grupos, os problemas da organização. Essa tendência se encontra mesmo em Lewin, que descreve o grupo como *totalidade acabada*.

A dialética dos grupos é, ao contrário, o movimento de uma perpétua totalização em andamento, nunca acabada. Retomemos, então, junto com Sartre, a descrição desse movimento.

Em sua *Crítica da razão dialética*, portanto, Sartre nos propõe não uma "história real", mas uma "gênese ideal" que mostra, no grupo, os momentos sucessivos da *formação*, da *organização*, da *instituição* e, enfim, da *burocratização*. Por que esse encadeamento? Porque é realmente preciso escolher uma ordem, que escolhemos aquela que vai do simples ao mais complexo sem jamais esquecer que, no concreto da história real, isto é, para nós, aqui e agora, e todos os dias, esses modelos estão misturados e se misturam aos das séries, das reuniões, dos coletivos, isto é, às multiplicidades massificadas. Depois dessas observações, podemos entrar na descrição desses "momentos", expô-la e, em seguida, procurar retirar e discutir os pressupostos que dirigiram a elaboração desse novo sistema.

A) O grupo em formação

Será possível determinar "a origem do abalo que dilacera o coletivo pelo inesperado de uma práxis comum"? (p. 384). É possível, em todo caso, descrever essa fragmentação, esse degelo, a partir da tensão original da necessidade no meio da insuficiência. E, sem dúvida, isso não basta para formar o grupo: homens esfaimados podem simplesmente disputar o alimento como cães. No entanto, agrupam-se contra o perigo comum, isto é, "sentindo como comum a necessidade individual e projetando-se na unificação interna de uma integração comum em direção a objetivos que ela produz como comum" (p. 385). O exemplo aqui escolhido do "grupo em fusão" é o do dia 14 de julho de 1789. Sartre acompanha suas etapas dialéticas. Desde 12 de julho "o povo de Paris está em estado de insurreição". As "causas" são conhecidas: frio, fome, até aqui vividos na impotência comum. Mas uma totalização fez-se no exterior, no governo, que constitui "nossa unidade na presidência do Conselho". E esse governo ameaça Paris, que se torna primeiramente "multidão ainda estruturada como alteridade no exterior dela mesma", em busca das armas; o resultado é que o "povo de Paris armou-se contra o rei".

Pode-se, portanto, seguir aqui "a ordem temporal" para compreender essa dialética que dá origem ao grupo, ou mais exatamente: essa dialética do nascimento do grupo, até o momento em que, no dia 14 de julho, "o grupo em fusão é a cidade" (p. 391). Nesse grupo em fusão não há chefes: "À noite, escreve Montjoye, Paris era uma nova cidade. Tiros de canhão dados a intervalos advertiam a população para que se mantivesse vigilante. As sessenta igrejas onde se reuniam os habitantes estavam apinhadas de gente. Ali dentro, cada um era orador". Na confusão, alguém mostra aos outros um abrigo, uma passagem desobstruída: "Ele viu o possível com olhos comuns" (p. 420). Esse *leadership* provisório mostra – e oculta – esse traço essencial: cada um é o grupo, e o grupo está em cada um não como um hiperorganismo sobre o qual se poderia descrever a hiperdialética, mas como uma síntese circular e sempre atual em que cada um é, ao mesmo tempo, "mediador" e "mediado" – ele próprio e o outro.

Como mediador, cada um é a "terceira pessoa" que totaliza as reciprocidades. *O grupo não é senão a mediação dessas mediações.* Isso é importante para a sociologia: o erro comum de muitos sociólogos é considerar o grupo como relação binária entre o indivíduo e a comunidade, ao passo que sempre se trata de relações ternárias. Todos os membros do grupo são "terceiras pessoas" ao mesmo tempo em que são parceiros nos pares de reciprocidade; como "terceira pessoa", cada um totaliza as reciprocidades do outro. Esta é uma das mediações que constituem o grupo.

No grupo-*meeting*, "esse recém-chegado se reúne por meu intermédio a um grupo de cem homens na medida em que o grupo ao qual me reúno terá para ele cem homens. Com efeito, cada um é o 100º – aquele por meio do qual esse grupo é um grupo de cem –, mas ele o é de uma maneira que é diferente da série. Na série,o "100º" designa o número de ordem: o meu, ou o do outro de acordo com, por exemplo, se foi ele ou se fui eu quem chegou depois para formar a fila de espera. Aqui, ao contrário, cada um é aquele por meio do qual nós somos cem. É, portanto, uma qualidade que é a mesma para todos: "o grupo voltando para mim oferece-me minha primeira qualidade comum". Assim é o grupo: "o grupo para o qual eu vou não é inerte reunião de cem pessoas... Trata-se, de fato, de um ato: esperamos ser bastante numerosos, ter certas informações, que o adversário esteja desatento etc. E a realidade é que tento integrar minha práxis à práxis comum" (p. 406). É, portanto, pelo grupo que *todos* as terceiras pessoas são mediadas.

Assim, "não sou o único a formar a operação totalizante" que constitui o grupo. Essa operação é também aquela de *cada terceira pessoa*: É por meio dela, da outra terceira pessoa, que estou *no meio* das terceiras pessoas e sem *estatuto privilegiado*. Por exemplo: "Eu corro, no mesmo ritmo de todos, e grito: 'parem', e todos param; alguém grita: 'voltem a correr' ou então 'à esquerda! à direita!, para a Bastilha!' E todos repartem, seguem a terceira pessoa reguladora" (p. 406). Cada terceira pessoa revela o grupo para as outras terceiras pessoas que, dessa forma, são todas *constituintes*.

Talvez o nascimento do grupo – na fusão –, pareça dar crédito à ideia gestaltista de emergência de uma nova *totalidade*. Por isso o seguinte problema: Será que as sínteses (realizadas por cada terceira pessoa e pelo grupo compreendido como totalização das terceiras pessoas) podem *fazer* a síntese? A totalização em andamento é o nascimento de uma totalidade? O grupo é um organismo? Como sabemos, a resposta de Sartre é negativa: "o organismo individual" que satisfez a necessidade mediante uma atividade prática "sobrevive ao desaparecimento dessa atividade: ele sobrevive como organismo, isto é, pela variedade unificada de suas funções... O organismo é em seu conjunto totalização e totalidade" (p. 411-412). Ao contrário, "o grupo não pode ser senão totalização em andamento e sua totalidade está fora dele, em seu objeto". Ele morre, se dispersa, quando não tem mais objetivo a ser alcançado. Não se pode imaginar um sono do grupo que não seja sua morte.

É preciso, portanto, descartar "o perigo da ilusão organicista" (p. 413). O grupo jamais será definido segundo o modelo biológico do organismo.

O que significa, no grupo em formação, a unidade? Sartre observa que "o discurso lhe confere imediatamente a unidade: o grupo faz isso ou aquilo etc." Essas expressões implicam uma "unidade do grupo". Como defini-la? De fato, trata-se de uma relação sintética que une homens para um ato e por meio de um ato, e não de uma dessas interpenetrações confusas que a sociologia idealista tenta às vezes ressuscitar, de uma maneira ou de outra. A unificação não é a unidade: Podemos "designar como una essa realidade com mil centros" (as terceiras pessoas são esses "centros") que chamamos grupo? Podemos definir uma síntese das sínteses individuais que receberia estatuto ontológico? De fato, como vimos, essas sínteses "não realizam a unidade substancial dos homens, mas aquelas das ações". A unidade do grupo é prática, e não ontológica.

Voltemos ao exemplo dos cem participantes nos grupos-meeting. O número não determina mais aqui uma sequência ou série, como na fila de espera. Ele expressa, ao contrário, a síntese. Na linguagem da dialética: a quantidade tornou-se qualidade.

No grupo em fusão cada um é em toda parte o mesmo; portanto, cada um é soberano; cada um pode decidir por todos sem se tornar o chefe. Pois não há chefe nesse primeiro momento do grupo. Esse "nós", que é "prático e não substancial", é o conjunto das liberdades práticas reunidas na "brusca ressurreição da liberdade" (p. 425) levantadas contra a "prisão perpétua" do mundo prático-inerte. A explosão da revolta é a liquidação súbita, mas provisória, dessa prisão, pela liberdade comum que se opõe ao reino da necessidade.

O grupo é apenas a totalização de totalidades individuais. Será necessário, então, concluir que a práxis comum é apenas uma variante das práxis individuais que ela sintetiza? Ao contrário: "Essa dialética do grupo é muito certamente irredutível à dialética do trabalho individual" (p. 432). Mas não posso compreendê-la, isto é, aceder à sua inteligibilidade dialética, senão a partir da dialética singular que experimento na minha práxis: compreendo os "objetivos" de grupo a partir do interior na medida em que compreendo a finalidade de minha práxis. Em consequência, a inteligibilidade do grupo é aquela de uma razão constituída; aquela da "livre práxis individual seria a razão constituinte". Por isso a seguinte conclusão: "a diferença entre a razão constituinte e a razão constituída baseia-se em duas palavras: uma funda a inteligibilidade de um organismo prático, a outra a de uma organização" (p. 432).

B) O juramento

Segundo momento: eis a "negação da dialética no próprio centro da dialética" com o juramento. Uma vez que a "alta temperatura" baixou, o grupo corre o risco de dissolver-se novamente na serialidade. Nada garantia sua permanência: *assim um dos personagens do grupo Apocalipse, no Espoir* de Malraux, decide renunciar à luta, abandonar o grupo e retornar para a França: ele não é um traidor aos olhos de Magnin (e do grupo-Apocalipse), não é um desertor. Ninguém pode instaurar uma "pressão do grupo" contra sua liberdade. É contra esse risco de esfacelamento do grupo que cada um vai prestar juramento: irão jurar contra toda força "centrífuga", contra o próprio risco da liberdade que diz respeito a cada um na medida em que ele é atraído para outro lugar, por uma "outra dimensão de si mesmo". O juramento será "ditadura do mesmo em cada um".

A "morte do grupo" está no horizonte do grupo-Apocalipse, como sugere esta passagem do *Espoir*: "Quanto ao que ouvimos da janela, M. Magnin é o Apocalipse da fraternidade. Ela o comove. Compreendo-o bem: é uma das coisas mais comoventes que existem sobre a terra, e não a vemos com muita frequência. Mas ela deve se transformar, sob pena de morte"; essa "transformação" é o nascimento do grupo juramentado. Os temas da morte e ressurreição também poderiam ser relacionados ao grupo juramentado (o grupo dos adultos) no ritual da iniciação. Esse ritual é, como se sabe, destinado a instituir o adolescente no mundo das regras que pressupõe, o objetivo da "gênese ideal" é mostrá-lo, a mediação implícita ou explícita do juramento. Por isso a fórmula de Sartre: "É o começo da humanidade"; é o momento em que "somos irmãos" (p. 453): pois "somos irmãos na medida em que após o ato criador do juramento somos nossos próprios filhos" (p. 453).

O juramento estabelece, portanto, "o nascimento do indivíduo comum" (p. 454). É igualmente a passagem ao para si: o grupo torna-se "reflexivo"; coloca-se como grupo. Mas é no constrangimento e na violência: isso pode ser visto no caso-limite do linchamento de um dos membros (o traidor) pelo grupo juramentado; esse linchamento mantém a "fraternidade-terror" entre os linchadores e o linchado, que é colocado como membro do *grupo* e dependente de sua sanção.

Esse juramento "funda a instituição, mas não é em si mesmo institucional": ele é simplesmente um "poder difuso de jurisdição" no grupo. O juramento é o poder de cada um sobre todos e de todos sobre cada um: garante-me contra minha própria liberdade e institui meu controle sobre a liberdade do Outro. Ele funda assim o grupo em sua permanência: mas não institui um poder de tipo jurídico diferente da "jurisdição do Terror" (p. 457).

C) A organização

O juramento é a aparição de um estatuto de permanência no grupo: "Que o juramento tenha realmente acontecido ou que se tenha feito sua economia aparente, a organização do grupo torna-se o objetivo imediato" (p. 458) do grupo estabilizado.

É a partir da organização, sempre fundada no *juramento* que se pode realmente falar de *grupo*; até então estávamos da fusão da serialidade. Mas o elemento novo, aqui, é que o grupo *se trabalha*.

O grupo considera-se sempre (a partir do juramento) e principalmente como objetivo: ele se trabalha para poder trabalhar, isto é, persegue objetivos comuns. Essa é uma das ideias essenciais, talvez a ideia dominante, do livro de Sartre. E pode ser mais bem compreendida, por contraste, se comparada à célebre teoria da burocracia desenvolvida por R. Michels: a burocratização está fundamentalmente ligada ao fato de que, em vez de perseguir os objetivos que motivavam inicialmente sua constituição, uma organização toma a si mesma como objetivo. Essa é a teoria do "deslocamento dos objetivos": tal partido político se constituíra para transformar a sociedade; sua burocratização começa quando ele organiza toda sua atividade em torno de sua candidatura ao poder. O objetivo não é mais então a revolução, mas o próprio partido; a organização não é mais um meio, mas o objetivo.

Para Sartre, ao contrário, o principal caráter do grupo que se organiza (e é nesse momento, de fato, que ele começa verdadeiramente) é que o grupo se trabalha: *ele se faz grupo* e só permanece grupo ao se *fazer* continuamente. Toma-se como objetivo para poder perseguir seus objetivos: o grupo supõe uma autocriação contínua do grupo.

A organização será "ação do grupo estatuário" sobre si (p. 459) antes de ser ação sobre o exterior como era, em sua essência, a "práxis" individual.

A palavra *organização* designa a um só tempo a ação interior pela qual o grupo define suas estruturas (dizem, p. ex.: "fracassamos porque a organização (repartição das tarefas) deixava a desejar") e "o próprio grupo como atividade estruturada" (dizem também: "Nossa organização decidiu que...").

Observamos que "o grupo só age sobre o objeto na medida em que age sobre si"; e que essa ação sobre si é "a única que ele exerce como grupo". Essa ação baseia-se no seguinte: "O grupo define, dirige, controla e corrige constantemente a práxis comum" (p. 461). "Mas esse conjunto de operações já supõe a *diferenciação*"; por isso "a criação, no interior do grupo, *de aparelhos especializados*" (impropriamente chamados *órgãos*: órgãos diretores etc.). Essa aparição de "órgãos" no grupo não é a do comando. O comando só surgirá em um estágio ulterior.

"No estágio do grupo em fusão, o indivíduo era o 'indivíduo orgânico', na medida em que interiorizava a multiplicidade das terceiras pessoas", sendo ele mesmo uma terceira pessoa, não juramentada, que vivia sua liberdade na práxis comum, na ubiquidade da liberdade: é ele, o indivíduo orgânico, que "se perde pelo juramento para que o indivíduo comum exista" (p. 566).

"No estágio da organização, esse poder abstrato muda de signo: define-se para cada um, com efeito, no quadro da distribuição das tarefas, por um conteúdo positivo. É a função" (p. 463). Nesse estágio, o indivíduo comum "pertence ao grupo na medida em que efetua uma determinada tarefa e apenas essa".

Por exemplo: em uma equipe de futebol "a função de goleiro, atacante etc. apresenta-se como predeterminação para esse jovem jogador que acaba de começar"; *ele é "significado" por essa função*. Cada um exige dele "por meio do grupo" (p. 464) que faça seu dever no interior do quadro definido pela organização. A função é, portanto, "tarefa a ser desempenhada".

No exemplo do time de futebol: "no momento do jogo, cada indivíduo comum realiza, à luz do objetivo do grupo, uma síntese prática (orientação, determinação esquemática das possibilidades, das dificuldades etc.) do terreno em suas particularidades atuais (a lama, talvez, ou o vento etc.). Mas, essa síntese prática, ele a realiza para o grupo e a partir do objetivo do grupo e, ao mesmo tempo, a partir de seu lugar, isto é, de sua função" (p. 468). Na partida, seus atos particulares "não apresentam qualquer sentido a não ser em conjunto com todos os atos dos demais jogadores de sua equipe" (469): isto é, que "cada função supõe *a organização* de todas".

O espírito de equipe é a "interdependência dos poderes em ligação com o objetivo comum" (p. 471). No entanto, ele não elimina a iniciativa individual: pois "na objetivação final, o grupo não se define mais pela ordem de suas funções, mas pela integração real dos atos particulares na práxis comum"; *essa integração não é, portanto, alienação*: "não se é goleiro ou meio-campista como se é assalariado" (p. 472). Em outros termos: a função é "determinação indeterminada" que deixa lugar à criatividade individual. É ele, portanto, o indivíduo comum definido pela função, que age com todos os outros indivíduos na direção dos objetivos, na totalização dessas práxis. Mas qual é, então, a práxis do grupo? "A única ação específica do grupo organizado é, portanto, a organização e a reorganização perpétua, ou seja, sua ação sobre seus membros" (p. 470). Como já indicamos: o grupo não trabalha; ele *se* trabalha na medida em que se organiza.

No grupo, os conflitos nascem de uma indeterminação relativa das funções, que pode ou ser inicial, ou se dever a uma situação nova que exige um remanejamento. "Por isso o esforço do grupo para *não deixar nada indeterminado.*" Por exemplo: "quando uma associação, em suas primeiras sessões, estabelece seu escritório, seus secretários, seu tesoureiro, suas comissões etc." "Na relação hierárquica, as 'rupturas internas' serão evitadas por condutas positivas e adaptadas (recusa conjunta do *voluntarismo* e do *carneirismo* etc.)" (p. 477).

Abordemos agora o estudo dessas "estranhas realidades internas, tanto organizadas como organizadoras, produtos sintéticos de uma totalização prática e objetos sempre possíveis de um estudo analítico e rigoroso, linhas de força de uma prática para cada indivíduo comum e ligações fixas desse indivíduo com o grupo, por meio das mudanças perpétuas de um e do outro, ossatura inorgânica e poderes definidos de cada um sobre cada um, em resumo, fato e direito simultaneamente, elementos mecânicos e, ao mesmo tempo, expressões de uma integração viva à práxis unitária, dessas tensões contraditórias – liberdade e inércia – que carregam o nome de estruturas" (p. 487). Como se vê, a rejeição de uma ontologia gestáltica não implica, para Sartre, a renúncia à abordagem estrutural do grupo. Mas também não supõe a inutilidade, para o estudo em andamento, das análises feitas pelas "Ciências exatas" (p. 487), a possibilidade de uma matemática que permita um cálculo das reciprocidades (p. 486), isto é, no sentido rigoroso do termo, a possibilidade de uma sociometria, enfim, o estudo "rigoroso", pela razão analítica, da estruturação do grupo. Mas essa ciência dos grupos humanos só adquire verdadeiramente sentido com a condição de ser integrada em uma compreensão dialética. Ou seja, o estudo das estruturas mostra a possibilidade, e mesmo a necessidade, de uma cooperação entre a "Dinâmica dos grupos" e a "Dialética do grupo". Por isso o uso feito aqui, essencialmente, das contribuições da etnologia. O exemplo escolhido é o das *Estruturas do parentesco*. Ele mostra a existência de uma *necessidade prática* que determina as fronteiras para a locomoção do indivíduo em um campo cultural. A iniciação tribal ilustra esse ponto. Com efeito: "a partir do nascimento, do surgimento da criança no meio do juramento equivale para ele a uma prestação de juramento: todo indivíduo que surge no seio do grupo juramentado encontra-se juramentado". Em seguida, a "iniciação é um segundo juramento no qual o indivíduo orgânico passa ao estatuto de indivíduo comum"; os adultos a veem como a marca de um engajamento. Tudo se passa como se quisessem dizer ao jovem iniciado: "Você tinha o direito de exigir que o instituíssemos indivíduo comum na comunidade. Mas *reciprocamente* [...] responsabilizava-se pelos deveres (exogamia etc.) que pesam sobre você desde o casamento de seus pais" (p. 492).

A integração da noção de estrutura em uma dialética dos grupos levanta duas questões:

a) As estruturas constituem a ossatura do grupo organizado?

b) Se a resposta for sim, no que se transforma a *praxis* que define o grupo (ação comum)?

De fato, "a curiosa característica dessa ossatura" parece ser ao mesmo tempo relação inerte e práxis viva (p. 487); "A permanência da relação não significa de forma alguma a imutabilidade dos termos e de suas posições" (p. 487).

Foi isso que Lévi-Strauss revelou em seu livro *As estruturas elementares do parentesco*: essas classes (são) um sistema de posições do qual apenas a estrutura permanece constante e no qual os indivíduos podem se deslocar e mesmo trocar suas posições respectivas desde que as relações entre eles sejam respeitadas (*As estruturas elementares*, p. 145).

As estruturas são "ossatura inorgânica e poder definido de cada um sobre cada um, simultaneamente fato e direito" (p. 487). Por isso, a estrutura é a "função objetivada" (p. 487).

Vejamos o exemplo emprestado de Lévi-Strauss, (*As estruturas elementares*, p. 167-169) de dois grupos familiares (A e B) aliados pelo casamento de uma filha *b* com um homem *a*. Para o grupo A, a mulher é uma aquisição, e para o grupo B, uma perda: A torna-se devedor, B credor. De forma semelhante, todo homem de A ou B que se casa faz de seu grupo um devedor.

Essas combinações vão regular as relações dos dois grupos: o "interesse do esquema proposto... é nos mostrar *a estrutura como uma reciprocidade complexa de créditos e dívidas*" (p. 488). O sistema é mediação entre as duas partes: trata-se bem de uma reciprocidade mediada (p. 489). Assim é o sistema dos primos cruzados: o casamento só pode acontecer entre (+) e (-): "É a constituição de uma classe" (no sentido lógico do termo). E "essas práticas remetem [...] a um objetivo: organizar a troca das mulheres de modo a combater, na medida do possível, a escassez", e isso "no meio do juramento" (p. 490). Isso "constitui a inteligibilidade da estrutura" (p. 490).

Nesse sistema "o filho nasce com um futuro que não pode ser suplantado" (p. 490), fundado na "necessidade inerte da exogamia", ou seja, "em uma determinada espécie de reciprocidade mediada". Trata-se "de verdadeiras relações humanas e livres"; e, ao mesmo tempo, "o nascimento é juramento" para o indivíduo comum. Por isso, a iniciação é "um segundo juramento" (p. 492) que faz o indivíduo passar ao "estatuto de indivíduo comum" (p. 492). Da mesma maneira, "toda eficácia de um objetivo, assim como sua possibilidade pessoal de ser bom, muito bom ou excelente, repousam sobre o conjunto das prescrições ou dos interditos que definem seu papel" (p. 493). Como se vê, a estrutura do grupo é "organização funcional" (p.493) – e não inércia institucional (e muito menos inércia burocrática). Em resumo, a estrutura é "inércia ativa" (p. 495).

A estrutura tem uma dupla face: "é uma necessidade analítica e é um poder sintético" (p. 495). Na verdade, "o poder se constitui ao produzir em cada um a inércia" (p. 496). Mas essa inércia é livremente criada e a necessidade é apenas o "indício dessa inércia vista como exterioridade ou por um observador que não pertence ao grupo, ou por um subgrupo especializado [...]" (p.496). Portanto, vista como exterioridade, a estrutura é um "simples esqueleto", isto é, necessidade *para a razão analítica*.

"Mas também é, e ao mesmo tempo, reciprocidade mediada, a mediação sendo a 'do grupo totalizador'" (p. 496). "Todavia, deve-se observar aqui que estamos lidando não com uma totalidade, mas com uma totalização" (p. 496). Há uma "objetividade interna do grupo" (p. 497). Sartre toma aqui o exemplo dos "agitadores" enviados pelo poder aos kolkoses deixando claro que: "é particularmente perigoso falar aqui de serialidade burocrática, ainda que muito evidentemente ela condicione todos no exemplo citado" (p. 500): o que significa, no contexto, que a "gênese ideal" segue caminhos diferentes da realidade. Eis a definição: "Chamaremos, portanto, estrutura a função do subgrupo ou do membro do subgrupo na medida em que seu exercício concreto pela livre práxis do agente a revela como especificação do remanejamento totalizador operado pelo todo sobre si mesmo" (p. 501). Para o grupo em fusão, "ainda não podemos falar de relação estruturada, pois simplesmente o vínculo recíproco ainda não está especificado" (p. 502).

A relação estrutural é enfim "conhecimento silencioso do grupo por si mesmo". Sob este ponto de vista "a estrutura... não é outra coisa que a ideia que o grupo produz de si mesmo" (p. 502), "aqui, agora" (p. 502). Mas, mesmo essa "ideia" tem um duplo caráter:

a) Em toda parte, ela é "livre-compreensão da atividade funcional em cada um" (p. 503). "É nesse nível... que o grupo possui por meio de cada indivíduo uma espécie de conhecimento silencioso de si mesmo" (p. 503). (É o que mostra a análise das observações etnológicas de Deacon, p. 504.) Mas "essa compreensão explícita é somente uma estrutura do poder" (p. 504).

b) Para certos órgãos especializados existe uma outra modalidade do conhecimento: a da estrutura como ossatura. É o conhecimento dos organizadores do grupo, do subgrupo especializado: "o organizador cria o pensamento analítico (e o racionalismo que lhe corresponde) com suas mãos" (p. 505). Conhecimento analítico que deve ser fundamentado: "a Razão dialética sustenta, controla e justifica todas as outras formas de pensamento... e as integra como momentos não dialéticos que nela readquirem um valor dialético" (p. 506).

Quanto ao poder, é possível distinguir três modelos de conduta do grupo que também podem ser analisados a partir dos métodos pedagógicos (Schmid), da primeira experiência de dinâmica de grupo (Lewin) ou do laboratório da história (Guérin). A esse respeito, pode-se estabelecer o seguinte quadro:

	I	II	III
Pedagogia (Schimd)	Escola tradicional	"Métodos novos"	Pedagogia libertária
Dinâmica dos grupos (Lewin)	Autocracia	Democracia	Anarquia
História e política (Guérin)	Jacobismo	Marx-Engels	Socialismo libertário

Na psicologia social, a descrição lewiniana desses três modelos é a mais aceita. Dessa forma, Claude Faucheux distingue da seguinte maneira esses três tipos de conduta do grupo: no grupo autoritário "o grupo está submetido a um *leader* ou porque a ele se sujeita ou porque lhe entrega a responsabilidade da conduta do grupo"; em uma forma dita "democrática" o grupo conserva a responsabilidade das iniciativas, responsabilidade que ele pode delegar por um certo tempo. Uma terceira forma... é a conduta "anárquica" em que cada membro se conduz livremente.

Sartre retoma esses "modelos" sob o ponto de vista de D. Guérin: ele relembra que se tem "o costume de opor uma tendência centralizadora e autoritária que vem da cúpula... e uma tendência democrática e espontânea que nasce na base"; mas recusa a esse momento da dialética essa dicotomia: "o que nos importa aqui, fora de toda política, é indicar que o modo de organização não é fundamentalmente diferente quer se trate de uma centralização pelo alto ou de uma liquidação espontânea da realidade" (p. 518). E esclarece: "Da mesma maneira que um crime premeditado ou que um ato de legítima defesa, apesar de todas as diferenças práticas e jurídicas que os separam, podem acionar os mesmos músculos e serem realizados pelas mesmas condutas imediatas, da mesma forma, o tipo de inteligibilidade formal e de racionalidade pode ser o mesmo para a organização pela cúpula ou pela organização pela base". Como se pode ver, as distinções habitualmente retidas para separar tipos de conduta do grupo não são conservadas por Sartre em relação ao problema dialético colocado pela organização. Em contrapartida, elas serão retomadas, mas sob outra forma, no estágio da instituição.

É preciso, contudo, colocar o problema da conduta do grupo organizado. Sartre rejeita as descrições do modelo Lewin (os "climas") ou do modelo Guérin: considerando-as "sínteses gestaltistas" (p. 520) impostas à realidade. Mas, além disso, a tese "libertária" e "espontaneísta" não é conforme ao real; "queira-se ou não, é preciso retornar às verdades que os historiadores estabeleceram: a organização escolhe seus organizadores" (p. 520). Por exemplo: podemos citar o papel desses agitadores populares, que são vistos nas seções revolucionárias entre 1789 e 1794 como os *organizadores do grupo*. Mas, "esses agitadores populares *não são os chefes*: e é sobretudo nesse ponto que o poder deles difere daquele dos dirigentes [...]. Trata-se, em suma, de terceiras pessoas reguladoras cuja atividade reguladora tornou-se uma função com base tácita no juramento" (p. 520).

Sartre acrescenta ainda: "Não se trata aqui e nem pode se tratar de Blanqui, Jaurès, Lênin, Rosa de Luxemburgo, Stálin ou Trotsky" (p. 518). É difícil compreender que, por um lado, Sartre geralmente escolha seus exemplos de preferência na história política e na problemática interna ao movimento operário; e, por outro, que se recuse a examinar *os problemas organizacionais que se colocam*, precisamente, em Lênin, Rosa Luxemburgo, Stálin e Trotsky. De fato, está claro que esses autores definiram e testaram modelos de organização cuja problemática estrutural encontraria facilmente seu lugar no interior de uma "dialética dos grupos". Por exemplo: a análise proposta por Trotsky do burocratismo, e mais precisamente das relações entre o grupo de direção e os grupos fracionais, é uma análise feita no espírito de uma dialética dos grupos ("a burocracia, escreve, é a fonte principal das frações"; esta é uma fórmula que uma dinâmica ou mesmo uma "dialética dos grupos" esclarece muito melhor do que uma referência diretamente histórica e "política"). A "política" implica escolhas de estruturas formais que são raramente atualizadas nos termos utilizados aqui, mas que seria necessário abordar a partir da sociologia das organizações. Esta é a própria perspectiva de Sartre.

O agitador é um "condutor" (p. 521). Não há, portanto, dirigente no nível de grupo organizado, apenas líderes.

No interior desse grupo organizado, "as discussões são indispensáveis e às vezes violentas". Qual é o sentido desses conflitos? Eles não podem ser analisados no nível dos indivíduos: "atribuir às diferenças de caráter ou às rivalidades hipócritas seria cair em um absurdo ceticismo psicologista". Mas também não se pode analisá-los no nível de uma *dinâmica interna do grupo*: "a contradição está no objeto". Sartre toma aqui o exemplo de uma comissão de especialistas reunida para resolver um problema de *circulação* (p. 523). Cada um traz uma "solução individual" que não é, na verdade, senão a expressão de um aspecto das contradições da situação estudada: pois "essas contradições, de fato, são inicialmente apenas estruturas objetivas do problema que deve ser resolvido". De onde a significação real da virulência que pode se manifestar em determinado momento da discussão: "Para que serve a virulência? Para colocar a questão sob todas suas formas e em toda sua complexidade ou, caso se prefira, para realizar o devir-questão do subgrupo" (p. 525). É a partir de semelhante análise que podemos examinar "essa estrutura essencial das comunidades nomeada pelo idealismo epistemológico como o acordo dos espíritos entre eles" (p. 527), isto é, a significação do acordo realizado no grupo.

É possível dizer, antes mesmo de descrever "a alienação como avatar da práxis de grupo" que "a práxis comum é ao mesmo tempo práxis e processo" (p. 540). Ela é práxis, como foi visto, na medida em que é organização totalizante das práxis individuais em função de um "objetivo comum" (p. 540). É processo na medida em que "no próprio momento em que o grupo se supera em direção ao organismo por meio dos indivíduos, ele permanece imóvel" (p. 540). O grupo está sempre a meio-caminho entre a máquina (mas "a máquina social jamais existirá, nem mesmo como máquina de *feedback*), e o organismo, mas também sabemos que o erro organicista é o inverso e o paralelo do erro cibernetista. Essa situação a meio-caminho encontra sua formulação na distinção entre processo e práxis. Mas "que diferença existe, portanto, entre processo e práxis"? (p. 541). O processo tende à inércia, a práxis está, ao contrário, do lado da ação.

Essa distinção vai nos permitir redefinir a "dialética a partir de fora" (p. 543) que se encontra na "percepção da atividade humana como processo". Essa é uma abordagem não dialética que se encontra "em muitos sociólogos americanos: a *Gestalt* de Lewin apoia-se em uma visão da práxis como processo; os trabalhos de Kardiner, as medidas de Moreno, os estudos dos culturalistas sempre remetem a essa passividade orientada [...]" (p. 543). Em resumo, a "microssociologia" estuda apenas esse "avesso permanente da práxis comum": o processo; a dinâmica dos grupos atinge apenas a "dialética do lado de fora".

As análises que precedem permitiram estabelecer que "o grupo em trabalho é a práxis individual, primeiramente superada e reificada pela serialidade dos atos, e em toda parte voltando-se para a multiplicidade amorfa que a condiciona para lhe retirar o estatuto serial e numérico, para negá-la como quantidade discreta e, no mesmo movimento, para torná-la na *unidade prática* um meio de atingir o objetivo totalizante" (p. 546). Tivemos de renunciar, portanto, a dotar o grupo de uma unidade *ontológica* que seria aquela de um hiperorganismo, de uma *gestalt*. Aprendemos a criticar esse fetichismo do grupo, esse grupismo latente na cultura americana e na microssociologia que essa cultura estimulou.

É preciso dar um passo adiante, deixando claro o que significa o *trabalho do grupo*. Já foi visto que ele era duplo: o grupo *se trabalha*; e ele trabalha. Ele se trabalha para se dar, em uma espécie de criação contínua, essa unidade ontológica que não tem, que jamais terá e da qual conserva, contudo, o desejo; e por outro lado, o trabalho em grupo realiza uma unidade *prática dos organismos* que o compõem. É por isso que, como o trabalho é o tipo próprio da atividade dialética, o grupo em ação deve se compreender por meio de duas espécies de atividades simultâneas e das quais cada uma é função da outra: *a atividade dialética em imanência* (reorganização da organização) e *a atividade dialética como superação* prática do estatuto comum para a objetivação do grupo (produção, luta etc.).

Portanto, ao se recusar a colocar a unidade do grupo em outro lugar que não na sua práxis, de um lado, e ao mostrar, por outro lado, que essa unidade encontra-se constantemente ameaçada de dissolução na serialidade, não fizemos nada além do que estabelecer o seguinte: o grupo é uma "existência" sem "essência", ou melhor, a essência do grupo é sua existência. Sartre indica de forma nítida "essa unidade prática e dialética que persegue o grupo e que o determina a negá-la por meio de seu próprio esforço de integração, é muito simplesmente aquilo que, aliás, chamamos existência" (p. 552).

D) O terror

Até este ponto, observamos o grupo perpetuamente atormentado pela sua tentativa, sempre fracassada, de atingir uma unidade que não seja apenas a da ação comum – e conseguindo, por meio desse fracasso, a superação do indivíduo orgânico pelo indivíduo comum. O grupo era essa perpétua oscilação entre o indivíduo e o "comum", esse "insuperável conflito" (p. 567). Mas esse conflito não significa ficar estagnado; observamos que ele engendra os estágios que nos conduziram da fusão à organização pela mediação do juramento, que introduziu a permanência no grupo.

Daremos um novo passo: "Essas contradições se expressam por uma nova transformação do grupo; a organização transforma-se em hierarquia, os juramentos dão nascimento à instituição" (p. 567). Todavia, é preciso retornar ao método e à intenção no momento em que se poderia acreditar que esse "estágio", essa "passagem" retraça uma transformação histórica real, uma gênese da sociedade: "Não é uma sucessão histórica que exponho aqui [...]. Toda forma pode nascer antes ou depois de qualquer outra [...]. O que desejamos indicar apenas, ao seriá-las, são as características complexas que se encontram na maior parte dos grupos concretos; nossa experiência vai do simples ao complexo porque ela é, ao mesmo tempo, formal e dialética" (p. 567). Na verdade, trata-se de um "formalismo estrutural" (p. 571) que se propõe a mostrar "as estruturas comuns a todos os grupos" (p. 571).

Parece-nos necessário, aqui, fazer um parêntese para esclarecer, à luz de controvérsias nascidas em torno da obra, um ponto que nos parece essencial. Essa gênese ideal não retraça, como acabamos de lembrar, um desenvolvimento histórico; não se trata de percorrer as etapas efetivas do desenvolvimento das sociedades. Trata-se de compreender, por meio de uma gênese ideal, as estruturas sociais e, por exemplo, estabelecer a inteligibilidade do nascimento do poder. Mas esse é o típico problema que o sociólogo pode se colocar. Ele pode ser visto na evolução interna e recente da psicologia social americana, que passou do estudo das "relações humanas" ao estudo dos sistemas de poder". Por isso o diretor do *Laboratório de dinâmica dos grupos* de Michigan, Dorwin Cartwright declarou recentemente que "a psicologia social desprezou a importância do poder".

Por outro lado, faltou aos *sociólogos* que estudam os sistemas de poder a possibilidade de analisar os mecanismos do poder no terreno experimental dos grupos restritos. Existe aqui um encontro que está se efetuando; percebe-se, finalmente, a possibilidade de uma cooperação entre a psicologia social – e, mais precisamente, "a Dinâmica de grupo" – e os setores aparentemente tão distantes dessas pesquisas quanto, por exemplo, uma sociologia política dos sistemas de poder. Um dos interesses da obra de Sartre é o de estabelecer os fundamentos teóricos de tal encontro. Este ponto será melhor observado quando abordarmos a passagem à instituição, isto é, essencialmente, ao *problema do poder*.

Se existe uma nova passagem da organização à instituição, é porque a "contradição fundamental" do grupo (autor do problema da unidade) se revela "aquém do juramento e além dele" (p. 573): apesar dessa estabilidade-terror que o vínculo-jurado introduziu no grupo, a fuga serial continua corroendo a organização: "o grupo se faz para fazer e se desfaz ao fazer". O perigo permanente de dissolução que marcava o grupo nascente na "fusão" é perigo permanente que "se revela no nível do grupo organizado" (p. 573). É por isso que "o grupo reage por meio das práticas novas: ele produz a si mesmo sob a forma de um grupo institucionalizado: isso significa que os "órgãos" funções e poder vão se transformar em *instituições*; que, no âmbito dessas instituições, a comunidade *tentará se dar um novo tipo de unidade* ao institucionalizar a soberania e que o indivíduo comum se transforma a si mesmo em indivíduo institucional" (p. 573).

No grupo ameaçado de deslocamento surge uma exigência de unanimidade: ela pode ser lida na "rejeição dos opositores como traidores". Esta *rejeição dos desviantes* pode ser analisada no exemplo histórico do conflito entre os girondinos e os montanheses (p. 575) e nos processos de depuração no conflito. É a integração-terror, na qual "cada um é depurador e depurado"

(p. 579). O terror não é ditadura de um subgrupo minoritário; ao contrário, é uma estrutura fundamental do grupo em sua totalidade: "O terror nunca é um sistema que se estabelece pela vontade de uma minoria, mas o reaparecimento da relação fundamental do grupo" (p. 579) que *funda* a ditadura do terror.

Com o terror, "a práxis torna-se o ser do grupo e sua essencialidade; no grupo, ela vai produzir seus homens como os *instrumentos inorgânicos* dos quais precisa para se desenvolver [...]. Essa nova estrutura do grupo é, ao mesmo tempo, a prática do terror e uma reação de defesa contra o terror". Eis, portanto, uma nova forma de participação; cada um tornou-se uma ferramenta do grupo – um pouco como o organismo vivo, no início (Livro I, cap. 1) fazia-se ferramenta-inerte para agir sobre a matéria inerte. *Esse indivíduo-ferramenta é o homem da instituição:* "é nesse nível que a instituição se define ou, para manter nosso fio condutor, que certas práticas necessárias à organização se dão um estatuto ontológico novo ao se institucionalizar". Esse "estatuto ontológico" não significa, evidentemente, que o grupo conseguiu chegar ao objetivo que o persegue (ter a unidade de um organismo), mas que seu modo de ser é radicalmente modificado por essa passagem dialética da organização à instituição.

E) A instituição

Os sociólogos observaram que a instituição é *uma práxis e uma coisa*. Uma práxis: se a instituição não se tornou "um puro cadáver", é possível lhe descobrir algumas finalidades, alguns objetivos, "uma dialética petrificada nas finalidades alienadas, nas finalidades libertadoras e na alienação dessas novas finalidades" (p. 581). Uma coisa: a "instituição, enquanto tal, possui uma força de inércia considerável" (p. 581). Esta inércia, é a daquele "sujeito comum transcendente" que "expulsa o indivíduo de sua função", rouba-lhe sua liberdade, exerce "o terror contra os subgrupos", em resumo, engendra a "alteridade como ressurreição do prático-inerte", ao passo que o nascimento do grupo na fusão da série era, ao contrário, "ressurreição da liberdade contra a prática-inércia dos coletivos".

Por isso a impotência da terceira pessoa é "o fator determinante da passagem à instituição" (p. 582). É um novo momento da prática: "a prática é instituição no dia em que o grupo, como unidade corroída pela alteridade, encontra-se impotente para transformá-la sem se alterar completamente" (p. 583). Mas, apesar de todas essas contrafinalidades destotalizantes, a instituição "nunca é completamente assimilável ao prático-inerte"; ela permanece uma empresa na qual começa a *massificação*. Ela não é apenas "uma coisa", continua sendo *práxis*.

Sartre cita o exemplo do *sindicalista profissional* e do oficial: trata-se em cada caso, para o chefe, de "liquidar o outro dentro de si para liquidá-lo nos outros" (o oficial que vive no meio de seus homens e cuja vida é regida pela vida deles).

Essa interdependência não é mais de livre reciprocidade, mas de escravidão, pois "o momento institucional, no grupo, corresponde ao que se pode chamar a autodomesticação do homem pelo homem. O objetivo é, com efeito, *criar homens tais que eles se definam aos seus próprios olhos e entre eles por sua relação fundamental com as instituições*" (p. 585). *É a reificação* (p. 585). Como consequência: "o modelo da instituição será a ferramenta forjada" (p. 585).

No grupo organizado, a repartição das tarefas efetuava-se *aqui e agora*; ela proporcionava a diferenciação das funções. No grupo institucional, a obrigação de cada um é definida desde seu nascimento: "eles mal acabaram de nascer, com efeito, e a geração anterior já havia definido seu futuro institucional como seu destino exterior e mecânico" (p. 585): as obrigações militares são, por exemplo, esse futuro. Podemos ilustrar esse ponto com a análise dos ritos de iniciação (de puberdade): nesses ritos, o adolescente tem de assumir *obrigações*, que os culturalistas erram ao confundir com os "papéis" e as "atitudes" (p. 586). As proposições de Sartre poderiam ser ilustradas aqui com uma referência à análise desses ritos proposta por Peaulme em seu livro sobre as *Gens du riz*: a menina que passa pela iniciação já conhecia as técnicas culinárias, estava pronta para assumir seu "papel"; mas a iniciação transforma essas condutas já aprendidas em obrigações. Por isso a iniciação é juramento secundário, sendo o nascimento o primeiro juramento. O rito mostra que a "instituição produz seus agentes aos lhes conferir previamente determinações institucionais" (p. 586). A instituição é o significante do qual o indivíduo torna-se o *significado*.

O sistema institucional, como se viu, aliena as liberdades em uma espécie de sujeito transcendente. Por isso o problema da autoridade: "o sistema institucional como exterioridade de inércia remete necessariamente à autoridade bem como à sua reinteriorização". Mas a soberania é o fundamento da autoridade. É preciso, portanto, deixar claro que:

- *No nível do grupo em fusão*, a soberania está em cada terceira pessoa, isto é, em toda parte e em cada um: "o chefe é qualquer pessoa" e ninguém; cada um possui a quase soberania. Os "agitadores" que desempenham, como já observado, um papel "organizador" no grupo em fusão das jornadas revolucionárias não são "chefes": simplesmente "imitam ou expressam para todos a práxis que se define em toda parte implicitamente, na ubiquidade da reciprocidade mediada" (p. 587).

- *No nível do juramento e da organização*, vimos surgir os poderes. Mas, "mas não havíamos então descrito a autoridade" (p. 587); pudemos levantar *nesse nível* o problema lewiniano dos tipos de comando. Todavia, a partir desse segundo nível, observamos o constrangimento, *o elemento coercitivo, aparecer com a fraternidade-terror*; finalmente "*são necessárias instituições*, isto é, um renascimento da serialidade e da impotência, para consagrar o *poder* e lhe garantir de direito sua permanência; em outros termos, a autoridade baseia-se necessariamente na inércia e na serialidade, na medida em que é poder constituído" (p. 587). *E não procuremos um fundamento (Deus ou o grupo) na soberania; "poderíamos procurar por muito tempo: não há"* (p. 587). A verdade é que, como já havíamos descoberto no primeiro momento da dialética dos grupos, "a soberania é o próprio homem como ato, como trabalho unificador, na medida em que tem meios para agir sobre o mundo e que ele o transforma. *O homem é soberano*" (p. 588). O único problema que se deve então colocar é aquele desse bloqueio das quase soberanias de todos que transforma a soberania e a remete ao indivíduo comum, ou ao subgrupo. Mas, sob esse aspecto, "embaralhamos as coisas".

O nascimento da soberania-instituição ocorre a partir de uma impossibilidade, para cada terceira pessoa, de voltar a ser diretamente regulador. Essa impotência funda a existência do soberano. Pois "este dispõe dos meios de comunicações (quer se trate de estradas, canais ou mass media), pois ele garante sozinho a comunicação" (p. 588). O Soberano garante a ligação entre os aparelhos mediadores; ele é "a mediação de todas as mediações" (p. 588). É a centralização, isto é, a mediação fixada, a necessidade, "para dois subgrupos definidos e cujas práticas são complementares, de passar pelos escritórios ou pelo Conselho para adaptar reciprocamente suas ações" (p. 588). Aqui surgem as novas estruturas: o comando, e a obediência (p. 592). Voltemos à inércia: "essa instituição não precisa ser acompanhada de nenhum consenso do grupo, pois ela se estabelece, ao contrário, na impotência de seus membros" (p. 595). Apenas o soberano "totaliza" e unifica "essas mortes-práticas que um movimento centrífugo tendia a dissociar" (p. 595). Ele reina sobre o grupo "semimorto" (p. 598), modifica e "congela" a circulação da informação (p. 600); por fim, ele não é o produto do grupo práxis, mas do grupo processo (p. 601).

O Estado é a forma típica da instituição. Ele não é "nem legítimo nem ilegítimo": "é legítimo na medida em que se produz no meio da fé jurada (do juramento); mas esse meio tornou-se ao mesmo tempo o da serialidade e da impotência, no qual os indivíduos não têm nenhum meio, como série, de contestar ou de fundar uma legitimidade" (p. 609).

O Estado institui-se na luta das classes como órgão da classe de exploração: reconhece-se aqui a retomada da concepção marxista.

Mas Sartre mostra que o Estado moderno consegue uma certa autonomia em relação à classe dominante da qual era inicialmente apenas um instrumento. Como se vê, a análise teórica encontra aqui alguns dos problemas mais atuais da sociologia política.

Um outro aspecto do grupo, no nível que atingimos, é o "condicionamento exterior" dos sociólogos americanos. Esse conceito marca bem, ao final da "circulação dialética" que percorremos, a recaída do grupo na serialidade.

O princípio dessa nova práxis é "utilizar a serialidade levando-a ao extremo para que a própria recorrência produza resultados sintéticos" (p. 614) com o objetivo de criar um meio social no qual "basta que cada Outro se faça Outro completamente, isto é, que exerça sobre ele sua livre práxis para ser como *os outros*" (p. 614). Por exemplo: "mostrou-se recentemente que nas classes infantis americanas e, claro, ao longo de todos seus estudos, cada indivíduo aprende a ser a expressão de todos os outros" (p. 621).

Ou ainda: "todos conhecem esses concursos no cotidiano: apresentam-se em uma ordem qualquer dez nomes de monumentos, artistas, dez modelos de automóveis etc. Deve-se determinar a hierarquia padrão (que é na realidade a hierarquia média) assim como será estabelecida pela confrontação das respostas de todos os Outros. O concorrente que tiver fornecido a lista mais próxima dessa lista padrão será o vencedor. E ainda recebe um prêmio... por ter sido mais perfeitamente o Outro que todos os Outros (por) sua capacidade de se fazer meio do Outro" (p. 621). O vencedor é aquele que dispõe do melhor radar Riesman. Ele representa um "verdadeiro e novo estatuto do indivíduo *massificado*" (p. 622).

O condicionamento exterior baseia-se na "passividade das massas" que é a resultante de uma ação do soberano, que ambiciona "suprimir a mudança". Como se vê, essas análises estão diretamente ligadas a um dos traços essenciais da *civilização de massa* contemporânea. E, além do mais, elas revelam uma estrutura de uma "importância capital para a compreensão dos acontecimentos históricos" (p. 622), e não apenas da atualidade.

F) A burocracia

Temos, ao final dessas análises, os elementos necessários para a compreensão dessa representação extremada dialética dos grupos: a burocracia. *Ela se define*, segundo Sartre, *por uma tripla relação*: "condicionamento exterior da multiplicidade inferior; desconfiança e terror serializante (e serializado) no nível dos pares; aniquilação dos organismos na obediência ao organismo superior" (p. 626). Como podemos observar, estes são, levados ao extremo, os conceitos que vimos surgir no momento da instituição, estabelecidos nos três estágios (inferior, médio e dirigente) da organização burocratizada.

"*Nós a vimos nascer 'da própria soberania'*, quando esta ainda era apenas um momento institucional do grupo; vemos que se afirma como supressão total do humano, salvo em um ponto infinitesimal na cúpula em consequência da inércia da base" (p. 627). Isso significa que "a decomposição do grupo fechou totalmente o campo infernal do prático-inerte sobre os homens" (p. 349).

Não nos cabe estudar aqui "*as circunstâncias históricas de uma burocratização dos poderes*". Em contrapartida, é importante para a análise dialética observar que, "quando o Estado é um aparelho de coerção em uma sociedade dilacerada pelos conflitos de classe, a burocracia, ameaça constante do soberano, pode ser mais facilmente evitada do que em uma sociedade socialista em construção" (p. 349). Por quê? Porque a "tensão que reina entre as classes, as lutas parciais", introduz a contestação... Por outro lado, "uma contradição particular opõe o soberano... à classe dominante que o produz e o alimenta (paga-o) como seu aparelho". Ao contrário, "quando o grupo de soberania, em sua implacável homogeneidade, integrou em si mesmo todos os agrupamentos práticos ou, caso se prefira, quando a soberania detém o monopólio do grupo... a pirâmide soberana... nunca tem de lutar contra ela mesma, isto é, contra os riscos engendrados pela separação e pela institucionalização: e é precisamente essa luta contra si mesma que deve engendrar a burocratização" (p. 628-629). De onde a seguinte conclusão sobre a burocratização dos estados ditos socialistas: "Ninguém pode mais acreditar hoje que o primeiro estágio da revolução socialista realizou a ditadura do proletariado" (p. 629). Mas é preciso ir mais longe, pois o "verdadeiro problema" seria "em que medida uma sociedade socialista banirá o atomismo sob todas suas formas?" (p. 349, nota 1).

Sartre, como se vê, preocupa-se primeiramente com o problema político de nosso tempo; a inspiração ética de sua obra está essencialmente ligada ao problema colocado pela burocratização dos regimes que suprimiriam a propriedade privada dos meios de produção, sem, no entanto, suprimir a oposição "dirigentes-executantes".

Sartre, porém, não vai até o fim da dedução crítica. Não mostra em nenhum lugar como a burocracia pode se constituir como classe dirigente. Por outro lado, atribui à burocracia características ligadas a um momento do desenvolvimento histórico sem perceber que elas podem se modificar. Por fim, a gênese aqui é interna. Os fatores externos não são explorados.

G) O lugar da história e o inacabamento

No final deste percurso, que nos fez passar das séries aos grupos em formação, destes grupos nascentes à *organização* (pela mediação do *juramento*), da *organização à instituição* (pela mediação do *terror*) e, por fim, à *burocratização*, surge uma questão: Que esclarecimentos essas análises trazem para a compreensão dos grupos? Estamos no direito de colocar essa questão na própria perspectiva de Sartre: vimos, por exemplo, que ele ressalta o interesse em se compreender a estrutura de condicionamento exterior, exposto pela sociologia contemporânea e integrado à dialética dos grupos, para uma compreensão da história. Indicando assim uma nova leitura. Não se pode exigir muito mais: quando, tomando um outro exemplo, aquele que trabalha com dinâmica de grupo estabelece pela experimentação dos modelos (que tratam da "coesão de grupo", da "pressão de grupo") supõe que em um estágio posterior das pesquisas esses "construtos" serão manejáveis no campo concreto dos grupos ditos "naturais", e utilizáveis na "pesquisa ativa". Coloquemo-nos nesse campo: "*na realidade concreta*, isto é, em cada momento de uma temporalização, *todos os estatutos de todos os grupos*, vivos e mortos e *todos os tipos de serialidade [...] são dados em conjunto* como entrecruzamento de relações rigorosas e como materiais dispersos da totalização em andamento" (p. 642). Portanto, "*esse momento concreto da experiência reintegra todos os momentos abstratos que atingimos e superamos um após o outro*; ele os recoloca no centro do concreto em sua função concreta" (p. 642). "*O lugar da história – e é preciso acrescentar, o terreno da sociologia – é assim o de uma combinação de grupos e de séries*", também seria tão abstrato considerar os grupos sem as séries quanto as séries sem os grupos. Na realidade, "a produção histórica de um ou de vários grupos determina um campo prático de um novo modelo que chamamos campo comum enquanto a serialidade define o campo que chamamos prático-inerte" (p. 643). Séries e grupos são dados em conjunto no campo comum: "Nada permite, com efeito, declarar a priori que a serialidade é um estatuto anterior ao grupo, ainda que este se constitua nela e contra ela" (p. 643). De fato: "será que não há um duplo movimento perpétuo de reagrupamento e de petrificação? Pouco nos importa: o essencial era fundar a inteligibilidade dos possíveis: isso, nós já fizemos" (p. 643).

Esse é o encadeamento das estruturas, o movimento dialético interno, portanto o desenvolvimento que conduz, segundo Sartre, da dispersão original à dispersão terminal, à burocratização. Esse movimento é rigorosamente dedutivo no nível de uma dinâmica dos grupos. Ele encontra pela via reflexiva e pela redução fenomenológica aquilo que colocamos em ação no grupo de diagnóstico, essa outra forma da redução: uma abordagem que revela as leis gerais da comunicação, não ao criá-las novamente, mas fazendo-as surgir como condições de possibilidade da experiência social.

Mas essa revelação não é uma gênese real. Estamos aqui e agora, neste grupo, já portadores da experiência social, já educados para a comunicação, falando essa língua sem pararmos para estabelecer sua sintaxe. Mesmo assim, a análise e a experiência do grupo permanecem válidas em um determinado nível de significações. Mas de onde vem realmente a serialidade original? Sartre diz: ela só pode vir de uma revolução histórica real, de um esfacelamento das velhas estruturas, da antiga burocracia (a não ser que se reconstrua, por hipótese, como Rousseau, a passagem da animalidade dispersada, solitária, aos primeiros vínculos da humanidade). A serialidade sartreana total não existe em nosso mundo humano, senão como primeiro momento de uma dedução a priori.

Outra dificuldade: o momento da organização é essencialmente, para Sartre, o do pequeno grupo, da equipe ou da oficina, o momento da instituição é o da sociedade global. Será possível, em consequência, passar de um ao outro pelo desenvolvimento interno? Por fim, sua análise da burocracia permanece superficial e descritiva e, certamente, não poderia ser diferente. Sartre disse isso explicitamente: ele recusa, em nome de sua filosofia política, a própria ideia de que a burocracia possa se tornar uma nova classe dominante. O principal interesse da análise sartreana não está, portanto, em sua resposta ao problema político do século. Está em outro lugar, e em uma esfera mais fundamental: Sartre mostra a principal importância do conceito do *inacabamento*.

A dialética dos grupos, das organizações e das instituições ensina-nos a evitar o uso dos conceitos de *acabamento* e de *maturidade* na análise dos processos e das organizações sociais. Ou melhor, poder-se-ia dizer que a ideia de acabamento não aparece, na história, senão ligada à dominação: uma classe que acede ao poder proclama a maturidade da história, sua própria maturidade, sendo a filosofia das Luzes no século XVIII um exemplo.

Esse modelo do estado adulto, transposto da biologia para a sociologia e a política, não é necessário para definir uma autorregulação dos grupos e das organizações, para "imaginar" uma sociedade em estado de institucionalização quase permanente. Ao contrário, é a ideia fixa – e petrificada – da *instituição* que evoca a maturidade, a estabilidade e a morte. A ideia de atividade instituinte permanente e inacabável é, pelo contrário, o fim dessa *rigidez institucional* que define habitualmente a burocracia.

Em resumo: no estágio da organização, o exemplo de uma equipe de futebol pode mostrar essa nova "figura" do grupo, muito diferente daquela apresentada pelo "grupo em fusão". A organização é, primeiramente, uma "operação do grupo sobre si mesmo": o grupo organiza seus meios para um objetivo que permanece comum.

Mas, assim como na "fusão", antes do juramento, um perigo revela-se no nível da organização – vimos o grupo organizado fundar sua estabilidade em uma "reciprocidade de inércias juramentadas". Sabemos, porém, que o grupo não tem e nunca terá a estabilidade que ele persegue em um perpétuo fracasso – o grupo jamais terá a unidade de um organismo, jamais será "adulto". Deve-se, portanto, mais uma vez garantir sua coesão.

Passa-se então da "organização" para a "instituição" pela mediação do terror. A integração-terror purifica o grupo e elimina os desviantes. Esse "grupo-terror" opõe-se ao "grupo vivo" do início; seu equilíbrio não é mais o mesmo: é agora o "grupo-invadido" ameaçado, assombrado pelo "desviacionismo", pelo risco permanente de dissolução na série.

Para sobreviver, o grupo vai estabelecer suas instituições: a prática torna-se instituição o dia em que o grupo, como unidade corroída pela alteridade, encontra-se impotente para mudá-la sem que ele mesmo se transforme completamente. O tipo observável desse grupo é o *Exército, a Igreja, o Partido, o Sindicato com seus permanentes*. O grupo institucional "forja-se" por meio das transformações que, por exemplo, transformam a função (característica do grupo organizado) em *obrigação*: "obrigações" militares, familiares, profissionais, por exemplo. A nova figura do poder será *a autoridade do comando*. "Essa instituição não precisa ser acompanhada de nenhum *consenso* do grupo" para que a soberania se incorpore em uma pessoa. Mas, depois disso, o grupo retorna à serialidade original; as instituições perdem a vida que permeava o grupo. E aí está a *burocracia*.

O desenvolvimento dessa dialética dos grupos torna-nos capazes de determinar enfim o *lugar da história* como lugar da luta e do conflito. Por isso é preciso definir agora a *luta de classes* "motor da história" (Marx). Aqui as análises de Sartre almejam apenas juntar-se ao essencial do ensinamento do marxismo, a partir de uma definição que mostra as *classes* como conjuntos de grupos e de séries. A dialética sartreana dos grupos junta-se, portanto, à dialética marxista das classes sociais. Mas Sartre recusa-se a definir a burocracia como uma nova classe dominante. E esta é, sem dúvida, uma das principais dificuldades de sua filosofia dos grupos e da história.

H) Aplicação à pedagogia

Em um T. Group parte-se da dispersão original, e não de um grupo. A primeira tarefa será compreender *como o grupo* "cuja origem e fim residem em um esforço dos indivíduos reunidos para dissolver neles a serialidade" *pode nascer a partir da série*. Como aparece essa primeira "totalização"? Para tentar perceber esse "ponto de fusão", é preciso compreender que o estágio de formação é primeiramente um estágio em formação – o que, aliás, ele não deixará de ser ao longo da experiência. Ainda que esse estágio tenha sido decidido em comum por todos aqueles que dele participam, a *serialidade* permanece uma dimensão essencial e permanente desse *coletivo de gestão.*

É possível compreender essa "fusão" original – na qual a análise de Sartre vê o resultado de um clima de "alta temperatura histórica"– vivendo-a nos inícios de um estágio de autoformação. Para isso, basta analisar esse momento dialético do nascimento, da passagem da serialidade ao grupo. Essa análise ocupa os inícios do estágio de autoformação, quando não a totalidade da sessão. Essa fusão só será verdadeiramente liberada, ao que parece, se o grupo for "grupo comum", estágio total trabalhando em uma nova diretividade ao mesmo tempo pedagógica e "política" que cria suas estruturas, estuda sua gestão, e já questiona os próprios princípios da formação e analisa, ao mesmo tempo, essas operações complexas.

O coletivo em fusão só pode se tornar verdadeiramente um grupo pela mediação implícita do juramento. Este juramento é o engajamento tácito, que cada um "pronuncia", de jogar o jogo, de não "sabotar" a experiência, aceitando a regra do jogo que o próprio grupo se deu. De fato, só é possível estudar comportamentos como, por exemplo, a sabotagem do grupo ou o trabalho fracionário, caso se considere, previamente, o grupo como conjunto de participações juradas. Esta é a condição fundamental que permite ao grupo-estágio ou "grupo comum" orientar-se para a busca de um sistema organizacional e para a adoção dos princípios de seu trabalho; pequenos grupos de autoanálise e de autoformação, por exemplo, ou oficinas de trabalho.

A origem do juramento no estágio está, como várias vezes observado, no temor permanente da dispersão inicial ou do esfacelamento do estágio, com cada um voltando para sua casa. É a luta de todos e de cada um contra o mal-estar de uma situação "a portas fechadas"; é preciso sair, no âmbito da experiência, dessa estagnação sem objeto aparente.

O grupo comum supõe, portanto, a adesão de cada um e de todos. Esse "contrato social" não pode verdadeiramente se fundar – como bem observou Rousseau – senão na unanimidade, isto é, na vontade inicial de que todos continuem a experiência. Eis, portanto, o nascimento do grupo. Não nascimento para um estado adulto, para um acabamento futuro. O nascimento dos grupos, bem como o dos indivíduos, é nascimento ao inacabamento, nascimento indefinidamente inacabado.

O estágio (ou grupo comum reunido em assembleia geral) vai, então, aceder à possibilidade de levantar o problema da organização, das estruturas, de inventar a forma do estágio. Convém, mais uma vez, ressaltar esse ponto: antes de se organizar para realizar uma certa tarefa definida, para "trabalhar", é preciso que o grupo organize seu poder interno, que ele se trabalhe. É aqui que o problema da soberania se coloca. A repartição das tarefas e do poder vai colocar em perigo essa "quase soberania" de cada um que caracteriza o grupo em fusão. Com efeito, "o grupo precisa que um determinado papel seja preenchido no grupo, mas se recusa a desistir de sua soberania dando-se um chefe".

No momento em que o grupo entrou nessa fase da organização, o controle das possibilidades de fuga, de desvio, de não participação pode tomar formas mais duras. Os membros do grupo sentem-se então ligados pelos engajamentos. A violência, até aqui expressa pelas agressões contra o monitor (expressão da contradependência e da ansiedade, mas também, quando se trata de um estágio betheliano, crítica por meio do monitor da instituição social por ele representada e da organização por ele personificada) vai agora se exercer a partir do grupo e em direção dos membros do grupo. Será então necessário distinguir condutas como a do "bode expiatório" (reminiscência agressiva da incerteza inicial) e das condutas de "fraternidade-terror", que implicam a organização interna do poder do grupo em sua nova estrutura. São as chamadas "pressões de grupo". Seria necessário analisar todas as formas de pressão, mesmo aquelas que parecem as menos "violentas" como formas de expressões difusas ou policiadas do terror. E com esse terror, abordamos o problema da instituição. Segundo Sartre, o terror torna-se poder instituído.

O estágio é uma *instituição*. A análise de Sartre ganha, aqui, todo seu sentido, sob a condição de que desde o início essa dimensão institucional se faça presente. Já se observa o grupo de formação de tipo clássico tentado a tomar emprestado do contexto social modelos institucionais de funcionamento burocrático, o sistema do voto, por exemplo, ou a eleição dos dirigentes. Esse fenômeno é compreensível: se o grupo não pode se instituir, acaba na democracia indireta. Aqui surge, nessa possibilidade de inventar uma "microdemocracia direta", a capacidade de autoformação política de tal estágio[1].

Portanto é preciso levar ao limite as análises esboçadas em Bethel. A consequência será a invenção – difícil – de uma nova função de análise, de um novo tipo de monitor para o estágio em autogestão.

Essa ideia de autogestão não poderia significar, para nós, a "utopia" de uma sociedade perfeitamente estabilizada, da *homeostase social* cuja imagem Cannon esboça em *La sagesse du corps* ou ainda, usando desta vez a linguagem de Hegel, de um "domingo da vida". Por isso, procurar nessa ideia a realização acabada do projeto, significaria cair nas armadilhas apologéticas da dialética tão justamente criticadas por G. Gurvitch.

A autogestão não significa, para nós, o acabamento revolucionário de todos os conflitos históricos. Levada ao seu limite, a ideia de revolução permanente conduz, ao contrário, à ideia de uma revolução para sempre inacabada.

O inacabamento poderia ser uma descoberta fundamental do estágio de autoformação. Talvez este seja o limite máximo dessa crítica do espírito betheliano. De fato, na medida em que o modelo de Bethel é não crítico, ele supõe que uma maturidade do grupo é possível. Transposta para a linguagem da filosofia da história, esta imagem pode tanto encontrar a dos filósofos iluministas, retomada com muita frequência em nossos dias, quanto a ideia positivista de uma idade adulta da humanidade. E há na ideologia betheliana ecos de Condorcet, de um certo aspecto de Rousseau, e mesmo de Augusto Comte.

A derrubada da relação entre pedagogia e política nos orienta em uma direção inversa. Menos otimista, de certa for-

---

[1]. Assim como Sartre, distinguimos rigorosamente: instituição e burocracia. Toda instituição não é burocracia. Mas a burocracia é a instituição reificada. No máximo, a relação *Staff-Stage* = a relação base-burocracia.

ma, do que a inspiração pedagógica, a concepção política da formação implica a um só tempo que os homens são "adultos", que podem gerir a sociedade na autonomia e que esses mesmos homens jamais serão completamente "adultos" caso esse termo queira dizer que um estado de equilíbrio perfeito um dia poderá ser encontrado ou realizado. Aqui, nossa pesquisa sobre a não diretividade, em sua história e sua vida atual, encontra aquilo que para nós parece, atualmente, lhe servir de fundamento: a ideia de um inacabamento fundamental dos grupos e, mais geralmente, do homem. Por fim, parece-nos que criticar as ilusões da *adultidade* significa atacar diretamente a diretividade pedagógica e, assim, as estruturas que fazem de nossa sociedade uma sociedade burocratizada.

Conclusões

Para concluir, apresentarei sob a forma de "teses" o que avancei neste livro. Essas teses dizem respeito primeiramente à sociologia das organizações, em seguida à psicossociologia dos grupos e, por fim, à pedagogia institucional.

1) A burocratização da sociedade industrial para por três fases. A fase C é atualmente em formação.

2) Na fase C, as características tradicionais do funcionamento burocrático serão profundamente abaladas. É preciso, portanto, considerar os "traços típicos" da burocracia assim como descritos a partir de Marx e de Max Weber como traços datados e situados. A neoburocracia do futuro será mais flexível, mais "aberta". Ela retoma em seu proveito a ideia de autogestão.

3) Esse sistema social permanece burocrático, apesar de suas transformações, caso se admita chamar "burocracia" a propriedade privada da organização – portanto, "a organização da separação entre dirigentes e executantes" (Carta de Alger, cap. 1, § 32).

4) A função histórica da psicossociologia dos grupos e da sociologia das organizações é facilitar a passagem das organizações da fase B à fase C.

5) Essa função social da psicossociologia entra em conflito com outra função, que é instituir um lugar de emergência da fala social plena – situada na superação da separação e do desconhecimento dos indivíduos e dos grupos. Isso implica a busca do sentido dos grupos no nível das instituições: é a tarefa da socioanálise institucional.

6) O socioanalista não pode assumir essa contradição, na prática, senão por uma estratégia na intervenção e na formação.

7) A mesma contradição encontra-se nas correntes mais avançadas da pedagogia e, principalmente, na corrente dita "não diretiva". Esta corrente e também todas aquelas da Escola Nova e dos métodos ativos desconhecem a questão fundamental da pedagogia, que deve ser colocada não apenas no nível das técnicas educativas, mas ainda e, sobretudo, no nível dos modos de organização da formação – isto é, das instituições.

8) A pedagogia institucional ambiciona superar esse desconhecimento organizando a autogestão educativa fundada na gestão da formação pelos alunos.

Estas oito proposições expressam, em sua ordem, o movimento de nossa reflexão. Ao descobrir, pela análise sociológica e pela experiência, os processos contemporâneos de transformação das burocracias ocidentais, e sua passagem progressiva à forma "C", situamos melhor e compreendemos melhor as contradições internas de duas práticas: a "dinâmica de grupo" e "a pedagogia nova".

Esta descoberta nos levou a propor duas novas formas de ação: de um lado, "a socioanálise institucional" e, de outro, "a pedagogia institucional"[2].

---

2. Após 1968, Georges Lapassade falará com mais frequência sobre a "autogestão pedagógica" [R.H.].

LÉXICO

Elementos para um léxico

Acabamento (em francês*, achevèment*)

1) Cf. *Chef* – (in: *Dictionnaire Étymologique de la Langue Française*, por Oscar Bloch e W. von Wartburg (Paris: PUF, 1964).

2) No termo: *Chef* (ibid.), no sentido de: "objetivo, fim, acabar" (cerca de 1080), "chegar, levar ao fim; por isso *achèvement* (acabamento)" (século XIII); *inachevé* (inacabado) (século XVIII).

3) *Chef*, no sentido de: "mestre, o primeiro, *chef-d'oeuvre*" [obra-prima, em português] (E. Boileau, no sentido antigo que tinha na língua dos ofícios).

4) "No célebre *Livre des métiers*, de Etienne Boileau, encontramos, entre outras descrições, esta: "Todo companheiro, quando é recebido na ordem dos mestres, deve prestar juramento [...] de não divulgar voluntariamente os segredos do ofício". Esse véu [...] foi inteiramente rasgado com o advento da grande indústria (MARX, K. *O capital*. Livro 1, Tomo II, p. 164).

Achevé (acabado): "A quem não falta mais nada, realizado, completo, inteiro, acabado, findo, perfeito" (ROBERT, P. *Dictionnaire Alphabétique et Analogique de la Langue Française*).

Achèvement: "Ação de acabar (*achever*) – estado daquilo que está acabado" (ROBERT, P. Op. cit.).

Adulto

a) "Que terminou seu crescimento" (*adultus est*). Opõe-se a adolescente (*adolescens*): que está crescendo, está em processo de se acabar (de *s'achever*).

b) Define-se geralmente a educação, no sentido lato, como uma formação que prepara adultos, como o "conjunto dos meios e das disciplinas pelas quais nos esforçamos para que nossos alunos ou estudantes passem da infância à idade adulta" (BERGER, G. *L'Homme moderne et son éducation*. Paris: PUF, 1962, p. 95). O adulto é o "ser acabado". É ainda *o saber*, em oposição ao "não saber" daquele que se forma. E é o poder.

c) A norma do adulto serve de fundamento à educação diretiva ou positiva (na linguagem de Rousseau). Os adultos com suas instituições preparam adultos. Podemos nos perguntar se essa forma corresponde a uma realidade diferente das dos *papéis sociais* que ela implica, e se o homem pode verdadeiramente *acabar* sua formação um dia.

d) Com a educação negativa ou não diretiva, ao contrário, a oposição radical: adulto/criança – acabado/inacabado – saber/não saber – professor/aluno é destruída. O homem é definido como ser inacabado, em processo de "acabamento" até sua morte.

e) A teoria do inacabamento implica a renúncia aos conceitos de adulto e de maturidade tanto nas ciências sociais como na prática pedagógica, terapêutica e política.

LAPASSADE G. *L'entrée dans la vie* – Essai sur l'inachèvement de l'Homme. Paris, 1963 [Nova edição: Anthropos, 1997; prólogo de L. Colin e R. Hess; prefácio de R. Lourau].

Autogestão

1) Sistema de organização da produção e da vida social no qual a organização e a "gestão" deixam de ser a propriedade privada de alguns (grupos minoritários, castas, ou classes dominantes) para se tornar propriedade coletiva.

A autogestão da produção foi definida por Marx, ao tratar da Comuna de Paris, pela noção do *self government* dos trabalhadores.

2) Hoje existem pelo menos duas concepções de autogestão:

a) A mais frequente, e que é conservada pelas organizações políticas, define a autogestão em termos econômicos e administrativos. Essa definição situa-se no nível das estruturas de poder, das *instituições* no sentido jurídico e sociológico do termo. Nesse nível, a ideologia autogestionária encontra a corrente da ideologia dita: "modernista". Ela tende à autogestão "pelo alto", onde o Estado edita modelos institucionais de autogestão.

b) A psicossociologia enriqueceu o conceito da autogestão ao levar mais longe as exigências. Para os psicossociólogos, a definição "oficial" não é falsa, mas é incompleta. A autogestão supõe, com efeito, motivações e decisões verdadeiramente coletivas, ela tem raízes na "vida afetiva" e na "cultura" dos grupos. A psicossociologia mostrou, após e com a psicanálise, que as definições clássicas da democracia, implicadas na autogestão, supõem uma concepção do homem que esquece o inconsciente dos indivíduos e dos grupos. De onde a ideia nova da autogestão, de tipo não diretivo, que deixaria os grupos sociais desenvolver condutas instituintes autênticas.

LÊNIN. *O Estado e a revolução.*

LEWIN. *Psicologia dinâmica.*

MARX, K. *A Guerra Civil na França.*

PAGÈS, M. *A orientação não diretiva em psicoterapia e psicologia social.*

Autogestão pedagógica

A autogestão pedagógica é um sistema no qual o professor renuncia a transmitir uma mensagem: os alunos decidem – nos limites da situação escolar atual – os métodos e os programas de formação. Em outros termos: a classe em autogestão é como uma cooperativa escolar na qual se "administra" não apenas um orçamento e projetos de lazer, mas também o conjunto da vida cotidiana da classe, das atividades. Na classe em autogestão o professor não ensina mais: a velha relação professor-aluno é abolida.

A autogestão pedagógica corresponde, no grupo dos alunos, à não diretividade dos professores. O conceito de não diretividade só pode dizer respeito aos que "dirigem" (quer dirijam uma terapia ou uma formação). Seu complemento necessário é, portanto, a autogestão. Todavia, podem-se distinguir atualmente duas tendências na corrente da autogestão pedagógica:

a) Uma tendência instituinte, na qual os professores, no início do ano escolar, propõem ao grupo dos alunos alguns modelos de funcionamento e de regulação do trabalho (o *conselho*, o presidente etc.).

b) Uma tendência não instituinte na qual os professores se abstêm de qualquer proposta em relação aos modelos institucionais e deixam o grupo dos alunos encontrar e estabelecer as *instituições internas* para a classe:

Os pedagogos da autogestão são, portanto, "professores" que renunciam a ensinar. Eles definem seu papel educativo em termos novos: analistas do processo de aprendizagem no grupo dos alunos e, eventualmente especialistas à disposição do grupo; em tal situação, a exposição feita pelo "mestre" não diretivo é sempre um compromisso, que deve ser situado em uma estratégia entrista (cf. este termo).

Não diretividade pedagógica e autogestão são dois termos complementares:

• A não diretividade define o comportamento do "professor";

• A autogestão define o comportamento possível dos alunos. (Eles elaboram uma organização, objetivos, estabelecem um programa em função *das Instruções* dadas pelas Instituições externas etc.)

As fórmulas de autogestão pedagógica variam de acordo com as situações, idades etc. Definimos aqui o princípio.

BESSIÈRE B.; FONTVIEILLE, R. & Lapassade, G., "L'École vers l'autogestion". *Éducation et Tchniques*, 16/04-jun./1964, p. 29-51, 54-56.

LOURAU R. "L'Autogestion à l'école". *Éducation Nationale*, 05/11/1964.

Burocracia

A) Este termo tem três significados:

a) Na linguagem da ciência política, significa o "poder dos escritórios" (sentido etimológico), isto é, um sistema de governo no qual o aparelho administrativo domina. É o sentido de Hegel, Marx, Trotsky.

b) Na linguagem dos sociólogos, significa, desde Max Weber, um sistema de organização racional (para Max Weber) ou que implica, ao contrário, algumas disfunções (Merton, Selznick, Gouldner etc.).

c) Na linguagem popular, o termo significa a rotina, a papelada, o universo dos funcionários.

B) Max Weber chama burocracia a organização que tende à racionalidade integral. E define a organização burocrática por um certo número de traços característicos:

1) "Primeiro, o princípio das competências da autoridade, geralmente ordenado por regras fixas", que vincula as atribuições dos funcionários com as "funções oficiais", e prevê meios de coerção.

2) A burocracia é hierarquizada. É um princípio universal: o princípio da autoridade hierarquizada encontra-se em todas as estruturas estatais e eclesiásticas, bem como nos grandes partidos políticos e nas empresas privadas. O caráter burocrático em nada depende do fato de que sua autoridade ser chamada *privada* ou *pública*.

3) Terceira característica: a importância dos documentos escritos nas comunicações intraburocráticas: "A gestão da organização moderna baseia-se em documentos escritos (dossiês ou arquivos) que são conservados em sua forma original. A consequência é uma multidão de funcionários subalternos e de escrivães de todo tipo. O corpo dos funcionários

da administração pública somado ao conjunto do material e dos dossiês formam um escritório". Ressalta-se assim a importância do documento escrito, com destino interno, mas também externo. Para ilustrar, basta lembrar que a extravagante profusão das *notas de serviço e das circulares* de toda espécie devem bastar para ocupar verdadeiros batalhões de chefes de serviço, secretárias e datilógrafos [sic].

4) Quarta característica: a função burocrática "pressupõe normalmente um alto grau de formação profissional". Aliás, em sua *Crítica da filosofia do direito de Hegel*, Marx já ressaltava a importância dos exames no recrutamento dos funcionários e em sua carreira.

5) O funcionário dedica-se "em tempo integral" à sua administração. Seu trabalho é, em sua vida, uma atividade principal.

6) O acesso à função e seu exercício supõem conhecimentos técnicos, uma aprendizagem jurídica, técnicas de gestão etc.

Max Weber também destaca os traços da personalidade burocrática: "A burocratização separa radicalmente a atividade oficial do campo da vida privada. Os fundos e os equipamentos públicos são nitidamente separados do patrimônio particular do funcionário [...]. O princípio estende-se ao chefe da empresa: a vida profissional é separada da vida doméstica; a correspondência administrativa, da correspondência privada; os lucros, da fortuna pessoal".

"Uma execução dos negócios se possível rápida e, no entanto, precisa, clara e contínua, é o que, hoje em dia, a economia capitalista de mercado exige da administração."

A política é a ciência do governo das sociedades, de sua organização e de sua "gestão". Desde as origens (depois do "comunismo primitivo" das tribos, i. é, a partir do "despotismo oriental" ou do "modo de produção asiático") a organização da produção e da vida social tornou-se a propriedade privada de minorias, que constituíram as classes dominantes.

a) No Ocidente, e desde a Antiguidade grega, as classes dominantes têm a propriedade privada dos meios de produção, de um lado e, de outro, da organização da produção.

b) Nos sistemas burocráticos ("despotismo oriental" ou "capitalismo burocrático" dos países ditos socialistas) a propriedade privada da organização é o fundamento da exploração e dos privilégios da classe dominante.

Do ponto de vista político, a burocracia deve então ser definida como um *modo de produção específico*, isto é, como uma formação econômico-política em escala mundial, exatamente como se define, em termos marxistas, o capitalismo. Segundo a mesma perspectiva, a burocracia define-se como uma classe social (classe dominante e dirigente na sociedade).

Entre as origens da burocracia moderna, A. Kollontai destacou principalmente:

a) A burocracia dominante correspondente a um estágio avançado de desenvolvimento do modo de produção capitalista.

b) A burocracia nascida da degenerescência de uma revolução proletária ou popular (na URSS, p. ex.).

De um ponto de vista dinâmico, a burocracia é tudo o que se opõe à autogestão da produção e da vida social, isto é, à passagem da propriedade privada da organização à propriedade coletiva. A partir desse ponto de vista dinâmico, pode-se empreender a análise de tudo aquilo que, na vida social, na cultura dos grupos, nas atitudes e nos estereótipos, nas estruturas e nas condutas, enfim na ideologia e nas diversas formas de "falsa consciência" reprime a orientação para a autogestão.

CROZIER, M. *Le phénomène burocratique*. Paris: Le Seuil, 1964.

_____. "La bureaucratie". *Arguments*, 17, 1960. Paris: De Minuit.

GABEL, J. *La fausse conscience*. Paris: De Minuit, 1962.

KOLLONTAI, A. "L'Opposition ouvrière". *Socialisme ou barbárie*, 35, 1964.

Burocracia pedagógica

A burocracia pedagógica é uma estrutura social na qual as decisões fundamentais (programas, nomeações) são tomadas pela cúpula do sistema hierárquico (instruções e circulares ministeriais). Existe uma hierarquia das decisões, do ministro ao professor, este último dispondo de uma certa margem de decisão no âmbito do sistema de normas. Do ponto de vista das decisões fundamentais, os diferentes níveis da hierarquia garantem ou sua transmissão, ou sua execução.

A diferença essencial entre os professores e os burocratas que os controlam é a seguinte: os professores, como os operários na fábrica, para retomar a comparação de Claude Lefort, *trabalham*. Modificam a realidade, formam as crianças e as transformam. A burocracia não se relaciona diretamente com os objetos de trabalho. Seu papel é, mais uma vez, o de "organizar" – em princípio – e, sobretudo, o de *controlar* a execução desse trabalho.

Outros aspectos do burocratismo: o caráter fixo e impessoal das obrigações e das sanções, das notas, da promoção; a necessidade de ordem e de uniformidade reinante no universo burocrático, em que a famosa frase: "Não queremos confusão" resume e expressa o temor da novidade, a recusa das mudanças profundas, a rigidez das atitudes, a impessoalidade da relação burocrática.

O caráter burocrático do ensino francês foi bem descrito por um professor canadense, A. Wittemberg, em a *Éducation Nationale*. Mais recentemente, Michel Crozier retomou o mesmo problema em um capítulo de seu livro *Le phénomène bureaucratique*.

Em termos sociológicos, a burocracia pedagógica é, portanto, o aparelho administrativo que enquadra os professores, desde o Ministério da Educação Nacional até os inspetores de todos os níveis dos serviços acadêmicos, bem como diretores de liceu, conselheiros, diretores de escola etc., isto é, o conjunto do aparelho de controle e de organização do ensino em todos os níveis da hierarquia.

Mas ainda é necessário deixar claro em que medida esse sistema administrativo é burocrático. Para nós, o critério fundamental é a resistência à autogestão pedagógica, isto é, os alunos se responsabilizam pela educação. Dessa forma, definimos igualmente como "burocráticas" as ideologias opostas à autogestão pedagógica, qualquer que seja a origem política oficial dessas ideologias. Como bem observou M. Mouillard, a teoria e a prática da autogestão pedagógica estão ligadas de maneira indissociável à análise da burocracia.

Didática da autogestão

A regra fundamental para o professor, na autogestão pedagógica, é intervir apenas a pedido do grupo.

a) Na pedagogia tradicional, o professor transmite uma mensagem ao grupo dos alunos, controla a aquisição e a memorização etc.

b) Na autogestão pedagógica, o professor torna-se um consultor à disposição do grupo (sobre as questões de método, de organização ou de conteúdo). Ele não participa das decisões, analisa os processos de decisão, as atividades instituintes, bem como o trabalho do grupo no nível da tarefa (programas).

Esta regra fundamental é enunciada pelo professor desde a primeira sessão de autogestão. Ela significa uma diferença em relação à conduta do grupo de base (*T. Group*) na qual o monitor deixa claro desde os primeiros instantes de que não é sua função responder às questões que o grupo lhe faz, e que, portanto, só irá intervir caso julgue necessário. Esta é a regra do "grupo de formação".

Ao contrário, no grupo de autoformação (ou de autogestão), o "monitor" responde (por meio de esclarecimentos, ou de seminários etc.) caso avalie que o pedido expressa efetivamente uma necessidade do grupo. Ele também pode analisar esse pedido.

Por fim, observar-se-á que os progressos do método, na autogestão pedagógica, supõem um aperfeiçoamento contínuo das relações de formação que esse método implica, bem como regras fundamentais no nível dos professores como no nível dos alunos (regras da análise, "leis da classe" etc.).

CROZIER, M. *Le phénomène bureaucratique*. Paris: Le Seuil, 1964.

MOUILLARD, M. "Enseignant et Enseigné". *La Pensée*, dez./1964.

WITTEMBERG, A. *Éducation Nationale*, 18/05/1961, p. 12-13.

Educação negativa

1) A princípio da educação negativa aparece pela primeira vez em uma fórmula célebre do *Emilio*, no segundo livro: "A primeira educação deve ser negativa [...]". Muitas vezes se concluiu, indevidamente, que Rousseau limitava esse princípio à educação da infância. Na realidade, em *Emilio*, o mesmo princípio é novamente enunciado sob outra forma, quando *Emilio* torna-se adolescente: é preciso então, diz Rousseau, "que se evite lhe dar lições que se pareceriam com lições [...]".

2) Em consequência, o princípio da educação negativa adquire pelo menos dois significados:

a) A educação negativa consiste, em primeiro lugar, em evitar que o desenvolvimento natural da criança seja pervertido e corrompido pela influência prematura do entorno.

b) A educação negativa significa, em segundo lugar, que é preciso deixar aquele que se forma fazer suas experiências, de acordo com seu ritmo, que o método do educador deve ser, como diz Rousseau, "inativo", que ele deve saber "perder tempo". Dessa forma, a educação negativa definiria uma conduta pedagógica do educador à qual corresponderia a autoformação daquele que se forma.

3) O princípio da educação negativa é, no sistema de Rousseau, a consequência pedagógica de um princípio fundamental: o da bondade original. Segundo ele, o homem é bom, mas os homens são maus. O mal é de origem social. Mas a essência do homem permanece originariamente "boa". Bastaria, portanto,

deixar existir, na criança, essa "bondade original" para que ela se desenvolva. Essa é a razão da educação negativa.

4) Observar-se-á o parentesco profundo entre esse sistema e o de C. Rogers. Para este, a bondade original torna-se o crescimento (*growth*) que pode livremente se desenvolver, ou se restaurar, em uma situação não diretiva (cf. este termo).

ROUSSEAU, J.-J. *Emilio* – Carta a Christophe de Beaumont.
LAPASSADE, G. "Actualité de l'Émile". *Éducation Nationale*, 31/05/1962.

Entrevista (interview)

Diferenciamos a entrevista interindividual e aquela de grupo. Para descrever a entrevista, utilizamos aqui, essencialmente, a obra de Kahn e Cannel sobre a dinâmica da entrevista.

A) Algumas noções gerais

Essas noções, oriundas essencialmente da psicologia topológica (Lewin) e da psicologia freudiana, permitem articular uma teoria geral (dinâmica) da entrevista.

1) A noção de motivação

No campo psicológico do sujeito, atuam *motivos* que são combinações de *necessidades* e de *objetivos* (*goals*).

Ex.: M. Adam desejaria, ao comprar um novo carro:

• agradar sua mulher e filhos;

• marcar um ponto na competição que mantém com seus vizinhos (signos exteriores de riqueza);

• em um nível mais oculto: brilhar diante da mulher do vizinho, seduzi-la com seu carro belo e possante.

Reconhece-se, nessa distinção dos níveis da motivação – fundamental no estudo comercial das motivações – a influência da psicanálise; esse estudo em profundidade dos motivos não intervém, contudo, nas entrevistas para um estudo do mercado de tipo mais tradicional.

2) A noção de objetivo

É o resultado almejado. Em ligação com a motivação, ele orienta. (Na "pedagogia nova", a teoria dos "interesses" da criança é outra maneira de situar o vínculo entre a aprendizagem, como objetivo, e a motivação.)

3) A noção de caminho e de barreira

Os caminhos marcam o campo de locomoção; mas alguns estão fechados.

Ex.: Um pai de família consulta uma assistente social.

Existem várias motivações: ele precisa de conselho e de dinheiro; sua situação é parcialmente determinada pelo fato de que sua mulher é alcoólatra. Será que ao longo da entrevista ele vai revelar este último ponto? Se revelá-lo, considera que é uma "desonra"; escolhe, portanto, não tocar nesse assunto e alcançar seu objetivo (ser ajudado) por outras vias (passando por outro caminho).

4) A noção de tensão; o conflito

No campo psicológico, as forças que intervêm para conduzir o sujeito a agir resultam em conflitos, tensões.

Ex.: No exemplo anterior, a pessoa que consulta encontra-se presa entre a necessidade de ser ajudada e a de "salvar a honra" de sua família não revelando que sua mulher é alcoólatra.

Esses sentimentos conflitantes podem ser bastante desagradáveis: faz parte da dinâmica da situação procurar uma saída.

5) A noção de mecanismo de defesa

Eles constituem um evitamento e não uma resolução do conflito.

Ex.: Abel, filho do Sr. Adams, está se preparando para entrar na universidade; mas suas notas escolares são insuficientes. Ele poderia escolher entre duas soluções racionais: estudar mais, ou então desistir de se preparar para entrar na universidade optando por outra orientação. Essas decisões constituiriam respostas racionais à situação.

Mas Abel torna-se subitamente insuportável na sala de aula, negligencia seu estudo e se "perde" em divagações; ou então acusa seus professores de incompetência e inação: "eles o preparam mal para seus exames", ou ainda declara que seu pai, que passa por dificuldades financeiras, não poderá pagar seus estudos: portanto é inútil se preparar.

Essas "boas razões" para "preparar" um fracasso são racionalizações, isto é, formas dos mecanismos de defesa (cf. A. Freud).

B) A motivação da resposta

1) Responder ao pesquisador é um comportamento que é, como qualquer outro, motivado; mas essa motivação tem relação aqui com a pessoa que conduz a entrevista.

Podemos distinguir duas espécies de motivações:

a) *Extrínseca*: o pesquisador aparece como o agente de alguma coisa ou de alguém. As pessoas lhe respondem como se falassem com esse organismo.

Ex.: O pesquisador vem fazer um estudo de mercado; a dona de casa pode imediatamente pensar que ela deseja a carne apresentada de uma determinada forma. Era assim que se respondia aos pesquisadores durante a guerra: "Vocês podem dizer a essas pessoas de Washington que [...]". O sujeito pensa que há no meio algo que deve mudar. Se ele não perceber essa motivação, pode-se tentar fazer com que a sinta: esse é um aspecto do papel do pesquisador.

b) *Motivação intrínseca*: isto é, ligada à relação interpessoal entre aquele que conduz a pesquisa e aquele que é interrogado.

É uma relação original na qual os objetivos podem ser esquecidos. Esse aspecto da entrevista é evidente na relação terapêutica; os pesquisadores surpreendem-se, contudo, quando percebem sua importância em outras situações de entrevista. São enviados questionários sobre alguns pontos às pessoas que tinham sido entrevistadas; elas responderam como se o importante não fosse o objeto da pesquisa, mas o pesquisador.

2) A noção de não diretividade:

a) É preciso que o pesquisador se interesse pela pessoa com quem ele fala (participação).

b) *Permissiveness*: dar a quem fala o sentimento de que pode se expressar como quiser. Para isso, o conselheiro "rogeriano" (por causa do nome de seu promotor) faz abstração de qualquer norma e permite ao "cliente" que manifeste todos seus sentimentos.

c) *Deixar a pessoa absolutamente livre*: que ela não tenha o sentimento de que é obrigada a falar: dessa forma, as crianças e os adolescentes têm o sentimento de que se quer que eles falem; eles gostam então se esquivar.

Observações:

a) O sujeito é influenciado pelas normas sociais; se não for um pouco não conformista, responde por responder, como as crianças que respondem qualquer coisa às perguntas demasiado difíceis que lhes são feitas.

b) Entre as forças que intervêm para inibir a comunicação, convém assinalar a desconfiança.

Exemplo: Em um estabelecimento industrial, os operários interrogados podem temer criticar seu patrão. Ou ainda, interrogados sobre as condições de trabalho, serão prolixos sobre as condições físicas, mas deixarão de responder sobre certos terrenos julgado perigosos (política, p. ex.).

3) O que pode, em consequência, fazer com que um sujeito seja motivado a responder ou não?

Ex.: A senhora Jones, dona de casa, é entrevistada por um pesquisador para um estudo de mercado.

Como está sozinha, ela acaba respondendo (ela se aborrece), por gentileza, por curiosidade, por respeito pelo pesquisador que diz ser enviado pela universidade.

Por outro lado, ela tem razões para não responder: tem de trabalhar (um bolo no forno), seu marido a proibiu de falar sobre as coisas da casa (o que ele dirá quando voltar); se uma ou outra das motivações a empolgar, irá responder ou não. No fundo, não está tão motivada para responder; cabe ao entrevistador conseguir fazer com que a "a balança penda" para o lado da entrevista.

4) Quem solicitou a entrevista?

A *distribuição das motivações* é diferente quando se trata da entrevista *de pesquisa* (em que o pesquisador é solicitador) e da entrevista pedida *pelo entrevistado* (p. ex., entrevista médica ou de conselho). Neste último caso, parece que a melhor motivação é a liberdade da comunicação.

C) A conduta da entrevista

1) Um médico pergunta ao doente se ele sentiu tal tipo de dor. Como a resposta do doente é negativa, o médico replica: prefiro ouvir isso. Neste caso, o médico não respeitou o sintoma do doente e, por outro lado, ressaltou a importância desse sintoma. Ele não foi *neutro.*

2) A aparência física do entrevistador também adquire uma importância: o fato, por exemplo, de ser de raça branca em uma entrevista com um negro faz parte da situação.

3) *O papel daquele que conduz a entrevista* (cf. não diretividade).

a) Deve facilitar a comunicação, isto é: motivar a resposta do parceiro (já indicamos que o parceiro está preso em um *sistema de forças*: algumas o levam a responder, outras o impedem de fazê-lo). O pesquisador deve reforçar tudo o que é positivo e de natureza a tornar a comunicação mais confortável.

b) Também deve fazer com que seja possível uma "avaliação" da entrevista e, consequentemente, prever a elaboração de um questionário e o controle da inter-relação. Vamos esclarecer: o questionário não tem necessariamente o mesmo sentido para o pesquisador e o parceiro: assim, na entrevista médica, existem momentos em que é preciso fazer de forma que se possa avaliar sem que o paciente o perceba.

Observação sobre a avaliação: ela depende dos conhecimentos do pesquisador e do controle da influência de seu papel, de sua apresentação que deve ser "avaliada". Depende também da *avaliação* da sinceridade, do valor das respostas obtidas.

4) *Como motivar a resposta do parceiro?*

Os autores propõem o seguinte exemplo: uma criança que apanha de seu pai conta a um amigo que responde: "eu também [...]".

Na mesma situação, seu professor responderia: "Você não deve dizer isso".

A primeira resposta é do tipo *aprovativa*; a outra, ao contrário, leva a pensar que "não se deve falar assim de seu pai". A natureza da primeira é reforçar a comunicação; a segunda, o contrário.

O primeiro erro é aquele que o pesquisador comete com mais facilidade: ele encoraja, aprova, mostra que concorda.

Uma terceira atitude é possível: ela consiste em dizer, por exemplo, à criança: "você acha que seu pai não o compreende". Esta atitude não implica uma avaliação positiva ou negativa; ela coloca a atenção na atitude daquele que fala: é uma *atitude "suportiva"*. Esta terceira atitude deve se distinguir das duas outras.

Em resumo, deve-se diferenciar:

a) A atitude aprovativa: aquela da criança em relação ao seu par, em quem ele vê uma imagem de si.

b) A atitude de autoridade do professor que "sabe" e dá a solução.

c) A atitude suportiva de "compreensão", distinta das duas anteriores, bastante difícil de definir. É esta que os psicoterapeutas tentam extrair. Esta atitude nem *amigável* nem *autoritária* está implícita na concepção rogeriana da entrevista dita "não diretiva".

D) A formação dos pesquisadores

1) Os autores, cuja tendência é a eliminar a diferença entre os diferentes tipos de pesquisadores, insistem na necessidade de uma preparação para qualquer tipo de conduta de entrevista. Na verdade, seria um erro acreditar que mesmo para uma pesquisa-sondagem a formação não é importante. Se, por exemplo, a motivação do pesquisador é aquela do estudante que precisa de dinheiro, o resultado não será tão bom quanto o do pesquisador que está interessado naquilo que está procurando.

2) O trabalho revela várias opiniões sobre a questão da "profissão de pesquisador".

• Alguns pensam que existem pessoas que nascem com uma personalidade que as torna aptas a se dirigir ao outro.

• Para outros, ao contrário, qualquer um pode aprender essa técnica.

Kahn e Cannel levantam-se contra essas duas posições extremas e propõem uma solução mitigada: existem dons, mas é preciso cultivá-los: as aptidões contam mais, a profissão pode ser aprendida. Assim, é importante que o pesquisador possa criar um certo clima. Este clima é o resultado de uma certa sensibilidade pessoal ao tipo de relações que se desenvolvem na entrevista.

3) Portanto é preciso para formar pessoas para as entrevistas:

- Desenvolver sua sensibilidade para as relações interpessoais.
- Ensinar-lhes técnicas, não pelos livros, mas na ação (*training*). Pois o que conta, sobretudo, não é o que diz o pesquisador, *mas o fato de que ele fala*. Essa profissão só se aprende em uma experiência vivida dos contatos com o outro. Portanto, a entrevista deve ser aprendida na relação com o outro por meio das:

a) *Discussões de grupo*: pesquisadores novatos fazem entrevistas e depois se reúnem para em grupo fazer o balanço das entrevistas que efetuaram. Há, ao mesmo tempo, treinamento em campo e por intermédio de seminários de trabalho em grupo.

b) *Troca de papéis* (*role playing*) em que o pesquisador aprendiz desempenha sucessivamente, pelas "mudanças de papéis", o entrevistador e o entrevistado. Essa troca de papel é um procedimento do psicodrama de Moreno. Kahn e Cannel insistem na importância dessas *trocas de papéis*.

c) *A análise das entrevistas registradas em um gravador*. Seria instrutivo pedir ao aprendiz de entrevistador um relatório sobre a entrevista que ele efetuou para, em seguida, comparar com a gravação.

Esta terceira técnica de um *training* de pesquisadores supõe escalas de valores que possibilitem o estabelecimento de uma comparação entre as entrevistas conduzidas por pessoas diferentes, para que delas se retire o que depende do *pesquisador* mais do que do entrevistado; isso permitiria, além do mais, comparar a técnica dos diferentes pesquisadores para ver aquela que pode dar os melhores resultados.

E) Conclusões

1) Sensibilizar: a obra de Kahn e Cannel omite um fato importante: se é possível colocarem um mesmo quadro estrutural e dinâmico todas as situações de entrevista (a pessoa atrás do guichê, o médico, o conselheiro de orientação etc.), se existem

fatores comuns a todas essas situações, o problema da formação deve ser estendido à entrevista; deve-se, em primeiro lugar, chamar a atenção a esse fato de todos aqueles que estão em contato com o público.

2) Também as diferenças devem ser assinaladas. Por exemplo: para o médico, o objetivo da entrevista é a pessoa, porém, mais precisamente, o diagnóstico; em psicoterapia, ao contrário, tudo o que o paciente diz é absolutamente importante: é preciso deixá-lo livre para seguir os caminhos onde quer se engajar. É útil lembrar aos profissionais que se devem distinguir dois grandes tipos de entrevista: um, em que a pessoa é convocada, solicitada: algo lhe é perguntado, no outro extremo, é a pessoa que veio pedir algo. É o caso em terapia como em pedagogia.

KAHN, R. & CANNEL, C.F. *The dynamics of interviewing, theory and cases*. John Wiley and sons.

NAHOUM. *L'entretien psychologique*. Paris: PUF, 1954.

LAPASSADE, G. "L'entretien pédagogique et le problème du conseil". *Bulletin de Psychologie*, 1959.

Entrismo

a) Movimento permanente pelo qual o homem se esforça até o fim de sua existência para entrar na vida.

b) Estratégia que consiste em entrar em uma organização para modificá-la com base em um projeto diferente daquele que esta organização persegue. Pode-se definir a intervenção psicossocial como uma forma de entrismo que almeja realizar um tipo de comunidade para além daquela que a organização "cliente" quer constituir.

c) *Entrismo pedagógico*: estratégia pela qual o educador desempenha, a pedido da sociedade, um papel de "adulto" para trabalhar, de fato, na formação do homem inacabado. É a pedagogia institucional.

LAPASSADE, G. *L'entrée dans la vie* – Essai sur l'inachèvement de l'homme. Paris: Anthropos, 1997.

Estágios de formação – seminários de treinamento

A formação dos educadores e dos professores integra muitas vezes estágios de formação, institutos de formação etc., que são instituições.

Esse problema da formação dos formadores é essencial: o "mesmo o educador deve ser educado" (Marx).

Existem várias estruturas institucionais de estágios. Citemos:

a) O seminário de treinamento na comunicação (Royaumont, ago./1964). Esse seminário baseia-se na análise das trocas e nos exercícios práticos em relação com as redes de comunicações nos grupos (tipo Bavelas etc.).

b) Os *estágios dos centros* de treinamento aos métodos de educação ativa, à estrutura tradicional, os estágios do grupo técnicos educativos.

c) O *estágio psicossociológico de tipo "betheliano"*. Essa fórmula é praticada, com algumas variantes, pelos agrupamentos franceses de psicossociólogos: Andsha, Arip, Ceffap etc. Ela inclui sessões de T. Group, com exercícios práticos, conferências, intergrupos. A estrutura é a de todos os estágios de formação habituais: emprego do tempo decidido pelos monitores (*staff*), bem como o programa. O *staff* garante a regulação do seminário e sua gestão.

d) O *estágio de treinamento à análise institucional*. Estágio do tipo anterior (c), mas com *conselhos de estágio* (comparável ao conselho de classe, já definido), ou reuniões plenárias não diretivas que realizam a análise de grupo e a análise institucional, aqui e agora, do estágio.

e) *Estágio em autogestão.* Estágio sem programa definido previamente, sem horário predeterminado etc. O coletivo do estágio tem como primeira tarefa criar essas instituições. Define também o programa de formação e analisa essa institucionalização.

LHOTELLIER, A.; THIS, B. & LAPASSADE, G. *Les stages de formation* – Rapport au Colloque Psychosociologique de Royaumont, dez./1962. Paris: Ufod, 1962.

Grupo

a) Conjunto de pessoas interdependentes.

b) Existem duas concepções do grupo:
- uma totalidade acabada (K. Lewin);
- uma totalização em andamento, nunca acabada (Sartre).

c) Chamam-se de *dinâmica de grupo*:
- as leis de funcionamento dos grupos (comunicações, coesão, desvio, leadership);
- o estudo dessas leis.

LEWIN, K. *Psychologie dynamique*. Paris: PUF.

SARTRE, J.-P. *Critique de la raison dialectique*. Paris: Gallimard, 1960.

Grupo de formação (T. Group, ou grupo de base, grupo de diagnósticos etc.)

a) Um *training group*, ou T. group, é um pequeno grupo com cerca de dez pessoas reunidas para se formar com um monitor de dinâmica de grupo. O grupo analisa seu funcionamento com a "ajuda" desse monitor que não dá nem conselhos, nem ensinamento. Ele simplesmente comunica ao grupo, quando acredita ser necessário, a maneira pela qual percebe ou "analisa" a situação. Os membros do grupo assistem e participam, progressivamente, ao nascimento de seu grupo, aprendem a se abster do monitor e a analisar eles mesmos o funcionamento, *aqui e agora*, desse grupo do qual fazem parte. Sendo igualmente analisada a relação do grupo de formação com seu monitor.

b) O *training group* constituía na origem, no Seminário de Bethel (EUA), depois na França, e ainda constitui, uma atividade essencial nos seminários de formação psicológica. Nesse âmbito, ele ocupa uma parte do emprego do tempo do estágio (uma ou duas sessões cotidianas) ao lado de outros exercícios de formação e de seminários diversos. O grupo de formação de tempo integral também é uma prática, e pode ter uma duração habitual de três dias, sem atividades complementares de formação.

c) Portanto, o *T. group*, ou grupo de formação, é interessante para os educadores por duas razões:

- eles podem descobrir alguns aspectos essenciais da dinâmica dos grupos, isto é, do funcionamento dos grupos sociais, e esse conhecimento pode ser útil para quem organiza grupos de trabalho, conduz reuniões etc.

- o grupo de formação permite uma análise aprofundada das relações de formação.

d) Por fim, esse método estendido ao conjunto do estágio (com a análise institucional) permite que se aprenda a analisar a organização da formação e sua relação institucional.

ARDOINO, J. *Propos sur l'éducation*. Paris: Gauthier-Villars, 1965 [Col. Hommes et Organisations].

FACHEUX, C. "Les conceptions américaines du groupe de diagnostic". *Bull. Psych.*, n. esp., XII, 1959, p. 6-9.

LAPASSADE, G. "Fonction pédagogique du *T. Group*". *Bull. Psych.*, n. esp., XII, XII, 1959.

PINGAUD, B. "Une expérience de groupe". *Le Temps Modernes*, mar./1963.

VV.AA. *Pégagogie et psychologie de groupe*. Paris: L'Épi, 1964.

Grupo de trabalho (e Trabalho em Grupo)

a) Forma de trabalho coletivo em uma tarefa comum, e que requer uma organização, procedimentos de funcionamento, uma distribuição de papéis. Os GTU (Grupos de Trabalho Universitário) são uma das formas de trabalho em grupo no ensino superior.

b) *O grupo de trabalho* muitas vezes se opõe ao grupo de formação (*training group*) que, como dizem, *não tem tarefa* (ou seja, tema de trabalho ou de discussão). Com efeito, a tarefa do "grupo de formação" é a formação à análise.

c) Nos grandes grupos (com cerca de mais de dez pessoas) utilizam-se processos de divisão em subgrupos ou comissões como o Philipps 66 (6 pessoas, 6 minutos) com relatores, os grupos de "diálogos simultâneos", e a discussão-painel (um pequeno grupo debate um problema diante de uma assembleia).

COUSINET, R. *Une méthode de travail libre par groupes*. Paris: Du Cerf, 1943.

Instituições

1) Este termo adquire, como "organizações", um duplo sentido. Significa:

a) um dado: uma instituição é um sistema de normas que estruturam um grupo social, regulam sua vida e seu funcionamento;

b) um ato: cf. a expressão: "instituição" das crianças no sentido de educação. *Instituir* significa fazer entrar na cultura.

2) Ao mesmo tempo, o termo recebe, em nossa língua, uma significação jurídico-política. As instituições são as leis que regem uma sociedade. Este é o sentido retido pelos marxistas, por exemplo, quando situa as "instituições" e as "ideologias" nas superestruturas da sociedade.

3) A partir do início do século XX, o termo adquire, com a sociologia de origem durkheimiana, uma significação mais ampla. A sociologia é definida como a ciência das instituições sociais. Nessa perspectiva, Saussure define a linguagem como uma

instituição. Os etnólogos (Kardiner, principalmente) utilizam esse conceito para definir as diversas formas da organização social: instituições do parentesco, da iniciação, da religião etc.

4) Na sociologia americana contemporânea os conceitos de *instituição social* e de *estrutura social* tendem a se tornar praticamente sinônimos.

5) Um problema colocado pelas instituições sociais é o de sua autonomização: criadas por uma sociedade, elas acabam dominando-a e subjugando-a, da mesma forma que o homem se torna "o produto de seu produto". Por isso a preocupação contemporânea de desenvolver entre os homens as condutas instituintes, por isso a busca de práticas institucionais.

6) Outro problema é o da origem das instituições. Aqui, várias teses se opõem, desenvolvidas por diferentes correntes da filosofia política, e depois pela antropologia:

a) o grupo toma consciência das necessidades da regulação social e se atribui instituições adequadas (cf. Sartre, p. ex.);

b) a instituição surge "por acaso", revela-se "funcional" e é, portanto, conservada pelo grupo;

c) sábios, legisladores forneceram instituições aos povos (cf. Goldstein, apud Lévi-Strauss) etc.;

d) outra tradição dá origem às instituições do inacabamento da espécie humana (Bolk, e antes dele, já Lucrécio etc.). Claude Lévi-Strauss desenvolve uma visão análoga quando mostra que a espécie humana substituiu a regulação biológica pela norma cultural (i. é, pela instituição).

7) *Concepção funcionalista e concepção simbólica*. P. Cardan definiu e criticou a concepção econômica e funcional "que quer explicar tanto a existência da instituição quanto suas características pela função que a instituição desempenha na sociedade e

pelas circunstâncias dadas, pelo seu papel no conjunto da economia da vida social". Para ele, o marxismo orienta-se para uma tal definição, mas esta visão é temperada por várias considerações:

a) Há passividade, inércia e "atraso" recorrente das instituições em relação à infraestrutura da sociedade: é preciso, portanto, quebrar as velhas instituições por meio das revoluções, necessárias para dar origem às instituições ajustadas à nova sociedade.

b) Marx "via claramente a autonomização das instituições como a essência da alienação". P. Cardan propõe uma concepção da instituição a partir de uma teoria dos símbolos. Dessa forma, "uma determinada organização da economia, um sistema de direito, um poder instituído, uma religião existem socialmente como sistemas simbólicos sancionados. Eles consistem em conferir aos símbolos (aos significantes) os significados (representações, ordens, injunções para fazer ou não fazer [...]")". Mas, "essa ordem significante, simbólica, o sujeito não a introduz, ele a encontra" (Jacques Lacan). Da mesma forma, Fauconnet e Maus destacavam no artigo "Sociologia" da *Grande Enciclopédia*, que o sujeito em seu nascimento encontra o social já instituído. A novidade, na abordagem atual das instituições (definida pelo estruturalismo linguístico) é a busca de uma lógica constitutiva desse simbólico, e o tratamento da ordem institucional como um sistema de significantes – como uma linguagem.

CARDAN, P. "Marxisme et théorie révolutionnaire". *Socialisme ou Barbarie*, 39.

FAUCONET & MAUSS. "Sociologie". *Grande Encyclopédie*.

SARTRE, J.-P. *Critique de la raison dialectique*. Paris: Gallimard, 1960.

Instituições pedagógicas

a) A linguagem clássica fala de instituição das crianças; o primeiro educador é o *instituteur* [professor primário]. Ensinar é *instituir*, é fazer entrar na cultura, a qual dá acesso às instituições sociais do adulto. No senso estrito etimológico, instituir significa fazer ficar em pé, "adestrar", elaborar o indivíduo de acordo com as normas; significa dar forma, "formar". Aqui, também podemos pensar nos termos: Instituto e Instituição, que designam estabelecimentos de ensino. Assim, "instituição" adquire ao menos duas significações: 1ª) ato de instituir; 2ª) lugar de ensino.

b) Toda instituição social apresenta-se como um *sistema de normas*. A escola é regida por normas que envolvem a obrigação escolar, os horários, o emprego do tempo etc. Em consequência, a intervenção pedagógica de um professor (ou de um grupo de professores) sobre os alunos sempre se situa em um *quadro institucional*: a classe, a escola, o liceu, a faculdade, o estágio. Por outro lado, ela supõe um sistema interno de funcionamento (horário etc.).

c) *Instituições pedagógicas externas*: exames, normas de trabalho, programas oficiais, horários da escola, estruturas pedagógicas externas à classe, grupo escolar do qual a classe faz parte, academia, inspetores, diretor da escola. Em todo estágio de formação, a instituição externa é a organização que instituiu o estágio (este estágio é "instituído" por uma empresa, este outro por uma organização de psicossociologia, p. ex.).

d) *Instituições pedagógicas internas*:

• A dimensão estrutural e regulada das trocas pedagógicas (com seus limites; p. ex., a hora de entrada e de saída da classe é um quadro externo à classe, fixado para o conjunto do grupo escolar).

• O conjunto das técnicas institucionais que podem ser utilizadas na classe; o trabalho em equipes, a cooperativa e seu conselho de gestão pelos alunos, a correspondência etc.

e) Professores e alunos lidam com regulamentos e programas, bem como normas não criadas por eles, que têm sua fonte fora do grupo-classe e que determinam seu trabalho cotidiano. Portanto, as instituições externas são coercitivas e intangíveis – pelo menos em nosso sistema social atual. As instituições internas podem ser objeto de uma atividade instituinte dos alunos. Isso define a autogestão pedagógica.

f) As principais instituições internas da autogestão são:

- *As leis da classe* – Na classe em autogestão as leis da classe, votadas pelos alunos no início do ano, regulam o funcionamento do conselho, as atividades educativas (laboratório de fotografia, biblioteca etc.), a autodisciplina do grupo etc.

- *O conselho* – O conselho é a assembleia geral dos alunos que deliberam sobre a vida da classe, os trabalhos e os dias, os incidentes da vida cotidiana, os programas e os instrumentos de formação etc.

BESSIÈRE, B. "Le Conseil". *Éducation et Techniques*, 15, 1964.

LAPASSADE, G. "Un problème de la pedagogie institutionnelle". *Recherches Universitaires*, 6, 1963.

Intervenção

Método pelo qual um grupo de analistas, a pedido de uma organização social, institui nessa organização um processo coletivo de autoanálise. Os instrumentos são a pesquisa mediante *entrevistas*, cuja síntese é em seguida proposta ao conjunto do grupo (*feedback*), o que desencadeia um novo processo de análise coletiva, com comissões de trabalho etc.

BENUSIGLIO, D. "Intervention psychosociologique dans une grande entreprise de distribution". *Hommes et Techniques*, 15 (169), 1959.

JAQUES, R. *The changing culture of a factory*. Nova York: Dryden Press, 1952.

LÉVY, A. "Une intervention psychosociologique dans un service psychiatrique". *Sociologie du Travail*, 1963.

LEWIN, L. "Forces behind food habits : methods of change". *Bull. Nat. Res. Com.*, 108, 1943, p. 35-65.

PAGÈS, M. "Éléments d'une sociothérapie de l'Entreprise". *Hommes et Techniques*, 15 (169), 1959.

PERETTI, A. "Relations entre directeurs, professeurs et élèves". *Éducation Nationale*, n. esp. 14/06/1962.

Maiêutica (método pedagógico de Sócrates, "parto" dos espíritos)

"Sentemo-nos em círculo" (em kuklo), propõe Sócrates no início de *A república*. Começa assim a entrevista de grupo, da qual ele será o monitor. Hoje, este grupo, e amanhã outro. Pois Sócrates diz sobre si mesmo no *Apologia* que "nunca teve um único discípulo", caso se compreenda por discípulo, como os sofistas, uma clientela que paga para receber um ensinamento, para aprender a "manipular" as multidões nas assembleias políticas, cujo modelo idealizado nos é proposto incessantemente pelo mito da democracia grega. Sócrates institui o pequeno grupo pedagógico quase à margem da cidade, tendo como objetivo a busca da verdade em comum. Ele recusa um salário: pois não vende ensinamento, ao contrário dos sofistas que funcionam a pedido de um cliente. A Sócrates nada se pede, a não ser, talvez, que se cale. Ele intervém sem que lhe peçam, sem nada ensinar, pois não é um *sábio*, mas um perpétuo buscador de verdade no meio de uma "ignorância" universal e aceita.

De acordo com Nietzsche, ele descobriu "que era o único a admitir que nada sabia, pois em suas peregrinações críticas por Atenas, entre os homens do Estado, os oradores, os poetas e os artistas, em toda parte encontrava a ilusão do saber". A sociedade grega oficial já consagra cada um em seu saber especializado; mas o diálogo, o pequeno grupo, acabará se tornando o lugar onde se destroem essas ilusões de saber.

Essa destruição não é, no entanto, fácil em uma sociedade onde as instituições (a do ensino dos sofistas, p. ex.) já mantêm as ilusões do saber para fundar a divisão técnica e social do trabalho e garantir a coesão imóvel da cidade. Quanto a Sócrates, ele arranca as ilusões dos outros, após ele mesmo ter renunciado às suas próprias, ao preço de um longo e difícil trabalho sobre si mesmo. Desperta no outro, no diálogo com vários *aqui e agora*, uma primeira inquietude. Seu instrumento técnico, nesse primeiro momento da entrevista de grupo, é a ironia. Não a agressão, a zombaria, a demolição sutil do parceiro; mas uma técnica de análise das resistências sempre fundadas em falsas certezas. A ironia socrática ataca as proteções que impedem a reflexão, as barreiras à comunicação verdadeira, os falsos prestígios, as velhas certezas, as desigualdades. Ela permite igualar o grupo na descoberta de uma ignorância comum; é a estrada da amizade, assim como da dialética. A dialética é diálogo. Mas não se pode dialogar se as palavras são compradas, se cada um conserva a máscara de seu estatuto social e de seu papel, e recusa-se a ser questionado. É preciso, portanto, em um primeiro momento, esse trabalho do grupo sobre ele mesmo pela mediação do monitor, de Sócrates, no fim do qual, como mostram os *Diálogos* de Platão, a crise explode. A crise: as certezas são abaladas, e Sócrates aparece então aos outros como um mestre, como aquele que deveria *saber* e que poderia assim, ao renunciar enfim à provocação inicial, transmitir novas certezas a nós que acabamos de descobrir nosso não saber. Porém, isso significa, mais uma vez, enganar-se sobre a função desse estranho monitor; pois "engendrar" o conhecimento não está, como ele deixa bem claro, em seu poder; isso é reservado aos deuses. Ele pode simplesmente ajudar que os outros cheguem por si mesmos ao conhecimento: "O deus impõe-me ajudar no nascimento dos outros, mas não me deu o poder de procriar. Portanto não sou de forma alguma sábio [...]". Nem "sábio", nem "erudito", nem agente cultural mandatado pelos outros (os deuses? a sociedade?) para transmitir um saber, valores, às novas gerações. Desde então, apenas a autoanálise, a autoformação torna-se possível: "conhece-te a ti mesmo". O homem da ilusão, o velho homem está morto no grupo, como nos antigos ritos de iniciação. Um novo nascimento é possível, *aqui e agora*, em nosso grupo e por meio desse grupo, se cada um quiser dar o primeiro passo e até ajudar o próprio Sócrates a avançar. Cada um torna-se para o outro um outro monitor. O novo nascimento do grupo é, ao mesmo tempo, nascimento de Sócrates. Pois eis que se manifesta no grupo – onde todas as resistências sem dúvida não são suprimidas – uma intenção comum de verdade que estabelece a reciprocidade das trocas.

Muitas vezes foi dito que isso só pode ser uma astúcia pedagógica, que Sócrates manipula seu "auditório" para levá-lo aonde quiser. E encontramos essa recriminação, incansavelmente repetida, em todos os seminários atuais de dinâmica de grupo, quando o monitor "não diretivo" afirma seu não saber e recusa-se a ensinar. Mas voltemos a Sócrates: sua abordagem é firme e decidida apenas no nível do método, sempre o mesmo, qualquer que seja o tema da entrevista; o caminho vai da ilusão à crítica da ilusão, para em seguida avançar mediante a opinião reta, até as proximidades da essência, do saber absoluto. Esta é a estrada que nos resta percorrer em comum à maneira dessas procissões que "subiam" de Atenas até o Elêusis, mas, desta vez, em toda lucidez, ativamente, e não mais atraídos pelos Mistérios cujo segredo deveríamos *receber*. O grupo socrático não é mais a procissão religiosa ou a assembleia política que encontra sua unidade ali, fora dela mesma, no mistério revelado ou nos discursos dos oradores. Sócrates zomba dessas formas primitivas de alienação religiosa: foi o único, como diz Hegel em sua *Filosofia da história* a recusar a iniciação em Elêusis. Ele também questiona a fascinação das multidões na ágora, sua ilusão de poder e a manipulação política.

    Esse primeiro iniciador moderno opõe às velhas iniciações, como às multidões manipuladas, o trabalho coletivo do pequeno grupo que se recusa a dirigir e que ajuda, simplesmente, a avançar, longe de Elêusis e da ágora, das velhas divindades agrárias e das autoridades políticas. Nesse lugar isolado da entrevista, Sócrates esforça-se para criar já uma "microdemocracia da desalienação". Este é o sentido profundo da pedagogia socrática, da maiêutica.

    Desde então, o pequeno grupo socrático será considerado pelos outros, aqueles que se mantêm no exterior, como uma fonte de desordem e de agitação: Sócrates torna-se perigoso porque reúne adolescentes e homens em uma situação de troca que não deixa nada na imprecisão, que não confunde mais a verdade e a autoridade, as manipulações e a dialética. O pequeno grupo socrático talvez fosse, na "democracia" ateniense, o único local verdadeiro de uma democracia real. Por isso a condenação de Sócrates. Por isso, igualmente, a permuta de sentido que essa abordagem original recebe na doutrina de Platão. O método de Sócrates não é o sistema pedagógico exposto em *A república* em que Platão reproduz, como bem observaram Hegel e Marx, o modelo egípcio do "despotismo oriental" da sociedade burocrática. É uma inversão: depois de Sócrates, a pedagogia estará vinculada aos modelos burocráticos...

Modos de formação

Até aqui a definição das tendências, em pedagogia, eram muito confusas. Distinguiam-se as escolas pedagógicas em função das técnicas de formação; nós as definíamos, ao contrário, em função da organização da formação. Assim como um sistema social não se caracteriza primeiramente pelas técnicas de produção e pela vida social, da mesma forma um sistema pedagógico deve antes ser caracterizado não pelas técnicas de ensino, mas sim pela organização da formação, pelas estruturas institucionais que estabelecem as relações de formação. Em resumo, pedagogia tradicional e pedagogia institucional são dois *modos de formação*.

Não diretividade

1) Conceito elaborado pelo psicoterapeuta americano Carl Rogers para definir uma atitude terapêutica fundada na aceitação incondicional dos valores do "cliente", e na renúncia à interpretação de tipo analítico. A base teórica, princípio da não diretividade terapêutica, é certamente uma concepção do crescimento, do desenvolvimento (*growth*) do indivíduo humano, que foi perturbada pela "ameaça" e o entorno. A terapia não diretiva consiste em criar as condições de uma restauração da personalidade, ao permitir que o cliente encontre as vias originais do crescimento.

2) A noção de não diretividade foi estendida a outros setores da prática psicológica: às técnicas de entrevista (*interview*), de "conselho" (orientação profissional, p. ex.).

3) Em resumo, utiliza-se o termo em pedagogia para definir uma atitude do educador que permite a autoformação dos alunos no grupo-classe.

Organização

a) Coletividade instituída para objetivos definidos como educação, formação dos homens, produção e distribuição dos bens etc. Neste sentido, diremos: organizações sociais. Estipulam-se, às vezes, equivalências com estabelecimento e instituição. A organização é, aqui, "um conjunto formado de partes que cooperam" (Lalande, sentido B).

b) "A ação de organizar" (Lalande, sentido D).

MARCH & SIMON. *Les organizations* – Problèmes psychosociologiques. Paris: Dunod, 1964.

Organização informal

Nas organizações, a recusa em deixar que as minorias se expressem acarreta a formação de relações semiclandestinas (e oposicionais). É uma lei bem conhecida da dinâmica das organizações; encontra-se na pedagogia com a formação das "turmas", com os problemas de "algazarra" etc.

A importância dos grupos informais foi descoberta por volta de 1927 nas empresas industriais (na General Eletric Company) por Elton Mayo e seus colaboradores, que revelaram uma espécie de autogestão clandestina na empresa. J. Moreno, nos *Fundamentos da sociometria*, analisa em uma instituição de reeducação as redes informais, que se opõem aos sistemas oficiais. (Ele destacou a oposição entre sociograma [espontâneo]e organograma [estrutura oficial das organizações sociais].)

O que se observa nos partidos e nas fábricas, também se encontra nas escolas. Trata-se, em certas experiências, não de uma turma, mas de um *grupo de pesquisa* que se constitui sozinho, e contra a organização oficial do ensino – pelo menos à margem. Trata-se de um grupo que se responsabiliza e se considera "autogerido".

A organização informal é uma resposta dos indivíduos e dos grupos à repressão do entorno (o meio familiar, as instituições, os contramestres). Estas são as raízes afetivas e psicossociológicas da *autogestão*.

BROWN, J.A.C. *La psychologie social dans l'industrie*. Paris: L'Épi.

MORENO, J. *Les fondements de la sociométrie*. Paris: PUF, 1957.

TROTSK, Y.L. *Cours nouveau – De la revolution*. Paris: De Minuit, 1964, cap. III: "Groupes et formation fractionnelles".

Pedagogia

a) Ciência da educação.

b) O sistema institucional interno é o critério essencial que permite separar duas grandes formas da pedagogia. Deve-se definir a pedagogia tradicional pelo simples fato de que as instituições internas à classe são ali decididas unicamente pelo professor. Assim, caso se aceite esse critério, todos os métodos pedagógicos, e mesmo os mais "modernos", os mais "novos", os mais "ativos" ainda são métodos tradicionais. A única alternativa à *pedagogia tradicional* assim definida é a *pedagogia institucional*. É a autogestão das instituições, dos métodos e dos programas pelos alunos.

c) Na *pedagogia tradicional*, as instituições se impõem como um sistema que não poderia ser questionado, como um contexto necessário da formação, como um suporte julgado indispensável do ato pedagógico.

Na *pedagogia institucional*, as instituições internas à classe ou ao estágio (seminário) de formação tornam-se simplesmente meios, formas de organização do trabalho e das trocas cujas estruturas podem ser mudadas.

Psicossociologia

O sentido deste termo não é unívoco e, muitas vezes, causa certa confusão. Por isso:

1) No sentido amplo, ele define o conjunto daquilo que se nomeia igualmente psicologia social (esse termo apareceu no final do século XIX) ou, de um termo que caiu em desuso, psicologia coletiva. Nesse sentido, a psicossociologia é o

estudo das representações sociais, da opinião pública, mas também dos "contextos sociais" da memória, da percepção, das diferentes funções psicológicas.

2) Existe também uma significação mais técnica, segundo a qual o psicossociólogo é um prático dos estudos de motivações, das sondagens de opiniões etc.

3) Por fim, em um sentido mais restrito, a psicossociologia é designada, às vezes, como psicologia dos grupos, ao mesmo tempo como prática da formação e da intervenção – em resumo, aquilo que se liga à corrente da dinâmica de grupo. Essa acepção do termo tende atualmente a se difundir na opinião, mas está longe de designar o conjunto da psicologia social.

MOSCOVICI, S. *La psychanalise, son image et son public*. Paris: PUF, 1962.

STOETZEL, J. *La psychologie sociale*. Paris: Flammarion, 1963.

Terapêutica institucional

Movimento de renovação da prática psiquiátrica como instituição (hospital).

1) Este movimento nasceu (por volta de 1943, na França) da preocupação de suprimir as dificuldades burocráticas criadas pela organização tradicional dos hospitais psiquiátricos. Essa organização limitava a eficácia das terapias industriais e das terapias de grupo praticadas nesses hospitais.

2) A pedagogia moderna influenciou o desenvolvimento da terapia institucional em seus inícios: a pedagogia de Freinet, principalmente, com o seu sistema da cooperativa, da impressão. Esse sistema foi adaptado ao hospital.

3) As técnicas de grupo influenciaram igualmente a elaboração dos métodos e das doutrinas da terapêutica institucional. Mas, por motivos mal-elucidados, os teóricos do movimento manifes-

tam atualmente desconfiança e, às vezes, até mesmo hostilidade com relação à psicossociologia. Pode-se pensar que isso decorre do fato de que a análise psicossociológica tende a revelar em todo lugar a vontade de poder e a tendência autocrática na gestão das instituições, na conduta da equipe e na administração dos cuidados.

4) Por fim, recentemente F. Tosquelles mostrou as relações entre a terapêutica institucional e a educação, mantendo, ao mesmo tempo, certa distância em relação à pedagogia institucional.

TOSQUELLES, F. *Pédagogie et psychotérapie institutionelle.* Paris, 1966.

Terapêuticas tradicionais

Entre as técnicas tradicionais de tratamento das enfermidades mentais, os etnógrafos e os psiquiatras destacaram procedimentos tais como o xamanismo. No Senegal, o Dr. Collomb e a sua equipe integraram em sua prática determinadas técnicas tradicionais como o N'Doep, que pertence à tradição.

No processo terapêutico africano, a "dança de possessão" tem uma função essencial, mas não exclusiva. O exorcismo da possessão comporta igualmente outros momentos, e outros atos: as "medidas", "a construção de um altar" etc.

Essas técnicas africanas foram transportadas e difundidas pelo mundo pelos caminhos da escravidão. Dessa maneira, na Tunísia, os doentes devem dançar o *Stambeli*, para exorcizar os *djins* e obter a cura.

A existência dessas terapêuticas tradicionais, da "terapia da dança", faz parte de um contexto sociocultural mais geral: o do Vodu (Haiti), do Candomblé (Brasil), da Santeria (Cuba) etc.

BALANDIER, G. *Afrique ambigue.* Paris: Plon, 1957, cap. III.

BASTIDE, G. *Le candomblé da Bahia.* Paris: Mouton, 1958.

COLLOMB, H.; ZEMPLENI, A. & SOW, D. *Aspects sociotherápiques du N'Doep.* Dacar, 1962.

REFERÊNCIAS

1 Sociologia e psicologia

ANZIEU, D. *Le psychodrame analytique chez l'enfant*. Paris: PUF, 1956.

BION, W.R. *Recherches sur les petits groupes*. Paris: PUF, 1965.

BROWN, J.A.C. *Psychologie sociale dans l'industrie*. Paris: L'Épi, 1961.

CARTWRIGHT, D. & ZANDEP, A. *Groups dynamics*. Londres, 1954.

DAVAL; BOURRICAUD; DELAMONTE & DORON, *Traité de Psychologie sociale*, Tomo I: "Sciences humanaines et psychologie sociale – Les méthodes". Paris: PUF, 1963.

ENRIQUEZ, E. "Les communications dans les organisation socials". In: HIERCHE, H. *Les techniques modernes de gestion des entreprises*. Paris: Dunod, 1962, p. 160-180.

FRIEDMAN, G. & NAVILLE, P. *Traité de sociologie du travail*. 2 vol. Paris: Armand Colin, 1961.

GISCARD, P.H. *La formation et le perfectionnement du personnel d'encadrement*. Paris: PUF, 1958.

KLINEBERG, O. *Psychologie sociale*. 2 vol. Paris: PUF, 1964.

LEGRAND, J.A. *L'information dans l'entreprise*, 4 [supl.], 1964, "Problèmes d'opinion".

LÉVY, A. *Psychologie sociale* – Textes fondamentaux. Paris: Dunod, 1965.

LEWIN, K. *Psychologie dynamique*. Paris: PUF, 1959 [Introd. de C. Faucheux].

MAISONNEUVE, J. *La psychologie sociale*. Paris: PUF, 1964.

MARCH & SIMON. *Les organisations:* problèmes psychosociologiques. Paris: Dunod, 1964 [Prefácio de M. Crozier] [Col. "Organisations et Sciences Humaines"].

MONTMOLIN, G.; LAMBERT, R.; PAGÈS, R.; FLAMENT, C. & MAISONNEUVE, J. *Psychologie sociale expérimentale* – Traité de psychologie expérimentale. Paris: PUF, 1964.

MORENO, J.L. *Les fondements de la sociométrie*. Paris, 1954.

MOSCOVICI, S. *La psychanalyse, son image et son public*. Paris: PUF, 1961.

NAHOUM. *L'entretien psychologique*. Paris: PUF, 1954.

PAGÈS, M. *L'orientation non directive en psychothérapie et en psychologie sociale*. Paris: Dunod, 1965.

ROCHEBLAVE-SPENDE, A.M. *La notion de rôle en psychologie sociale*. Paris: PUF, 1962.

ROGERS, C. & KINGET, M. *Psychothérapie et relations humaines*. Nauwelaerts, 1962.

SARTRE, J.P. *Critique de la raison dialectique*. Paris: Gallimard, 1960.

STOETZEL, J. *La psychologie sociale*. Flammarion, 1963.

2 Pedagogia

ARDOINO, J. *Propos actuels sur l'éducation*. Paris: Gauthier-Villars, 1965.

CHATELAIN, F.M. "Les principes de l'école active". *Revue de l'École Nouvelle Française*, dez./1945-jul./1947.

COUSINET, R. *Une méthode de travail libre par groupes*. 2. ed. Paris: Du Cerf, 1943.

HUBERT, R. *Traité de pédagogie générale*. Paris: PUF, 1961.

MARROU, J.I. *Histoire de l'éducation dans l'Antiquité*. Paris: Le Seuil, 1948.

PALMERO. *Histoire des institutions et des doctrines pédagogiques par les textes.* Paris: Sudel, 1958.

SCHMID, J.R. *Le maître-camarade et la pédagogie libertaire.* Paris: Delachaux et Niestlé, 1936.

TOSQUELLES, F. *Pédagogie et psychothérapie institutionnelle.* Paris, 1966.

VV.AA. *Pédagogie et psychologie de groupe.* Paris: L'Épi, 1964.

3 Análise institucional

ALBERONI, F. *Movimento e istituzione, teoria generale*, Bolonha: Il Mulino, 1977.

ALTHABE, G. *Oppression et libération dans l'imaginaire.* Paris: Maspéro, 1969.

ALTOE, S. *René Lourau, analista institucional em tempo integral.* São Paulo: Hucitec, 2004, 286 p. [Intr. de R. Hess].

_____. *Infâncias perdidas.* Rio de Janeiro: Xenon, 1990.

ANDSHA. *L'intervention dans les organismes et les institutions.* Paris: Épi, 1974.

ARDOINO, J. *Éducation et politique.* Paris, 1955 [2. ed.. Paris: Anthropos, 1999, 396 p., com prefácio de R. Hess].

ARDOINO, J. & LOUREAU, R. *Les pédagogies institutionnelles.* Paris: PUF, 1994, 128 p. ["Pédagogues et Pédagogies"].

ASSOUS, R. *L'analyse institutionnelle hier et aujourd'hui – Entretiens avec les institutionnalistes.* Paris: Paris 8, 2003 [Col. "Transduction"].

AUBEGNY, J. *L'établissement et sés évaluations.* Paris: Armand Colin, 1992 ["Bibliothèque Européenne des Sciences de l'Éducations"].

AUTHIER, M. *Pays de connaissances.* Paris: Du Rocher, 1998 [Pref. de Michel Serres].

AUTHIER, M. & HESS, E. *L'analyse institutionnelle*. Paris, 1981 ["Que Sais-je?"] [reed. na coleção "L'éducateur", em 1994, com nova bibliografia. Paris: PUF].

AUTHIER, M. & LÉVY, P. *Les arbres de connaissance*. Paris: La Découverte, 1992 [Pref. de M. Serres].

BARBIER, R. *L'approche transversale, l'écoute sensible em sciences humaines*. Paris: Anthropos, 1997.

_____. *La recherche-action*. Paris: Anthropos, 1996.

_____. *La recherche-action dans l'institution éducative*. Paris: Gauthier-Villars, 1977.

BARUS-MICHEL, J. *Le sujet social, étude de psychologie sociale clinique*. Paris: Dunod, 1987.

BASAGLIA, F. et al. *La majorité déviante*, 10/18, 1976. Paris.

_____. *Les criminels de paix* [1973]. Paris: PUF, 1980, 332 p.

_____. *L'institution em négation*. Paris: Le Seuil, 1970.

BAUDRY, P. & LAGRANGE, C. *L'institution, la violence et l'intervention sociale*. 2. ed. atualizada. Vigneux: Matrice, 1993.

BOROCCO, N. & SALMONA, H. *Une histoire dans la ville, un réseau d'échange réciproque de savoirs*. Vigneux: Matrice, 1996 [em colab. com E. Delay].

BOUMARD, P. *Les savants de l'intérieur, l'analyse de la societé scolaire par ses acteurs*. Paris: Armand Colin, 1989, 160 p. ["Bibliothèque Européenne des Sciences de l'Éducation"].

_____. *Tu seras ministre mon fils*. Paris: Bernard Barrault, 1985.

_____. *Un conseil de classe très ordinaire*. Paris: Stock 2, 1978.

BOUMARD, P.; HESS, R. & LAPASSADE, G. *L'universitaire en transe*. Syros, 1987.

BOUMARD, P. & LAMIHI, A. *Les pédagogies autogestionnaires*. Vauchrétien: Ivan Davy, 1995.

BOUMARD, P.; LAPASSADE, G. & LOBROT, M. *Le mythe de l'identité* [no prelo].

BOUMARD, P. & MARCHAT, J.-F. *Chahuts, ordre et désordre dans l'institutions éducatives*. Paris: Armand Colin, 1994, 112 p.

BROHM, J.-M. *La machinerie sportive, essais d'analyse institutionnelle*. Paris: Anthropos, 2002 [Prefácio de R. Hess: "J.-M. Brohm et l'analyse institutionnelledu sport de compétion"].

_____. *Le corps analyseur – Essais de sociologue critique*. Paris: Anthropos, 2001.

_____. *Corps et politique*. Paris: Universitaires, 1975.

BRY et al. "L'intervention institutionnelle". *Traces de Faires – Revue de Pratique de l'institutionnel*, n. 3, 1987. Paris: Matrice.

CASTEL, R. *Le psychanalysme*, 10/18, 1976. Paris.

CASTORIADIS, C. *Le monde morcelé*. Paris: Seuil, 1990.

_____. *Domaines de l'homme*. Paris: Seuil, 1986.

_____. *Carrefour du labyrinthe*. 3 vol. Paris: Seuil, 1978-1990.

_____. *L'institution imaginaire de la société*. Paris: Seuil, 1975.

_____. *La société instituante et l'imaginaire social* – 1: Marxisme et théorie révolutionnaire, Paris, 1974.

_____. *La société instituante et l'imaginaire social* – 2: Imaginaire, institution, aliénation, autonomie. Paris, 1974.

CHALUT-NATAL, G. *Ponctuations, moments institutionnels*. Paris: Coriance, 2003.

_____. *Apostrophes, legendes du travail social*. Paris: Coriance, 2003, 237 p.

_____. *L'idée de groupe*. Paris: Édire, 1998.

_____. *Entre les autres*. Paris: Édire, 1996.

CHALUT-NATAL, G. & NOWICKI, P. *Âme et compétences*. Paris: Coriance, 2000, 173 p. [Col. "Equivoque du Sens"].

CHEVALIER, J. "L'analyse institutionnelle". *L'institution*. Paris: Presses Universitaires de France, 1981.

COLIN, L. *La pédagogie des rencontres interculturelles*. Paris: Anthropos, 1996 [com Burkhard Muller].

_____. *La relation pédagogie dans les groupes interculturels*. Paris: Ofaj, 1994 [Col. "Textes de Travail"].

COLIN, L.; GIAPARIZZE, I. & WEIGAND, G. *Libres enfants de Ligoure* [no prelo].

COULON, A. *Le métier d'étudiant*. 2. ed. Paris: Anthropos, 2005.

_____. *Ethnométhodologie et éducation*. Paris: Presses Universitaires de France, 1993 ["L'Éducateur"].

_____. *L'ethnométhodologie*. Paris: Presses Universitaires de France, 1987 ["Que Sais-je?"].

DAVID-JOUGNEAU, M. *Le dissident et l'institution ou Alice au pays des normes*. Paris: L'Harmattan, 1989.

DELEUZE, G. *Instinct et institutions*. Paris: Hachette, 1953.

DELIGNY, F. *Adrien Lomme, malgré tout*. Paris: Maspero, 1976.

DELION, P. *Actualité de la psychothérapie institutionnelle*. Vigneux: Matrice, 1994.

DELORY-MOMBERGER, C. *Histoire de vie et recherches biographique et éducation*. Paris: Anthropos, 2005, 177 p. [Col. "Éducation"].

_____. *Les histoires de vie:* de l'invention de soi au projet de formation. Paris: Anthropos, 2000, 290 p. [2. ed., 2004 [Col. "Anthropologie"]].

_____. *Biographie et education* – Figures de l'individu-projet. Paris: Anthropos, 2003 [Col. "Éducation"].

DELORY-MOMBERGER, C. & HESS, R. *Le sens de l'histoire, moments d'une biographie*. Paris: Anthropos, 2001, 414 p.

DEMORGON, J. *Complexité des cultures et de l'interculturel*. Paris: Anthropos, 1998 [Pref. de Remi Hess] [3. ed., 2004].

DIBIE, P. *Le village retrouvé*. 2. ed. L'Aube, 1995.

ETIENNE, Y. *Vers la pédagogie socianalytique*. Paris: Paris 8, 1983 [Tese de doutorado].

FONVIELLE, R. *Face à la violence:* participation et créativité. Paris: PUF, 1999 [precedido de "Ce qu'il faut faire pour les oiseaux pendant le froid", por R. Lourau].

_____. *Naissance de la pédagogie autogestionnaire*. Paris: Anthropos, 1998 [Pref. de Michel Lobrot].

_____. *De l'écolier écoeuré à l'enseignant novateur*. Vauchrétien: Ivan Davy, 1996.

_____. *L'aventure du mouvement Freinet*. Paris: Méridiens Klincksieck, 1989 [Pref. de R. Hess] [Col. "AI"].

_____. "Éléments pour une histoire de la pédagogie institutionnelle". In: SAVOYE, A. & e HESS, R. *Perspectives de l'analyse institutionnelle*. Paris: Méridiems Klincksieck, 1988 [Col. "AI"].

FREINET, C. *Pour l'école du peuple* – Guide pratique pour l'organisation matérielle, technique et pédagogique de l'école populaire. Paris: Maspéro, 1969.

GILON, C. & VILLE, P. "Socianalyser ou saisir le social en ébullition". *Les Cahiers de l'Implication*, 3, inverno 1999/2000.

GONZALEZ, F. *Les dispositis de la psychanaluse et de la socionalyse, étude comparative*. Paris: Paris 8, 1983 [Tese de doutorado].

GRAF, E.O. *Erfahrangen MIT Gruppen, Theorie, Technik und Anwendungen der operativen Gruppe*. Hamburgo: Seismo, 2003.

_____. *Da Erziehungsheim und eine Wirkung*. Luzerna: Verlag der Schweizerischen Zentralstelle für Heilpädagogik, 1998, 176 p.

_____. *Heimerziehung unter der Lupe, Beiträge zur Wirkunganalyse*. Luzerna: SZH, 1993, 228 p.

GUATTARI, F. *Les années d'hiver 1980-1985*. Paris: Bernard Barrault, 1986.

_____. *Les nouveaux espaces de liberte*. Paris: Dominique Bedou, 1985 [em colab. com Toni Negri].

_____. *Mille plateaux*. Paris: De Minuit, 1979 [em colab. com Gilles Deleuze].

_____. *L'inconscient machinique*. Paris: Recherches, 1979.

_____. *La révolution moléculaire*. Paris: Recherches, 1977.

_____. *Rhizome*. Paris: De Minuit, 1976 [em colab. com Gilles Deleuze].

_____. *Kafka pour une littérature mineure*. Paris: De Minuit, 1975 [em colab. com Gilles Deleuze].

_____. *Psychanalyse et transversalité*. Paris: Maspéro, 1972.

_____. *L'anti-Oedipe*. Paris: De Minuit, 1972 [em colab. com Gilles Deleuze].

GUIGOU, J. *La cite des ego*. Grenoble, L'Impliqué, 1987.

_____. *Contre toute attente, le moment combat*. Dominique Bedou, 1986.

_____. *L'institution de l'analyse dans les rencontres*. Paris: Anthropos, 1981.

_____. *Les analyseurs de la formation penmanente*. Paris: Anthropos, 1979.

_____. *Critiques des systèmes de formation*. Paris: Anthropos, 1972 [2. ed., L'Harmattan, 320 p.].

GUIGOU, J. & WAJNSZTEIN, J. (orgs.). *La valeur sans le travail*. Paris: Harmattan, 1999, 344 p. [Col. "Temps Critiques"].

_____. *L'individu et la communauté humaine*. Paris: L'Harmattan, 1998, 426 p. [Col. "Temps critiques"].

GUTTERMAN, N. & LEFEBVRE, H. *La conscience mystifiée*. Paris: Syllepse, 1999 [seguido da *La conscience privée*, de H. Lefebvre; prefácios de L. Bonnafé, R. Lourau e A. Ajzenberg].

HALBERR, P. *IBM:* mythe et réalité. Lausanne: P.M. Favre, 1987.

HESS, R. *Le journal des idée*. Paris: Presses Universitaires de Sainte-Gemme, 2005.

_____. *Gérard Althahe, une biographie entre ailleurs et ici*. Paris: L'Harmattan, 2005, 214 p.

_____. *Le voyage à Rio, sur les traces de René Lourau*. Paris: Téraèdre, 2003.

_____. *Produire son oeuvre, le moment de la thèse*. Paris: Téraèdre, 2003.

_____. *Parcours, passages et paradoxes de l'interculturel*. Paris: Anthropos, 1999 [com Christiph Wulf].

_____. *Pédagogies sans frontières, écrire l'intérité*. Paris: Anthropos, 1998.

_____. *L'analyse institutionnelle*. 2. ed. Paris: Presses Universitaires de France, 1993 [em colab. com A. Savoye] ["Que Sais-je?", n. 1.968].

_____. *Le lycée au jour le jour, ethnographie d'um établissement d'éducation*. Paris: Méridiens Klincksieck, 1989 [Col. "Analyse Institutionnelle"].

_____. *La pratique du journal, l'enquête au quotidien*. Paris: Anthropos, 1988.

_____. *Henri Lefebvre et l'aventure du siècle*. Paris: Anne-Marie Métailié, 1988.

_____. *Le temps des médiateurs*. Paris: Anthropos, 1981.

_____. *La sociologie d'intervention*. Paris: Presses Universitaires de France, 1981 [Col. "Le Sociologie"] [trad. portuguesa, Porto: Res, 1983].

_____. *Centre et périphérie*, 1978 [2. ed. aum. Paris: Anthropos, 2001].

_____. *Analisis institucional y socianalisis*. México: Nueva Imagem, 1977 [em colab.].

_____. *El Analysis institucional*. Madri: Campo Abierto, 1977 [em colab. com M. Lobrot ET al.].

_____. *Des sciences de l'éducation*. Paris: Anthropos, 1977.

_____. *La socianalyse*. Paris: Universitaires, 1975.

_____. *La pédagogie institutionnelle, aujourd'hui*. Paris: Universitaires, 1975.

_____. *Les maoïstes français, une dérive institutionnelle*. Paris: Anthropos, 1974.

HESS, R. & LUZE, H. *Le moment de la création*. Paris: Anthropos, 370 p.

HESS, R. & SAVOYE, A. *Perspectives de l'analyse institutionnelle*. Paris: Méridiens Klincksieck, 1988.

HUMBERT, C. & MERLO, J. *L'enquête conscientisante, problèmes et methods*. Paris: L'Harmattan, 1978.

ILLIADE, K. "L'implication dans l'anthropologie de Gérard Althabe". In: HESS, R. & WEIGAND, G. *L'Observation participante dans les situation interculturelles*. Paris: Anthropos, 2006, p. 41-62.

_____. "Moments du journal et journal des moments", Posfácio a: *Les moments pédagogiques*, de Janusz Korczak. Paris: Anthropos. Paris: Anthropos, 2006 [Col. "Éducation".].

_____. *Essai sur une méthode qui a pour objet de bien régler l'emploi du temps...* (1808). Paris: Anthropos, 2006 [Ed. e apres. de Marc-Antoine Jullien].

IMBERT, F. *La question de l'éthique dans le champ éducatif*. 4. ed. Vigneux: Matrice, 2000.

_____. *Vivre ensemble, um enjeu pour l'école*. Paris: ESF, 1997.

_____. *L'inconscient dans la classe*. Paris: ESF, 1996.

_____. *Méditations, institutions et loi dans la classe*. Paris: ESF, 1994.

_____. *Vers une clinique du pédagogique*. Vigneux: Matrice, 1992.

_____. *L'Émile ou l'interdit de la jouissance* – L'éducateur, le désir et la loi. Paris: Armand Colin, 1989 ["Bibliothèque Européenne des Sciences de l'Éducation"].

_____. *Pour une práxis pédagogique*. Vigneux: Matrice, 1985.

KALAORA, B. & SAVOYE, A. *Les inventeurs oubliés – Le Pay et ses continuateurs aux origines des sciences socials*. Champ Vallon: Seyssel, 1989.

_____. *La forêt pacifiée, les forestiers de l'école de Le Play, experts des sociétés pastorales*. Paris: L'Harmattan, 1986.

KOHN, R. *Les enjeux de l'observation*. Paris: Anthropos, 1998.

LADMIRAL, J.-R. & LIPIANSKI, M. *La communication interculturelle*, Paris: A. Colin, 1991 ["Bibliographie Européenne des Sciences de l'Éducations"].

LAFFITE, R. *Une journée dans une classe coopérative, le désir retrouvé*. Vigneux: Matrice, 1997.

_____. *Mémento de pédagogie institutionnelle, faire de classe um milieu éducatif*. Vigneux: Matrice, 1997.

LAMIHI, A. *Janusz Korczack*. Paris: Desclée de Brouwer, 1997.

_____. *De Freinet à la pédagogie institutionnele ou l'école de Gennevilliers*. Ivan Davy, 1994, 154 p.

_____. *Naissance de l'autogestion pédagogique:* du groupe technique éducative au groupe de pédagogie institutionnele. Paris: Paris 8, 1991 [Tese de doutorado].

LAMIHI, A. & MONCEAU, G. *Institution/implication*. Paris: Syllepse, 2003.

LAPASSADE, G. *Regards sur la dissociation adolescente*. Paris: Anthropos, 2000.

_____. *Regard sur Essaouira*. Marrocos, 2000.

_____. *Microsociologies de la vie scolaire*. Paris: Anthropos, 1998.

_____. *La découverte de la dissociation*. Paris: Loris Talmart, 1998.

_____. *La nuit des Gnaoua*. Signes du présent, 1998.

_____. *Les rites de possession*. Paris: Anthropos, 1997.

_____. *Microsociologies*. Paris: Anthropos, 1996.

_____. *Guerre et paix dans la classe, da déviance scolaire*. Paris: Armand Colin, 1993, 64 p.

_____. *L'ethnosociologie, les sources anglo-saxonnes*. Paris: Méridiens Klincksieck, 1991.

_____. *Le rap ou la fureur de dire*. Loris Talmart, 1990 [em colab. com Philippe Rousselot] [5. ed. aum., 1998].

_____. *La transe*. Paris: PUF, 1989.

_____. *Les états modifiés de conscience*. Paris: PUF, 1987.

_____. *Gens de l'ombre*. Paris: Anthropos, 1982.

_____. *L'autobiographe*, 1980 [nova edição, Vauchrétien: Ivan Davy, 1997].

_____. *Joyeux tropique*. Paris: Stock, 1978.

_____. *Essai sur la transe*. Paris: Universitaires, 1976.

_____. *Le corps interdit*. 2. ed. Esf, 1976 [em colab. com René Schérer] [2. ed., 1980].

_____. *Socioanalyse et potentiel humain*. Paris: Gauthier-Villars, 1975.

_____. *La bio-énergie*. Paris: Jean-Pierre Delarge, 1974.

_____. *L'autogestion pédagogique*. Paris: Gauthier-Villars, 1971.

_____. *L'analyseur et l'analyse*. Paris: Gauthier-Villars, 1971.

_____. *Le bordel andalou*. Paris: L'Herne, 1971.

_____. *L'arpenteur*. Paris: Épi, 1971.

_____. *Clefs pour la sociologie*. Seghers, 1971 [em colab. com René Lourau].

_____. *Le livre fou*. Paris: Épi, 1971.

_____. *L'entrée dans la vie, essai sur l'inachèvement de l'homme*. Paris: Anthropos, 1963 [nova edição, 1997, com prefácio de L. Colin e R. Hess].

LAPASSADE, G.; LHOTELLIER, A. & THIS, B. *Les stages de formation psychologique* [1962] [Texto retomado nas atas do colóquio Le psychosociologue dans la cité, publicadas pela Fondation Royaumont. Paris: Épi, 1967].

LAURENT, D. *La pédagogie institutionnelle*. Toulouse: Privat, 1982.

LEFEBVRE, H. *L'existentialisme*. Paris: Anthropos, 2002 [Precedido de "Henri Lefebvre et le projet avorté du *Traité de matérialisme dialectique*", por R. Hess].

_____. *La survie du capitalisme*. 3. ed. Paris: Anthropos, 2002. [Pref. de Jacques Guigou; Posf. "La place d'Henri Lefebvre dans le collègue invisible, d'une critique des superstructures à l'analyse institutionnelle" de R. Hess].

_____. *La production de l'espace*. 4. ed. Paris: Anthropos, 2000 [precedido de "Henri Lefebvre et la pensée de l'espace", de R. Hess].

_____. *Espace et societé*. 4. ed. Paris: Anthropos, 2000 [precedido de "Henri Lefebvre et l'urbain", por R. Hess].

_____. *Métaphilosophie*. 2. ed. Paris: Syllepse, 2000 [Pref. de G. Labica].

_____. *Mai 68, l'irruption de Nanterre au sommet*. 2. ed. Paris: Syllepse, 1998 [Pref. Posf. e prolong. de R. Lourau, R. Mouriaux e P. Cours-Salles].

_____. *Éléments de rythmanalyse, introduction à la connaissance des rythmes*. Syllepse, 1992 [Pref. de R. Lourau].

_____. *La somme et le reste*. 3. ed. aum. Paris: Méridiens Klincksieck, 1989 [Pref. de R. Lourau].

_____. *Le nationalisme contre les nations*. Paris: Méridiens Klincksieck, 1988 [Col. "Analyse Institutionnelle"].

_____. *De l'État*. 4 vol. Paris, 1976-1978.

_____. *La fin de* l'histoire. 2. ed. Paris, 2001 [Pref. de Pierre Lantz].

_____. *La vie quotidienne dans le monde moderne*. Gallimard, 1968.

_____. "Perspectives de la sociologie rurale". *Cahiers Internationaux de Sociologie,* 1953 [retomado em *Du rural à l'urbain*. Paris: Anthropos, 1970 [3. ed., 2001]].

_____. *La critique de la vie quotidienne*. Paris: L'Arche, 1947, 1961 e 1981.

LE GRAND, J.-L. & PINNEAU, G. *Les histoires de vie*. 3. ed. Paris: Presses Universitaires de France, 2004 ["Que Sais-je?].

LE PLAY, F. *L'organisations du travail*. Paris: Anthropos, 2006 [Apres. de R. Hess e G. Weigand].

_____. *La méthode sociale*. Paris: Méridiens Klincksieck [nova edição, 1989; Apres. de A. Savoye] [Col. "Analyse Institutionnele"].

Les IrrAIductibles – Revue d'analyse institutionnelle, 2002-2006 [9 números publicados].

LESOURD, F. *Les moments priviligiés en formation existentielle – Contribution multiréférentielle à la recherche sur les temporalités educatives chez les adultes en transformation dans les situations liminaires*. Paris: Paris 8, 2004 [Tese de doutorado].

LOBROT, M. *À quoi sert l'école?* Paris: Armand Colin, 1992 ["Bibliothèque Européenne des Sciences de l'Éducation"].

_____. *L'animation non directive des groupes*. Paris: Payot, 1974.

_____. *Pour ou contre l'autorité*. Paris: Gauthier-Villars, 1973.

_____. *Priorité à l'éducation*. Paris: Payot, 1973.

_____. *La pedagogie institutionnele, l'école vers l'autogestion*. Paris: Gauthier-Villars, [s.d.].

LOURAU, R. *Les actes manqués de la recherche*. Paris: Presses Universitaires de France, 1994, 236 p. [Col. "Politique Éclatée"].

_____. *Le journal de recherche, matériaux pour une théorie de l'implication*. Paris: Méridiens Klincksieck, 1988.

_____. *Le lapsus des intellectuels*. Paris: Privat, 1981.

_____. *L'autodissolution des avant-gardes*. Paris: Galilée, 1980.

_____. *L'État inconscient*. Paris: Minuit, 1978.

_____. *Lanalyseur Lip*, 10/18, 1977. Paris.

_____. *Interventions socianalytiques*. Paris: Anthropos, 1977 [Pref. de L. Colin e R. Hess].

_____. *Les analyseurs de l'église*. Paris: Anthropos, 1972.

_____. *L'analyse institutionnelle et pédagogique*. Paris: Épi, 1971.

_____. *L'illusion pédagogique*. Paris: Épi, 1969.

_____. *L'instituant contre l'institué*. Paris: Anthropos, 1969.

LUZE, H. *Le précaire et le certain, notes pour une ethnologie de l'éphémère et de la pérennité*. Paris: Loris Talmart, 2003.

MAMERO, R. *L'institutionnalisation:* introduction à une histoire de l'AI. Paris: Paris 8, 1987 [Tese de doutorado].

MARCHAT, J.-F. *L'apprentissage de l'expérimentation sociale.* Paris: Paris 8, 1989 [Tese de doutorado].

MARTIN, A. "Forum de l'histoires". *Les mères folles de la Place de Mai.* Paris: Renaudot, 1989.

_____. "La force d'um analyseur historique: les mères de la Place de Mai". In: HESS, H. & SAVOYE, A. *Perspectives de l'analyse institutionnelle.* Paris: Méridiens Klincksieck, 1988, p. 71-93.

MARTIN, D. & ROYER-RASTOLL, P. *Sujets et institutions* – T. 1: Position, cheminement RT méthode; T. 2: Analyse et analyseur. Paris: L'Harmattan, 1989.

_____. *L'intervention institutionnelle en travail social.* Paris: L'Harmattan, 1987.

MARX, E. "Naissance d'une école d'intervention sociologique à l'université". In: HESS, H. & SAVOYER, A. *Perspectives de l'analyse institutionnelle.* Paris: Méridiens Klincksieck, 1988.

MICHAUD, G. "Analyse institutionnelle et pédagogie". *Recherches,* n. esp., 1, 1969.

MORENO, J.-L. *Psychothérapie de groupe et psychodrame.* Paris: PUF, 1965.

_____. *Les fondements de la sociométrie.* Paris: PUF, 1954.

MÜHLMANN, W. *Messianismes révolutionnaires du Tiers-Monde.* Paris: Gallimard, 1968.

NICOLAS-LE STRAT, P. *L'expérience de l'intermittence dans les champs de l'art, du social et de la recherche.* Paris: L'Harmattan, 2005.

_____. *La relation de consultance.* Paris: L'Harmattan, 2003.

_____. *L'implication, une nouvelle base de l'intervention sociale.* Paris: L'Harmattan, 1996.

OURY, F. & PAIN, J. *Chronique de l'école caserne.* Paris: Maspéro, 1972

OURY, F. & VASQUEZ, A. *Vers la pédagogie institutionnelle?* Paris: Maspéro, 1967 [nova edição, Vigneux: Matrice, 1997].

_____. *De la classe coopérative à la pédagogie institutionnelle.* Paris: Maspéro, 1972.

OURY, J. *Art et schizophrénie.* Paris: Galilée, 1999.

_____. *Psychiatrie et psychothérapie institutionnelle.* Paris: Payot, 1976.

OURY, J.; GUATTARI, F. & TOSQUELLES, F. *Pratique de l'institutionnel politique.* Vigneux: Matrice, 1985.

PAGÈS, M. *Le travail amoureux, éloge de l'incertitude.* Paris: Dunod, 1977.

PAIN, J. *L'école etses violences.* Paris: Anthropos, 2006, 180 p.

_____. *La non-violence par la violence, une voie difficile.* Vigneux: Matrice, 1999.

_____. *La pédagogie institutionnelle d'intervention.* Vigneux: Matrice, 1993, 215 p.

_____. *Écoles: violence ou pédagogie?* Vigneux: Matrice, 1992.

_____. *Pédagogie institutionnele et formation.* Micrópolis, 1982.

_____. *La formation par la pratique* – La pédagogie institutionnelle des groupes d'éducation thérapeutiques. Vigneux: Matrice, 1982.

PAIN, J.; BARRIER, E. & ROBIN, D. *Violence à l'école, Allemagne, Angleterre, France.* Vigneux: Matrice, 1997.

POCHET, C. & OURY, J. *"L'année dernière, j'étais mort..."* – Pédagogie et psychotérapie institutionnelle. 4. ed. Vigneux: Matrice, 1997.

_____. *Qui c'est l'conseil?* Vigneux: Matrice, 1997.

POLACK, J.C. & SABOURIN, D. *La horde ou le droit à la folie.* Paris: Calmann-Lévy, 1976.

QUERRIEN, A. *L´école mutuelle, une pédagogie trop efficace?* Paris: Les Empêcheurs de Penser en Rond, 2005, 182 p.

_____. *Généalogie des équipements colleticfs, les équipements de normalisation, l'école primaire.* Fontenay-sous-Bois: Cerfi, 1975.

RICHIR, M. *Phénoménologie et institution symbolique.* Grenoble, 1988, 383 p. [ed. de J. Millon] [Col. "Krisis"].

SANTANDREU-CALDENTAY, M.-A. *Michel Lobrot: une aventure humaine.* Paris: Paris 7, 2002, 360 p. [Tese de doutorado].

SAVOYE, A. *Les débuts de la sociologie empirique.* Paris: Méridiens Klincksieck, 1994, 244 p. [Col. "Analyse Institutionnelle"].

SELOSSE, J. *Adolescence, violences et déviances (1952-1995).* Vigneux: Matrice, 1997.

SNYDERS, G. *École, classe et lutte des classes.* Paris: PUF, 1976.

THEBAUDIN, F. & OURY, F. *Pédagogie institutionnelle.* Vigneux: Matrice, 1995.

TOSQUELLES, F. *Éducation e psychothérapie institutionnelle.* Hiatus, 1984.

_____. *Structure et rééducation thérapeutique.* Paris: Universitaires, 1967.

VANCRARŸENEST-GHIENNE, A. "La découverte de l'établissement d'éducation – Vers um audit institutionnel?" In: HESS, H. & SAVOYE, A. *Perspectives de l'analyse institutionnelle.* Paris: Méridiens Klincksieck, 1988.

VANEIGEM, R. *Le Mouvement du Libre-Esprit.* Paris: Ramsay, 1986, 263 p.

VERRIER, C. *Poser le sac, journal de la greve de 1995.* Presses Universitaires de Sainte-Gemme, 2006, 203 p.

_____. *Autodidactie et autodidactes, l'infini des possibles.* Paris: Anthropos, 1999 [Pref. de René Barbier].

VILLE, P. *Une socianalyse institutionnelle – Gens d'école et gens du tas.* Paris: Paris 8, 2001, 800 p. [Tese de doutorado].

_____. *La méthode socianalytique.* Paris: Paris 8, 1978 [Tese de doutorado].

_____. "L'analyse institutionnelle et la formation permanente". *Pour*, n. 32 [com R. Hess, R. Lourau, G. Lapassade, P. Evrard e A. Savoye].

WEIGNAND, G. *L'obsevation participante dans les situations interculturelles*. Paris: Anthropos, 2006, 280 p. [em colab. com R. Hess et al.].

_____. *Schule der Person* – Zur anthropologischen Grundlegung einer Theorie der Schule. Wurzburg: Egon, 2004, 430 p.

_____. "L'analyse institutionnelle, une forme de recherche-action éducative? – Enquête sur le paradigme". *Pratiques de Formation*, n. 18, dez./1989.

_____. *Institutionnelle Analyse* – Theorie und Praxis. Frankfurt a. Main: Athenäunm, 1988, 250 p. [com R. Hess e G. Prein].

_____. *Erziehung trotz Institutionen?* – Die pédagogie institutionnelle in Frankreich. Würzburg: Königshausen/Neuman, 1983, 207 p.

WEIGAND, G. & HESS, R. *La relation pédagogique*. Paris: Armand Colin, 1994.

WOODS, P. *Ethnographie de l'école*. Paris: Armand Colin: 1991 ["Bibliothèque Européenne des Sciences de l'Éducation"].

COLEÇÃO PSICOLOGIA SOCIAL

Coordenadores:
Pedrinho Arcides Guareschi – Pontifícia Universidade Católica do Rio Grande do Sul (PUCRS)
Sandra Jovchelovitch – London School of Economics and Political Science (LSE) – Londres

Conselho editorial:
Denise Jodelet – L'École des Hautes Études en Sciences Sociales – Paris
Ivana Marková – Universidade de Stirling – Reino Unido
Paula Castro – Instituto Superior de Ciências do Trabalho e da Empresa (Iscte) – Lisboa
Ana Maria Jacó-Vilela – Universidade do Estado do Rio de Janeiro (Uerj)
Regina Helena de Freitas Campos – Universidade Federal de Minas Gerais (UFMG)
Angela Arruda – Universidade Federal do Rio de Janeiro (UFRJ)
Neuza M.F. Guareschi – Pontifícia Universidade Católica do Rio Grande do Sul (PUCRS)
Leoncio Camino – Universidade Federal da Paraíba (UFPB)

– *Psicologia social contemporânea*
Vários autores
– *As raízes da psicologia social moderna*
Robert M. Farr
– *Paradigmas em psicologia social*
Regina Helena de Freitas Campos e Pedrinho A. Guareschi (orgs.)
– *Psicologia social comunitária*
Regina Helena de Freitas Campos e outros
– *Textos em representações sociais*
Pedrinho A. Guareschi e Sandra Jovchelovitch
– *As artimanhas da exclusão*
Bader Sawaia (org.)
– *Psicologia social do racismo*
Iray Carone e Maria Aparecida Silva Bento (orgs.)
– *Psicologia social e saúde*
Mary Jane P. Spink
– *Representações sociais*
Serge Moscovici
– *Subjetividade e constituição do sujeito em Vygotsky*
Susana Inês Molon
– *O social na psicologia e a psicologia social*
Fernando González Rey
– *Argumentando e pensando*
Michael Billig
– *Políticas públicas e assistência social*
Lílian Rodrigues da Cruz e Neuza Guareschi (orgs.)
– *A identidade em psicologia social*
Jean-Claude Deschamps e Pascal Moliner

– *A invenção da sociedade*
Serge Moscovici
– *Psicologia das minorias ativas*
Serge Moscovici
– *Inventando nossos selfs*
Nikolas Rose
– *A psicanálise, sua imagem e seu público*
Serge Moscovici
– *O psicólogo e as políticas públicas de assistência social*
Lílian Rodrigues da Cruz e Neuza Guareschi (orgs.)
– *Psicologia social nos estudos culturais*
Neuza Maria de Fátima Guareschi
– *Envelhecendo com apetite pela vida*
Sueli Souza dos Santos e Sergio Antonio Carlos (orgs.)
– *A análise institucional*
René Lourau
– *Psicologia social da comida*
Denise Amon
– *Loucura e representações sociais*
Denise Jodelet
– *As representações sociais nas sociedades em mudança*
Jorge Correia Jesuíno, Felismina R.P. Mendes e Manuel José Lopes (orgs.)
– *Grupos, organizações e instituições*
Georges Lapassade